Resistencia y gracia cara

EL PENSAMIENTO DE DIETRICH BONHOEFFER

Manfred Svensson

editorial clie

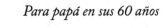

Para papá en sus 60 años

EDITORIAL CLIE
C/ Ferrocarril, 8
08232 VILADECAVALLS
(Barcelona) ESPAÑA
E-mail: libros@clie.es
http://www.clie.es

© Manfred Svensson

© 2011 Editorial CLIE

Manfred Svensson
El pensamiento de Dietrich Bonhoeffer. RESISTENCIA Y GRACIA CARA
ISBN: 978-84-8267-576-3
Clasifíquese: 0065 - PENSAMIENTO CRISTIANO
CTC: 01-01-0065-21
Referencia: 224741

ÍNDICE

Nosotros los nacionalsocialistas y ustedes los cristianos tenemos en común una sola cosa: queremos a todo el hombre.

Roland Freisler
Presidente del Tribunal del Pueblo, 1944

Introducción

1. Dietrich Bonhoeffer

«No debemos sorprendernos si volvemos a tiempos en que se exija de nuestra Iglesia la sangre del martirio. Pero esta sangre, si tenemos la valentía y la fidelidad para derramarla, no será tan inocente y resplandeciente como la de los primeros testigos»[1]. Así predicaba Dietrich Bonhoeffer medio año antes de que Hitler llegara al poder en Alemania. Doce años más tarde, poco antes de ser ejecutado en la hora última del régimen nacionalsocialista, seguiría acentuando la distancia entre los mártires de los primeros siglos y los de su propia generación. Así escribe desde prisión a un amigo, diciendo que María, su novia, «me tiene por un modelo de virtudes, ejemplaridad y cristianismo; para tranquilizarla tengo que escribirle cartas como un antiguo mártir, y así su imagen de mí se vuelve cada vez más falsa»[2]. ¿Qué tan falsa era dicha imagen? Digámoslo así: las generaciones posteriores han tendido a darle la razón en esto a la joven e ingenua María von Wedemeyer más que a su novio Dietrich Bonhoeffer. A él lo han considerado, en efecto, un modelo de cristianismo, dándole una importancia singular entre los muchos mártires del siglo XX y llevando —como lo simboliza su estatua en la abadía de Westminster— a que su obra influya mucho más allá de los límites de su propia Iglesia Luterana. Pero él sigue teniendo razón en que su sangre no era tan inocente como la de los primeros mártires: fue ejecutado no sólo por ser cristiano, sino por su participación en la resistencia contra el Gobierno.

---

[1] DBW XI, 446.
[2] DBW VIII, 236.

Sobre este joven teólogo luterano, fuertemente movido por Karl Barth, opositor al régimen de Hitler, director de un seminario teológico ilegal, pastor de la Iglesia Confesante, que inicia un noviazgo precisamente antes de ser detenido, que termina sus días ejecutado en un campo de concentración, que sólo alcanzó a publicar un puñado de obras –sobre él ya hay una gruesa capa de interpretaciones, expresada en una bibliografía internacional que reúne alrededor de 4000 títulos[3]. Pero precisamente por esa gruesa capa tal vez convenga, antes de dirigir la mirada a su obra, dirigirla al modo en que la misma nos ha sido transmitida.

2. Recepción y transformación

En vida y en el momento de su muerte Bonhoeffer estaba lejos de ser la figura emblemática de la Iglesia Confesante. Mucho más conocido y apreciado dentro y fuera de Alemania era en ese momento Martin Niemöller, cabeza de la misma iglesia y prisionero «personal» de Hitler durante varios años («personal», pues Hitler ordenó su detención incluso tras haber sido absuelto por una corte nacionalsocialista). Bonhoeffer, en tanto, era conocido por unas pocas personas destacadas fuera de Alemania, y si bien dentro de la iglesia alemana no era un hombre irrelevante, se le conocía como alguien que incluso en la Iglesia Confesante representaba un ala aislada. El interés universal por su persona se encendió recién de modo póstumo, en 1951, cuando su amigo Eberhard Bethge publicó las cartas de Bonhoeffer desde la prisión, bajo el título *Resistencia y sumisión*. Las cartas contienen las reflexiones de Bonhoeffer durante los últimos dos años de su vida, y en ellas la generación de 1960 encontró algunas fórmulas con las que quiso resumir gran parte de sus propias inquietudes: «cristianismo sin religión», «interpretación no religiosa de los términos bíblicos» y «teología para un mundo mayor de edad». A este conjunto de frases se intentó limitar toda la búsqueda de Bonhoeffer, al mismo tiempo

---

[3] Véase la bibliografía reunida por Feil y Fink (1998), regularmente actualizada en el *Dietrich Bonhoeffer Jahrbuch*.

que dicha generación posterior las llenaba con un contenido propio más de ella misma que del teólogo alemán.

Como caso emblemático se puede mencionar al obispo liberal John A. T. Robinson, cuyo libro *Honesto para con Dios*, de 1963, citaba a Bonhoeffer en apoyo del fin de un cristianismo «sobrenatural», a favor de una «ética de la situación»[4] y como presunta muestra de que a la luz de la cosmovisión moderna «toda nuestra imagen de Dios debe cambiar». Libros como el de Robinson llevaron a que en el mundo inglés Bonhoeffer fuera por décadas identificado con ese tipo de ideas[5]. Un escritor cercano a Robinson, Harvey Cox, haría algo similar para el mundo norteamericano, trazando en su libro *La ciudad secular* una apología de la secularización, definiendo ésta como «el dejar de mirar otros mundos y empezar a mirar este mundo y este tiempo» y citando como su precursor a Bonhoeffer, el cual, según Cox, habría visto esta secularización como «mayoría de edad del hombre»[6]. Y a pesar de que desde la primera hora tanto pastores cercanos a Bonhoeffer[7] como filósofos ateos[8] llamaron la atención sobre esta unilateral concentración en frases sueltas de los últimos escritos de Bonhoeffer, y a pesar de que muy pronto hubo interpretaciones de todo el pensamiento de Bonhoeffer que intentarían poner algún orden a esta disparatada recepción, la imagen creada por autores como Robinson y Cox se ha revelado como persistente. En algunos países Bonhoeffer por largo tiempo fue conocido de segunda mano, como era presentado por éstos y otros autores, y si bien esta simplista visión de su pensamiento se puede considerar erradicada de la literatura más seria, muchas veces subsiste en la recepción popular de su legado.

---

[4] Robinson (1967:116 y ss.).

[5] Rieger (1966:53) muestra cómo esto era frecuente ya a partir de 1963 en Inglaterra, donde Bonhoeffer era en ocasiones rechazado como alguien que introducía el agnosticismo en el país —todo esto como reacción a la obra de Robinson. Era la reacción conservadora... a un malentendido.

[6] Cox (1965:2). Tal como en el caso de Robinson, Cox sólo cita *Resistencia y sumisión* y la *Ética*.

[7] Rieger (1966).

[8] MacIntyre (1963:220).

Por otra parte, si bien en un comienzo parecía que este creativo abuso del legado de Bonhoeffer era característico de la recepción inglesa y norteamericana de su obra[9], otro tanto se podría decir
sobre la recepción de su obra en el mundo de habla hispana, que
ha sido un poco más tardía, pero no menos parcial. Y si en el mundo anglosajón se intentó vender la imagen de un Bonhoeffer liberal
o secularista, a nosotros se nos ha vendido la imagen de un Bonhoeffer filomarxista, una suerte de «Che Guevara luterano». Aquí
el caso más sintomático es el de una de las figuras más emblemáti-
cas de la teología de la liberación. En efecto, en 1979 Gustavo Gutiérrez publicaba un artículo en que ponía a Bonhoeffer como una
especie de precursor de dicho movimiento teológico[10]. Y tal como
Robinson en Inglaterra, Gutiérrez se limitaba a citar las últimas cartas de Bonhoeffer desde la prisión, obviando prudentemente el resto de su obra. Pero este caso se presta para algún comentario más,
pues el intento por acercar a Bonhoeffer a posiciones marxistas ya
había sido realizado en la propia patria de Bonhoeffer, en Alemania
Oriental, y ello desde un comunismo instalado ya en el poder. La
historia merece ser contada, pues es sintomática tanto de los vicios
como de las virtudes de una larga historia de recepción. ¿Convenía
al régimen socialista permitir en Alemania Oriental la publicación
de obras de Bonhoeffer? Los primeros censores emitieron un juicio
claramente negativo: de ser publicado, demasiados lectores notarían
los paralelos entre la opresión nacionalsocialista y la opresión comu-
nista, convirtiendo a Bonhoeffer en posible estímulo para grupos
de resistencia al Gobierno. Pero la decisión final de los órganos de
censura hizo una apuesta en sentido contrario: que sería posible pu-
blicarlo y simultáneamente difundir interpretaciones de su obra que

---

[9] Así lo sostenía Rieger (1966:52-64, especialmente 52).
[10] Gutiérrez (1983). Los lugares comunes de la historia de la recepción se repi-
ten. Tal como Robinson hacía una síntesis de Tillich, Bultmann y Bonhoeffer,
Gutiérrez propondría a Bonhoeffer como una síntesis de los elementos más pro-
gresistas de la obra de Barth, Bultmann y Tillich (1983:223). De modo anticipa-
do, Barth advertía sobre «la injusticia que se le hace al repentinamente ponerlo
en la misma línea de Tillich y Bultmann» (1971:122). Tal vez a cada uno de ellos
se les hace una injusticia al colocarlos en listados de este tipo. pues, sea para ala-
barlos o difamarlos, tales listados llevan a ponerlos al servicio de proyectos distintos de los suyos.

lo hicieran parecer como un modelo de cristianismo abierto a una interpretación atea de la realidad[11]. De hecho, con patrocinio estatal, tales investigaciones fueron publicadas, con la nota característica que podemos fácilmente imaginar: mostrando un «giro» o «quiebre» al final de su obra, interpretando sus últimas cartas como un abandono del cristianismo «tradicional» de la obra temprana a favor de un cristianismo «secular». El llamado de Bonhoeffer a un «cristianismo sin religión» vino así a ser utilizado como eslogan contra la Iglesia: como un llamado a que no levante la voz ante el régimen totalitario. Con todo, parecen haber tenido más razón los primeros censores, que recomendaban prohibir la publicación de Bonhoeffer. Pues una vez publicado, efectivamente sirvió para fortalecer a quienes mostraban un espíritu de mayor o menor resistencia ante el régimen, ayudando a la Iglesia a cumplir con el papel que de hecho desempeñó en la caída del mismo[12].

Estos son, por supuesto, los casos más extremos de la historia de su recepción. Pero las décadas siguientes también estarían dominadas por una concentración predominante en las obras tardías, si bien lentamente habría un giro desde *Resistencia y sumisión* a una concentración en la *Ética*. Así, una mirada superficial a la bibliografía secundaria muestra cómo en la década de 1980 sobreabundan los estudios sobre dos puntos específicos: la relación entre el cristianismo y el mundo, y la noción de responsabilidad[13]. Y mientras que lo primero es comprensible, lo segundo debiera llamar nuestra atención, ante todo cuando incluso en presentaciones generales de la historia de la ética el pensamiento de Bonhoeffer aparece como «fundado en el concepto de responsabilidad»[14]. ¿Por qué tan unilateral concentración en la responsabilidad, de entre todos los temas de la ética de Bonhoeffer? Más bien parece tratarse de

---

[11] Para la historia de la censura de Bonhoeffer cf. Krötke (1995).

[12] Cf. Moses (1997) para los distintos tipos de recepción en Alemania Oriental y el papel de la Iglesia en la caída del comunismo. Sobre dicho papel véase también Villarroel (2010).

[13] Como ejemplo de la concentración en la responsabilidad véase los estudios reunidos por Godsey y Kelly (1981).

[14] Frey (1994:217).

un reflejo de la propia desorientación en la teoría moral, eclipsada por un término como «responsabilidad», que puede ser enarbolado con facilidad por cualquier escuela. Y si en la última década ha habido alguna fascinación por Bonhoeffer describiendo nuestra vida como «fragmentaria», eso no extrañará a quien esté acostumbrado a la fascinación postmoderna por lo fragmentario.

Los editores de las obras completas de Bonhoeffer dan voz al clima que ha favorecido a los textos póstumos, al afirmar que «el Bonhoeffer académico, ecuménico y político seguramente resulta más bienvenido para muchos lectores que el Bonhoeffer que encontramos aquí [en los años 1935-1937]: el exigentemente eclesial, el radicalmente bíblico, el consecuentemente piadoso»[15]. ¿Pero qué tan radical es el presunto quiebre entre estos dos Bonhoeffer? Bajo la doble perspectiva de *Resistencia y gracia cara* espero que la mayor parte de su pensamiento tenga la oportunidad de hablar por sí mismo y mostrar su unidad. Pues es verdad que Bonhoeffer consideraba que su propia generación, en contraste con las anteriores, llevaba una vida de carácter «fragmentario»; pero «todo depende de que en el fragmento que es nuestra vida se pueda ver cómo el todo estaba dispuesto y pensado, y de qué material estaba hecho»[16]. Hay fragmentos que a pesar de ser tales son tan robustos que son capaces de ser una imagen fiel de un todo más grande.

3. Sobre el presente libro

Hemos mencionado la amplia literatura ya existente sobre Bonhoeffer. Pero gran parte pertenece a revistas especializadas que no están al alcance de un amplio público. Además, libros sobre su vida y obra apenas hay en nuestra lengua. Y, ante todo, falta en español una introducción a su pensamiento. Hay biografías. Hay interpretaciones. Hay estudios específicos sobre aspectos de su teología. Hay abuso de su obra para otros fines. Pero falta una introducción a la mente de

---

[15] DBW XIV, 989.
[16] DBW VIII, 336.

Bonhoeffer para un público amplio. Debo hacer dos aclaraciones sobre esta introducción a su pensamiento. Que sea una *introducción* no significa que en cada paso deba ser fácil; significa que debe ser comprensible para todo el que, sin conocimiento previo, esté dispuesto a esforzarse. No significa tampoco que sea *sólo* una introducción; si bien mi propósito principal es introducir al pensamiento de Bonhoeffer, el libro busca también ser una investigación seria sobre la naturaleza de su obra, una investigación que descanse sobre lo que estudiosos anteriores han logrado y que intente a la vez corregir lecturas de su obra que me parecen equivocadas. Por otra parte, al hablar de su *pensamiento*, busco enfatizar que no se trata de exponer sólo ni primordialmente la *teología* de Bonhoeffer[17]. Él fue un teólogo y su pensamiento busca ser primordialmente teológico. Pero lo que me interesa exponer es cómo esa mente teológica piensa también sobre otros temas. Por lo mismo, no hay en este libro algo así como una sección, por ejemplo, sobre la cristología de Bonhoeffer; pero el nombre de Cristo andará rondando por muchos otros temas que tocaremos.

Sin embargo, al concentrarnos en su pensamiento hay un segundo punto a tener presente: se trata precisamente de pensar respecto de un tema en el que nos hemos acostumbrado a sólo reaccionar. En efecto: el nacionalsocialismo es rechazado de modo tan universal que a la mayoría no le parece necesario tomarlo en serio como visión de mundo. Clichés dominan así tanto nuestra visión de él como nuestro rechazo del mismo. Y, en consecuencia, también serán sólo clichés los que dominen nuestra visión de la resistencia al nacionalsocialismo. El raciocinio es sencillo: si todos rechazamos el nacionalsocialismo, no cuesta imaginar que quienes resistieron contra el mismo deben haber pensado tal como acostumbramos pensar hoy en día. Para quien piense que las cosas son así, no será necesario estudiar el pensamiento de la resistencia, sino sólo escribir biografías de los hombres en cuestión. Y eso se ha hecho de sobra, dándonos héroes que nos animan pero no nos cuestionan. Aquí limitaremos, en cambio, los aspectos biográficos a un

---

[17] La exposición estándar de la teología de Bonhoeffer sigue siendo Feil (1971).

primer capítulo, que servirá para introducir el pensamiento de nuestro autor —pues desde luego no comparto el mencionado raciocinio.

Los tres capítulos que siguen, dedicados a su pensamiento, tienen los siguientes énfasis. En primer lugar (capítulo II) intento exponer simplemente las notas generales respecto de cómo piensa, evitando en la medida de lo posible entrar a cuestiones concretas. Se trata, pues, de preguntarnos qué entiende por teología, en qué consiste su crítica de la «religión», en qué busca distinguirse del pensamiento característico de su generación, cuáles son las notas fundamentales de su ética. Después de eso (capítulo III) intento entrar a cuestiones concretas, tocando su visión del matrimonio, del poder o de las relaciones entre cristianismo y política. Finalmente cierro el libro (capítulo IV) con un tratamiento de la espiritualidad de Bonhoeffer: cómo se relaciona ella con su pensamiento moral, qué piensa sobre las relaciones entre las distintas iglesias, qué lugar asigna a la oración o a la lectura bíblica.

En este libro parto del supuesto de que lo que tiene de positivo e interesante el Bonhoeffer «académico, ecuménico y político» existe gracias al Bonhoeffer «exigentemente eclesial, radicalmente bíblico, consecuentemente piadoso»; que su resistencia contra el nacionalsocialismo sólo puede ser explicada a partir de la enorme obra espiritual que está detrás, a la que dedicó su vida entera y que, por tanto, tampoco se entiende lo más importante de sus obras tardías si no se lee junto con las más tempranas. Esto no implica que en él no haya evoluciones, que en algunos casos su palabra definitiva se encuentre en las obras tardías, y no en las tempranas. Pero sí implica la convicción de que no hay un quiebre en su vida. Ahora bien, gracias a que dicha continuidad se encuentra hoy virtualmente fuera de discusión[18], he considerado innecesario estarla reforzando continuamente, tal como me ha parecido superfluo exponer el desarrollo cronológico de su pensamiento.

---

[18] Esto ante todo gracias a la biografía de Bethge en el plano vivencial y a la obra de Feil respecto del pensamiento teológico. Por supuesto hay evolución de su pensamiento en muchos temas, pero aquí lo que interesa es la unidad fundamental.

Puede ser conveniente decir una palabra sobre la actitud del autor. No he intentado ser neutral. En ocasiones alabo afirmaciones de Bonhoeffer, en otros casos critico ideas suyas. Pero en cualquiera de estos casos me he esforzado porque las ideas de Bonhoeffer estén expuestas *antes* de ser sometidas a la alabanza o la crítica. Puede que sea inevitable interpretar, pero es posible esforzarse por distinguir lo más posible la exposición de la interpretación. Asimismo, debo decir que no he alabado ni criticado cada vez que era posible. Esto vale especialmente para cuestiones doctrinales: Bonhoeffer no es un «mero cristiano», sino un autor específicamente luterano. Discutir posiciones de Bonhoeffer pasaría muchas veces por entrar a discutir no lo específico de él, sino la teología luterana de un modo más general. Eso podría ser tentador para quienes no somos luteranos, para quienes venimos de lo que Bonhoeffer llama «protestantismo sin Reforma». Pero mucho más provechoso que eso me parece el exponer qué logró hacer desde el luteranismo del que provenía, qué logró hacer para la Iglesia Luterana a la que siempre perteneció y qué es lo que, gracias a eso, podemos aprender de él también quienes pertenecemos a otras iglesias. Naturalmente, escribiendo para un público que en su mayoría no es luterano, esto ha pasado ocasionalmente por introducir brevemente a ciertos rasgos específicos de la teología luterana y, a través de ella, a aspectos comunes a toda la tradición cristiana.

El presente trabajo se basa en la totalidad de la obra de Bonhoeffer. Es decir, en los libros publicados mientras aún vivía, en los publicados póstumamente y en los artículos que ocasionalmente publicó en revistas, envió como circulares a sus alumnos o presentó en círculos de la Iglesia Confesante. Se trata de siete libros (incluyendo los póstumos *Ética* y *Resistencia y sumisión*), doce trabajos bíblicos, once artículos en revistas, veintitrés charlas e informes, tres intentos de catecismos y confesiones de fe, así como algunos experimentos literarios —una producción, si bien no impresionante, al menos respetable, considerando que se desarrolla durante veinte años llenos de trabajo pastoral. En ocasiones me he apoyado también en su correspondencia y en sus prédicas (de las cuales se conservan alrededor de 100). Pero no he buscado en ese punto ser exhaustivo, y un volumen con traducción de sus principales sermones sería, tal vez, un deseable complemento a esta introducción, para mostrar cómo hablaba Bonhoeffer cuando hacía aquello que realmente llenaba su corazón. Espero que sean visibles las ventajas de atender a toda su obra: no sólo como respuesta a interpretaciones arbitrarias, sino de modo positivo, para mostrar la unidad de su vida, su pensamiento y su espiritualidad[19].

A pesar de las traducciones de su obra a nuestra lengua, he optado por realizar en cada caso mis propias traducciones; esto sin ninguna pretensión de originalidad, sino meramente para poder citar de modo uniforme en base a la edición alemana de las obras completas. Para detalles respecto del modo de citar y las traducciones existentes puede verse el apéndice bibliográfico. Escribir un libro como éste lleva a acumular una significativa deuda de gratitud. La mayor parte del libro fue escrita en München, Alemania, con la ventaja que significa haber podido acceder a bibliotecas adecuadas para este tipo de trabajo. Pero además de bibliotecas, se requiere estar con el ánimo y la paz necesarios para emprender un trabajo semejante, y por haber tenido eso y mucho más, estoy muy agradecido a mi señora, Carolina. Agradezco al pastor Patricio Gómez, a Franz Moller y a Tomás Villarroel, quienes sugirieron numerosas correcciones al manuscrito. Un agradecimiento especial debo también a Alfonso Ropero y a quienes en CLIE hacen posible este tipo de publicaciones. Finalmente, queda el agradecimiento expresado ya en la dedicatoria.

---

[19] La literatura secundaria se encuentra francamente descompensada: compárese la gran cantidad de publicaciones sobre el pensamiento político o ético de Bonhoeffer con la más bien chata exposición de su espiritualidad en Pelikan (1982), que sigue siendo uno de los escasos estudios al respecto.

Introducción biográfica a los escritos

Nuestro punto de partida será una introducción biográfica a los escritos de nuestro autor. Pues para acercarnos a éstos, necesitamos conocer algo sobre su formación teológica, sobre su vida familiar y sobre la situación política de la época. Bonhoeffer acabó su vida de estudiante en 1931, lo cual significa que su vida profesional, de 1932 a 1945, coincidió, salvo por el primer año, exactamente con los doce años de gobierno de Hitler. En estos turbulentos años se unen en la vida de Bonhoeffer la resistencia política, la lucha por la renovación de la Iglesia, varios capítulos de historia de la teología de Alemania y, ante todo, una intensa búsqueda personal. «Para la mayoría de las personas esto sería un conjunto de cuestiones que existen una al lado de la otra, sin estar relacionadas; para el cristiano y para el "educado" esto es imposible: él no se deja escindir ni destrozar»[20]. Siguiendo esta afirmación de Bonhoeffer, veremos cómo se entretejen estos aspectos de su vida.

1. Tradición familiar y decisión por la teología

Nacido el 4 de febrero de 1906, provenía de un hogar cuya tradición podríamos calificar por una parte de aristocrática, por otra de burguesa. Su propio padre poseía la más importante cátedra de psiquiatría de Alemania, conocida como una especie de bastión contra el psicoanálisis, huella de lo cual veremos en su hijo Dietrich[21]. En cuanto a la fe de su familia, se suele calificar como

---

[20] DBW VIII, 303.
[21] Puede tener razón Green (1981) en su intento por mostrar a Karl Bonhoeffer como menos crítico del psicoanálisis de lo que comúnmente se sostiene. Sobre Dietrich, como veremos más adelante, creo en cambio que yerra.

un caso típico del «protestantismo cultural»: con una concentración más ética que doctrinal, podríamos decir que el cristianismo estaba presente en el hogar, pero más bien en el trasfondo, no como algo constante ni siempre conscientemente presente. Entre los antepasados había un destacado teólogo, el bisabuelo Karl Alfred von Hase. Esto puede explicar en parte el hecho de que Bonhoeffer haya optado por estudiar teología. Aunque los motivos que lo llevaron a ello no están del todo claros, sí se puede afirmar que él es alguien que no llegó del cristianismo a la teología, sino a través de la teología al cristianismo. Por lo mismo, su primer interés por la teología, incluyendo los primeros años de estudio, no es primordialmente el interés de un creyente, sino de un carácter más general, de formación cultural, filosófica, el interés de alguien que anda tras una «visión de mundo». Preparación para ello no le faltaba: ya en su período escolar había leído las principales obras de autores como Ranke, Ibsen y Schleiermacher. Ahí donde muchos darían ya por acabada su búsqueda, la de él recién comenzaba.

2. La teología liberal, Roma y Karl Barth (1923-1927)

Siguiendo la tradición familiar, Dietrich inició los estudios en Tübingen, donde su principal profesor fue Adolf Schlatter. Se trata de un autor hoy poco conocido a nivel de la teología académica, pero que aún ejerce una notable influencia sobre muchos pastores en Alemania. Tras Lutero, es el autor del que la biblioteca de Bonhoeffer tenía proporcionalmente más obras. Y aunque por motivos políticos no mantendrían una buena relación más adelante, es de Schlatter que Bonhoeffer aprendió a hablar de modo diferenciado y cuidadoso sobre el problema de la bondad y maldad del hombre.

A los 19 años de vida (1924) Dietrich estudió junto a su hermano un semestre en Roma. La impresión que le causó la ciudad podría compararse, por sus efectos, con la impresión que un similar viaje a Roma a los 27 años produjo sobre el joven Lutero. Pero en sentido inverso. Porque en lugar del espanto sentido por Lutero,

Bonhoeffer logró que este viaje le sirviera para destruir los prejuicios que traía de su región exclusivamente protestante[22]. Así, durante dichos meses Bonhoeffer se dedica a conocer el catolicismo con gran entusiasmo, pues éste no parecía ser lo que le habían enseñado como parte de su formación protestante. Es muy fácil resumir lo que Bonhoeffer descubrió en Roma: «Hoy ha sido el primer día en que comienzo a entender realmente algo del catolicismo. Nada de romanticismo, etc., sino que comienzo a entender, creo, el concepto de "Iglesia"»[23]. Una de las primeras consecuencias es que el propio protestantismo le parecería un tanto provinciano. En carta a los padres escribe que «en medio de las grandiosas celebraciones litúrgicas de acá, nuestro propio protestantismo acaba pareciendo una pequeña secta»[24]. Pero no se trata sólo de fascinación por la liturgia, sino de la valoración de algo mucho más puntual, y sobre lo que tendremos ocasión de volver más adelante: la confesión[25].

Tras estos dos semestres en Tübingen y Roma, correspondía el período central de sus estudios, en la facultad de Berlín. La facultad de teología a la que le correspondió entrar constituye, por la concentración de notables profesores en un mismo momento (y por los cerca de mil alumnos que tenía), un fenómeno excepcional en la historia del pensamiento. Se trataba de la facultad fundada un siglo antes por Schleiermacher y representada en ese momento ante todo por Harnack. Esto es, se trataba de la cuna de la teología liberal, y a la vez del lugar donde la misma tendría su último momento de esplendor. Adolf von Harnack y Hans Lietzmann introducirían a Bonhoeffer en la historia del cristianismo antiguo. Junto a ellos se encontraban Karl Holl, uno de los padres de la investigación moderna sobre Lutero, y Reinhold Seeberg, quien daría a Bonhoeffer sus primeros conocimientos en torno a la teología medieval, a Melanchthon y

---

[22] A lo largo de este libro los términos «evangélico» y «protestante» son usados como equivalentes. Cuando busco establecer diferencias no lo hago mediante estos términos, sino mediante los que usa el propio Bonhoeffer (v.gr. «protestantismo sin Reforma»).

[23] DBW IX, 89. Diario de vida del semestre italiano.

[24] DBW IX, 115. Carta del 19.4.1924.

[25] Véase los mismos textos de DBW IX, 89 y 115.

Agustín, pero que también lo familiarizaría con la teología filosófica del momento, dominada por autores como Schleiermacher, Hegel y Ritschl. Con Seeberg escribiría finalmente su tesis doctoral, precisamente sobre la Iglesia, que es el tema que lo movía desde Roma.

Pero entretanto otra influencia había pasado a desempeñar un papel preponderante en su mente. Lo que había descubierto en Roma (Iglesia y confesión) pasará a formar parte central de su pensamiento para siempre; además, defendería al catolicismo de las críticas caricaturescas, advirtiendo siempre contra el riesgo de la arrogancia espiritual por parte protestante. Pero no llegó a haber una valoración o estudio más profundo del catolicismo por parte de Dietrich, pues en este mismo período entró en contacto con otro autor, el cual determinaría de modo decisivo su desarrollo posterior: Karl Barth. A éste Bonhoeffer lo descubrió entre 1924 y 1925. Barth había remecido la escena teológica al comenzar el siglo XX con su *Comentario a Romanos*. A la armoniosa adaptación que denunciaba entre evangelio y mundo, oponía una teología en que Dios es totalmente distinto de todo, en que no hay punto de contacto con el hombre, en que todo lo divino le llega al hombre «desde fuera» y no apelando a alguna naturaleza religiosa del hombre. Apenas hay área de la teología que no se viera remecida por esta visión de la relación entre el hombre y Dios. Si a esto se suma el tono profético de Barth, su oposición al belicismo de muchos teólogos durante la Primera Guerra Mundial y su temprana difusión de la obra de Kierkegaard, estaban dadas todas las condiciones para ejercer una decisiva influencia sobre Bonhoeffer.

Pero Barth tiene que ser mencionado también por el tipo de concepción sobre las relaciones entre fe y razón que deja en herencia a Bonhoeffer. La teología liberal había avanzado sobre el supuesto de que es incompatible ser un hombre moderno y a la vez sostener las creencias cristianas tradicionales. Según una célebre afirmación de Bultmann, no se podían usar artefactos modernos, artículos eléctricos, y al mismo tiempo creer en el mundo del Nuevo Testamento, lleno de demonios y ángeles. Por qué eso no sería posible es algo sobre lo cual los teólogos liberales hace décadas nos deben un buen argumento. Pero lo que aquí importa es que

Barth se sitúa en la trinchera opuesta, no desmitologizando la doctrina tradicional, sino afirmándola; afirmándola aunque sea contra la razón. Se sitúa pues en la trinchera opuesta, pero en la de un falso dilema. Y comprender eso es importante para entender la mente de Bonhoeffer. Pues él, en ocasiones, está dentro de ese mismo limitado horizonte, y en otras ocasiones lo logra cruzar. Cualquier balance sensato de su pensamiento reconocerá que le habría ayudado para su labor el tener una familiaridad mayor con el resto de la tradición intelectual cristiana, pero al mismo tiempo reconocerá que, para haber carecido de dicha ayuda, fue bastante lo que logró.

Las dos influencias que hemos mencionado, Roma y Barth, se pueden resumir en el hecho de que Bonhoeffer rompe con el «protestantismo cultural», aunque en prisión lo veremos recuperando algo de ese mundo. Y una vez recibidas todas estas influencias, comenzaría la etapa fructífera de formación de su propio pensamiento. La primera expresión de éste es *Sanctorum Communio*, su tesis doctoral. Dirigida bajo un liberal como Seeberg, trataría sobre el tema que descubrió en el catolicismo, la Iglesia, pero bajo una influencia preponderante de Barth. Acabada la tesis prosigue su búsqueda, llevándolo ésta una vez más fuera de Alemania.

3. Barcelona, Estados Unidos, docencia universitaria y conversión (1928-1932)

Hemos visto su posición entre las distintas escuelas de la Alemania del momento, pero sus estadías en el extranjero se relacionan mucho con su esfuerzo por no encerrarse en las disputas teológicas del campo alemán. Así es como en una carta escribe que «tiene que haber sobre la tierra personas que sepan y puedan más que nosotros, y entonces es simplemente inculto no ir donde ellos para aprender. Pero ciertamente esas personas no son los nazis; y nuestros comunistas, tal como me tocó conocerlos el invierno pasado, tampoco»[26]. Así es como siempre soñó con un viaje a la India,

---

[26] DBW XI, 89-90.

pero a pesar de haber recibido una invitación de Gandhi para concretar esto, la situación política no permitió que se realizara el viaje. No llegó jamás a concretarse un conocimiento de Oriente, sino que sus estadías en el extranjero se limitaron a Barcelona, Estados Unidos e Inglaterra.

Barcelona fue el lugar en el que le correspondió realizar su vicaría. Del país mismo no aprendió mucho. Uno podría decir que el principal tesoro que se llevó de España es el aprecio por la obra de Cervantes, que lo acompañaría el resto de la vida. Pero no se puede decir que haya habido algún conocimiento nuevo, ni le causó impresión especial alguna el catolicismo español, nada comparable a lo que le había sucedido en Roma. Tampoco respecto de su propia Iglesia Luterana en Barcelona tiene palabras muy elogiosas: «Fundamentalmente comerciantes, que si bien no van a la Iglesia, al menos la financian»[27]. Pero Bonhoeffer utilizó esta oportunidad para realizar algunas cosas que para él serían nuevas, como organizar un culto para niños. Tras el primero de estos encuentros con un trabajo pastoral con niños escribe en su diario de vida: «Estoy como transformado; se esfumó mi preocupación por fracasar en el trabajo práctico»[28]. Pero aún no era la hora de volcarse hacia lo práctico. Tras el período de vicaría decide volver a Berlín a retomar su carrera académica. Para completar sus estudios debía realizar, tras el doctorado, la habilitación, que bajo el título de *Acto y ser* sería su segunda obra y el último de sus escritos puramente académicos. El lenguaje pesado que esta obra comparte con *Sanctorum Communio* sabría pronto dejarlo de lado, escribiendo así las obras por las que hoy lo conocemos.

El último paso en su etapa formativa fue su estadía en Estados Unidos. Durante un año estudió de modo libre en el *Union Theological Seminary*. Sobre su estadía ahí nos instruye un informe que elaboró respecto del período. Dicho informe es lapidario en todo sentido: tanto respecto del estado de la educación teológica como sobre el rumbo general de Norteamérica. En primer lugar

---

[27] DBW X, 23. Diario de vida de Barcelona.
[28] DBW X, 25.

expresa su consternación por la falta de trabajo realmente teológico. En los seminarios los alumnos parecen más preocupados por tener un «amistoso intercambio de opiniones» que por «trabajar por el conocimiento»[29]. Seguro de que la situación de la teología tendría como trasfondo la filosofía norteamericana, comenzó a estudiar el pragmatismo, la tradición filosófica norteamericana desde William James a Dewey. Su juicio fue que esto era simplemente «destrucción de la filosofía como pregunta por la verdad»[30]; no importa si algo es verdadero, sino sólo si a la larga es útil. El protestante americano, escribirá, no sólo es completamente pelagiano, sino además seguidor de Protágoras[31]; es decir, no sólo pone, como el monje británico, la confianza en sus propias fuerzas, sino que además cree, como el sofista griego, que «el hombre es la medida de todas las cosas».

Resulta interesante atender a la clasificación que Bonhoeffer hace de los distintos grupos teológicos que surgen en este clima intelectual, pues permite ver cómo va encontrando su propia orientación. Por una parte estaban los estudiantes que no prestaban atención a los contenidos teológicos más serios, sino que se dedicaban exclusivamente a lo práctico, dentro del espíritu del «evangelio social», aquel movimiento de fines del siglo XIX y comienzos del XX que, en cierto sentido, prefiguraría a la teología de la liberación, si bien de un modo ideológicamente más «blando». Bonhoeffer se formaría un juicio bastante positivo de lo que éstos hacían en la práctica, pero «no puedo omitir el hecho de que la formación teológica de este grupo es igual a cero; además la autosuficiencia con la que en silencio se ríen de cualquier objeción que sea específicamente teológica es injustificada e ingenua»[32]. Su crítica a este grupo se puede, pues, resumir en que la teología se ha reducido a mera ética social. En otro breve informe que escribió sobre este movimiento parte por acentuar varios aspectos positivos. En primer lugar, la incorruptible seriedad con que se llama la atención sobre los extremos problemas sociales. En segundo lugar, Bonhoeffer elogia el hecho

---

[29] DBW X, 264.
[30] DBW X, 269.
[31] DBW X, 270.
[32] DBW X, 266.

de que no se trata de un fenómeno clerical, sino de un movimiento centrado en el trabajo de los laicos y que además muestra cuán terrenal es la noción de «reino de Dios»[33]. Pero una vez hechos estos elogios, se dedica a vituperar todos los excesos que a su parecer destruyen lo que el evangelio social tiene de bueno: así les reprocha el no comprender el sentido escatológico de la noción de reino de Dios. Esto es, les reprocha ver el reino de Dios como un principio histórico que lentamente se va realizando por el progreso: «Dios no es un principio ético inmanente de la historia —reclama Bonhoeffer—, sino el Señor que juzga al hombre y la obra del mismo[34]». El ser una mera ideología ilustrada, el carecer de obediencia ante la Biblia y el desconocer toda distinción entre el mundo y el reino de Dios: nada menos que eso les enrostra Bonhoeffer, con lo que apenas queda huella del elogio con el que había comenzado[35].

En contraste con esto había grupos que se dedicaban seriamente a trabajar, si bien no en teología, al menos en filosofía de la religión. Pero el juicio de Bonhoeffer aquí no es mucho más positivo: la «ligereza con la que hablan sobre Dios y el mundo nos resulta, a lo menos, sorprendente»[36]. Como trasfondo de todo esto menciona el rápido proceso de secularización. Bonhoeffer no tenía ante ello un juicio apresuradamente negativo, pero tampoco una liviana o ingenua aceptación: «La secularización tiene muchos elementos críticos necesarios, pero la base para reconstruir, una vez que estos críticos hayan destruido, no existe»[37]. En cuanto a los enemigos de la secularización, los fundamentalistas[38], Bonhoeffer alega que se oponían a tal proceso sobre una base igualmente precaria. «Entre ellos en verdad sí hay algo de protestantismo refor-

---

[33] DBW XII, 210.

[34] DBW XII, 210.

[35] DBW XII, 210-211.

[36] DBW X, 267.

[37] DBW X, 267-268.

[38] Bonhoeffer, desde luego, no usa este término en el amplio y vago sentido que se le suele dar hoy, sino que se trata de una referencia a aquellos movimientos del protestantismo norteamericano que, a comienzos del siglo XX, se definían a sí mismos como fundamentalistas. Para una caracterización adecuada de dichos grupos véase Marsden, George (1991).

mado, pero burdamente deformado. [...] Porque también la forma de pensar de los fundamentalistas está marcada de modo determinante por el individualismo»[39]. Sus propias fuertes palabras contra la tradición liberal no son las palabras de un fundamentalista, sino las de un luterano confesional; y a cada paso esa diferencia se hará notar[40].

Este duro juicio sobre la vida del seminario teológico encuentra su reflejo en el juicio que hace de la vida eclesiástica. Había dedicado mucho tiempo a conocer las distintas iglesias en Norteamérica, y su impresión era que «en Nueva York se puede oír prédicas sobre virtualmente cualquier cosa. Sólo sobre un tema no, esto es, sobre el Evangelio de Jesucristo, sobre cruz, pecado y perdón, sobre muerte y vida»[41]. Había, no obstante, una excepción a esto: las iglesias de negros, donde sí encontraba una preocupación por el corazón del mensaje cristiano, aunque fuera de un modo que culturalmente le resultaba muy ajeno. Durante el año en Estados Unidos había dedicado casi todos sus domingos a trabajar en Harlem, por lo que por una parte conocía bien estas iglesias, y por otra parte había llegado a familiarizarse con el problema racial en Estados Unidos —una importante preparación para reconocer luego con excepcional rapidez la centralidad del problema judío entre los muchos otros problemas que traería consigo el nacionalsocialismo.

A propósito de todo esto es necesario hacer una precisión: sería profundamente equivocado leer todo este lapidario y entusiasta informe como si su origen fuera un vulgar «antinorteamericanismo». Por el contrario, algunos años más adelante escribirá que «sería bueno reflexionar sobre el hecho de que en Europa jamás ha dado resultado fundamentar una democracia

---

[39] DBW X, 277.

[40] Se trata, por lo demás, de una descripción de la cultura circundante que también se puede encontrar en escritores confesionales de los mismos Estados Unidos durante dicho período. Una lectura de este informe de Bonhoeffer de la mano, por ejemplo, de *Cristianismo y liberalismo* de Gresham Machen, puede arrojar llamativos paralelos.

[41] DBW X, 272.

cristianamente, mientras que en Estados Unidos es considerada la forma cristiana de gobierno por excelencia»[42]. Además la estadía en Estados Unidos también le sirvió para tomar distancia de las batallas y disputas más locales de la propia teología alemana. Así escribe en una carta a un colega alemán que «usted no puede imaginar cuán local parece desde allá [Inglaterra y Estados Unidos] toda nuestra situación y nuestra teología. Francamente no me puede entrar en la cabeza que el único lugar del mundo en el que se haya descubierto qué es el evangelio sea precisamente Alemania, y en ella sólo por parte de un puñado de hombres»[43]. Su crítica a lo visto en Estados Unidos no es pues una simple crítica a lo norteamericano, sino a aquellos síntomas de toda nuestra cultura que ahí, en particular en un centro teológico de avanzada como el *Union Theological Seminary*, pueden ser vistos de modo particularmente claro. En efecto, junto a todas estas marcadas críticas, no deja lugar a dudas respecto del hecho de que se llevaba de Estados Unidos preocupaciones centrales. El problema racial lo había puesto en contacto de modo claro con la urgencia de muchos problemas morales. Junto con ello se había llevado de ahí también su primera preocupación por la paz como problema ético. Pero la precariedad del discurso teológico que oía lo convencía de que había que responder a estos problemas no huyendo de la teología seria, sino desde ella, fundándose de modo más profundo en la tradición cristiana.

Al final de este período ya tiene, pues, familiaridad con la mayor parte de las tradiciones protestantes: ha estado en el corazón del protestantismo liberal, ha conocido el «evangelio social», ha estudiado a Lutero con Holl, se ha acercado a Barth, ha conocido toda la variedad confesional del protestantismo norteamericano. Sólo le falta conocimiento profundo del anglicanismo, que es lo que va a ganar pronto durante dos años en Londres. Pero primero cumplirá con su primer período de docencia, de regreso ya en Berlín entre 1931 y 1933. Es decir, nos encontramos ante

---

[42] DBW XV, 448.
[43] DBW XI, 33.

su entrada a la vida pública, marcada por una serie de clases en la Universidad. La primera de estas clases es el curso de *Cristología*, publicado tras su muerte en base a apuntes de los alumnos. El curso siguiente, *Creación y caída, exposición teológica de Génesis 1-3*, es en cambio publicado por Bonhoeffer mismo, dando con ello término a su vida universitaria.

Pero en medio de todo esto ha habido un cambio más profundo. Mirando este tiempo retrospectivamente, en una carta de 1936, escribe que al comienzo de dicha época se arrojaba al trabajo sin humildad alguna, dominado por un orgullo que otros también notaban y que le impedía el acceso al amor de las personas.

Pero entonces, vino algo nuevo, algo que desde entonces cambió mi vida y remeció todo. Llegué por primera vez a la Biblia. Es terrible decir esto, pero yo ya había predicado con frecuencia, había visto mucho de la Iglesia, había hablado y escrito sobre ello —y sin embargo *aún no me había hecho cristiano*, sino que era, de modo salvaje, indómito, mi propio señor. Sé que había hecho de la causa de Jesucristo un provecho para mí mismo, la había convertido en una desquiciada vanidad. Ruego a Dios que eso no se repita. Tampoco oraba entonces, o al menos muy poco. Estaba con plena tranquilidad a gusto conmigo mismo. De eso me liberó la Biblia y, ante todo, el sermón del monte. [...] Entonces comprendí que la vida de un siervo de Jesucristo debe pertenecer a la Iglesia y, paso a paso, entendí cuán lejos eso debe llegar. Entonces vino la miseria de 1933. Eso me reafirmó[44].

Bonhoeffer no habla aquí de una conversión —y veremos más adelante por qué no lo hace—, pero es difícil encontrar un término más adecuado para resumir lo que le ocurre. En cualquier caso, ya tenemos un perfil bastante claro de cómo era Bonhoeffer en 1933, cuando todo cambió, reafirmándolo en este nuevo rumbo y mostrándole paso a paso adónde llevaría dicho camino.

---

[44] DBW XIV, 113. Carta del 27.01.1936. Mi cursiva.

4. Ante Hitler: el ecumenismo, la Iglesia Confesante y la formación teológica ilegal (1933-1939)

Entramos en la etapa decisiva. Al acceder el nacionalsocialismo al poder, Bonhoeffer, que hasta entonces era nada más que un promisorio profesor, se transformará en una de las voces principales tanto en defensa de los judíos como de alerta por las nuevas relaciones del gobierno respecto de la Iglesia. El régimen nacionalsocialista trajo consigo no sólo sus más conocidas atrocidades, sino también un fuerte cambio en la relación del Estado con la Iglesia. La evolución de dicha relación nos permitirá comprender el rumbo que tomaría su pensamiento[45].

Partamos por la sencilla constatación de que en Berlín la mayor parte de los estudiantes de teología en 1933 apoyaba al nuevo gobierno nacionalsocialista. Y en ello representaban fielmente lo que sería la posición de la mayor parte de la Iglesia y, ante todo, de sus órganos oficiales. Esto no significaba que los miembros de la jerarquía eclesiástica necesariamente compartieran el ideario nacionalsocialista, sino que simplemente declaraban no ser de su competencia el intervenir en materias propias del Gobierno. Desde luego entre los cristianos se podía encontrar todo el espectro concebible de actitudes: desde la colaboración entusiasta, pasando por el conformismo, y hasta la resistencia en sus distintos grados. Pero ante la escasa disposición inicial de la Iglesia para un enfrentamiento frontal con el Gobierno, éste pudo dar tempranamente los siguientes pasos decisivos: a) Las iglesias luteranas de los distintos estados de Alemania fueron sometidas forzosamente a una organización central, con la idea de formar una iglesia nacional. Luego esta intervención estatal en los asuntos eclesiásticos tomaría su forma más fuerte, al ser reemplazado el obispado nacional por un simple «comisario nacional para asuntos eclesiásticos». b) La juventud luterana fue prohibida, para ser integrada a la Juventud Hitleriana

---

[45] Me concentro a continuación en la política respecto de la Iglesia Luterana, que es lo que afecta a Bonhoeffer. Para la política nacionalsocialista hacia la Iglesia Luterana y Católica en conjunto. tal vez la mejor exposición sea Conway (1997).

(ya en diciembre de 1933, afectando a 800.000 jóvenes). c) El artículo ario, que exigía la pureza racial a los funcionarios públicos, fue introducido por orden gubernamental en la Iglesia (otoño de 1933), marginando con ello a numerosos pastores y a unos 100 teólogos. d) También los estudiantes de teología tendrían pronto que empezar a demostrar su origen ario para ser autorizados a rendir exámenes (1934-1935). e) Se llegaría a prohibir que en las iglesias se orara en voz alta por personas perseguidas por el régimen (incluyendo la prohibición de orar por sus propios pastores detenidos —804 pastores de la Iglesia Confesante habían estado detenidos en 1937). f) Además del juramento de lealtad a la patria que los pastores tradicionalmente recitaban en su ordenación, se añadía un juramento de lealtad expresa a Hitler (1938). g) Finalmente, muchos pastores recibirían lisa y llanamente la prohibición de predicar o publicar. Esta prohibición de predicar afectó también a Bonhoeffer desde 1940, prohibiéndole así lo que consideraba el corazón de su trabajo. Pues mientras que otros llaman a dejar de hablar tanto, y en lugar de eso actuar, él advierte por el contrario que «*retroceder* desde la palabra hacia la acción, desde la confesión hacia el amor, sería cobardía, sería eludir nuestra condición de mensajeros, sería evitar la dificultad de armonizar nuestro hablar y nuestro actuar»[46].

Hemos mencionado algunas medidas concretas del régimen nacionalsocialista respecto de las iglesias. Pero tales medidas, propias de un choque directo, rara vez fueron la política característica del Gobierno. Lo decisivo, más que tales medidas concretas, es el choque de las visiones de mundo y los métodos ocupados en dicho enfrentamiento. Sólo en la medida en que entendamos eso estaremos entendiendo la radicalidad del conflicto y los modos en que sigue perdurando también más allá de la existencia del nacionalsocialismo. En efecto, el nacionalsocialismo se entendía a sí mismo como una completa «visión de mundo» *(Weltanschauung)*. Quien reduzca el nacionalsocialismo a sus notas de movimiento racista o autoritario, sin tomarlo en serio como una completa visión de mundo —como él mismo se entendió—, difícilmente podrá com-

---

[46] DBW XIV, 479. Mi cursiva.

prender el hecho de su amplia difusión, ni su intento por abarcar cada espacio de la vida[47]. Otro Dietrich, Dietrich von Hildebrand, advertía contra el riesgo de entender la lucha nacionalsocialista como una mera lucha contra una «minoría» —con todo lo importantes que pueden ser tales luchas—: «en la difamación y humillación de los judíos debemos ver un ataque a la naturaleza humana en cuanto tal»[48]. Y es precisamente en la medida en que se estaba atento a los problemas de visión de mundo que se podía captar de modo temprano la radicalidad del nacionalsocialismo. Pues es cuando el nacionalsocialismo describe su propia visión de mundo, no cuando habla abiertamente sobre las iglesias, que el conflicto sale a la luz. Así Hitler escribe en *Mi lucha* —precisamente en un capítulo sobre «visión de mundo»— que «cada uno puede hoy, con pena, comprobar que, en la Antigüedad, mucho más libre, el primer error espiritual se verificó con motivo de la aparición del Cristianismo. Es efectivo el hecho de que el mundo, desde aquel tiempo, fue torturado y dominado por ese sectarismo fanático. Mas, *sólo se vence un terror con otro terror*. Únicamente entonces se podrá iniciar la obra de construcción»[49]. ¿Y en qué consiste dicha reconstrucción que promete el nacionalsocialismo? «Es más que una religión, es la voluntad de una nueva creación del hombre»[50]. Esta «nueva creación» se caracterizaría por la exaltación de la fuerza, el culto de lo vital, la sangre y la tierra, junto al culto personal a Hitler y toda la exaltación masiva que lo rodeaba. Las iglesias tienen que comprender —así lo decía uno de los ministros de asuntos eclesiásticos— «que ha llegado una nueva época, que las personas de esta época han sido hechas nuevas. La Iglesia debe sumarse a estas personas y marchar con ellas»[51]. Es elocuente la doble tendencia de estas citas: por una parte Hitler habla de oponerse con «terror» al «terror» cristiano, por otra parte su ministro llama a la Iglesia a «sumarse

---

[47] Sobre la importancia de tomar en serio el nacionalsocialismo como visión de mundo cf. Siegele-Wenschkewitz (1974:47-51).
[48] Von Hildebrand (1994:357).
[49] Hitler. Mi lucha, parte II, cap. 5 "Weltanschauung y organización". Mi cursiva.
[50] Discurso citado por Conway (1997:27).
[51] Citado por Conway (1997:150).

a estas personas y marchar con ellas». Amenaza y seducción como doble estrategia para el sometimiento.

Un ejemplo de cómo opera esto en la práctica lo podemos ver dirigiéndonos a la educación. «La juventud nos pertenece, y no se la entregaremos a nadie» diría ya en 1935 Goebbels, el ministro de propaganda del régimen[52]. En efecto, uno de los campos en los que se llevaría a cabo más abiertamente el enfrentamiento con el cristianismo es en la batalla por el control de la educación. Tal lucha se desarrolló de distintas formas: en algunos casos se eliminaría las escasas escuelas confesionales existentes; en otros casos se eliminaría la asignatura de religión en los colegios públicos; en otros se mantendría, pero cambiando su contenido por «cristianismo positivo»; en otros, finalmente, la asignatura sería cambiada por una asignatura de «educación para la vida» *(Lebenskunde)* —«educación cívica» se le llamaría tal vez hoy en día. Todo esto se realizaba bajo el manto de la legalidad y de los métodos democráticos: los padres eran, por ejemplo, encuestados respecto del tipo de colegio que querían y, dado que la abrumadora mayoría optaba por los colegios no confesionales, dirigidos por el nacionalsocialismo, se procedía a cerrar las escuelas dirigidas por iglesias. Pero esta abrumadora mayoría de padres a favor de una educación nacionalsocialista por supuesto sólo es explicable por las igualmente abrumadoras campañas publicitarias del Gobierno en la materia: a través de todos los medios, desde el panfleto hasta la prensa escrita y la radio, la educación confesional era mostrada como dañina para la comunidad, sin que las iglesias dispusieran de un arsenal publicitario equivalente, mediante el cual pudieran responder. A esto seguía luego la decisión democrática de los padres...

Este tipo de ataque era unido a otros discursos en los que el régimen hablaba sobre el papel que cabría a las iglesias en la Alemania del futuro y se manifestaba dispuesto a hacer toda clase de concesiones, cambios y adaptaciones, para llegar a una solución lo mejor posible para todos: precisamente esta mezcla de amedrentamiento y

---

[52] Citado por Conway (1997:134).

seducción se mostraría capaz de destruir a muchos cristianos, aba-
tidos por el temor o seducidos por la propaganda. Bajo tales condiciones incluso un eslogan aparentemente liberal como «separación
de Iglesia y Estado» podía ser utilizado de modo entusiasta por el
nacionalsocialismo para fundamentar su política de «desconfesiona-
lización» del país. En palabras de Visser't Hooft, secretario general del entonces naciente Consejo Mundial de Iglesias, el propósito
claro era «convertir a la Iglesia en una secta inofensiva, encarcela-
da dentro de sus propios edificios, que no pueda ejercer influencia
alguna en la vida pública»[53]. En medio de todo esto había nacido
paulatinamente la Iglesia Confesante, en la que se reunirían los distintos grupos que rechazaban estas medidas, así como algunos que
se oponían más consistentemente a toda la visión de mundo del nacionalsocialismo. En un principio se había organizado simplemente
una asociación de emergencia de pastores *(Pfarrernotbund)*, que ya
en 1933 alcanzó a contar con seis mil miembros. Bonhoeffer pasaría inmediatamente a ser uno de los pastores de la Iglesia Confesante, nacida un año después de esta asociación de emergencia. Pero
Bonhoeffer siempre estaría en una relación de relativa tensión con
la misma. La tensión entre Bonhoeffer y la Iglesia Confesante está
dada por el hecho de que también la resistencia de ésta ante Hitler era tímida. Su oposición a Hitler consistía fundamentalmente
en la defensa de la autonomía de la Iglesia: el Gobierno no debía
intervenir en la dirección de la misma —como lo había hecho con
el artículo ario o en sus esfuerzos centralistas—, tal como ella no
intervenía en las cuestiones de Gobierno. Pero había aquí grupos
y grupos. Visser't Hooft, en el mismo documento que recién citába-
mos, distinguía entre una corriente dedicada a centrarse en el culti-
vo de la vida interior de los cristianos, acompañada de fuertes tonos
apocalípticos, y otra que cree que la Iglesia además tiene una tarea
profética y ética respecto del mundo, la cual, a pesar de la negra
hora, debe prepararse para cumplir[54].

---

[53] DBW 16, 166-167.
[54] DBW 16, 168.

Antes de atender a Bonhoeffer, quien representa a dicho grupo «profético», conviene volver a fijar la mirada sobre los adversarios de la Iglesia Confesante, los «cristianos-alemanes» *(Deutsche Christen)*. En efecto, sería un error entender el término «Iglesia Confesante» demasiado enfáticamente como «militante», en el sentido de una oposición política a Hitler. La Iglesia Confesante consideraba como su adversario principal no al Gobierno, sino al «Movimiento de Fe de los Cristianos-Alemanes», que representaba la cosmovisión nacionalsocialista en el campo de la política eclesiástica[55]. Se trata de un grupo formado oficialmente entre 1932 y 1933, pero con orígenes más remotos en varios grupos dispares, desde meros descontentos por la crítica situación alemana, hasta distintos tipos de liberalismo teológico y sectarismo popular. Así es característica de todo el movimiento la crítica del resto de la Iglesia como estancada en la ortodoxia, como incapaz de renovar a la Iglesia desde el espíritu del «pueblo», como incapaz de ajustarse a los requerimientos de los nuevos tiempos, etc. —todo un conjunto de críticas que podía tocar algo de la verdad, pero que al mismo tiempo, formuladas desde una total desorientación espiritual, constituyen un ejemplo elocuente de cómo la proclamación de un cristianismo «no dogmático» puede volcarse en aliada de una política totalitaria. El punto culminante de la retórica cristiano-alemana se alcanzó en noviembre de 1933, cuando uno de sus dirigentes proclamó al inicio de una gira misionera el deseo de purificar el cristianismo «liberando el culto de sus influencias no alemanas y librándonos en lo doctrinal del Antiguo Testamento», así como de la «teología de inferioridad y de chivo expiatorio del rabino Pablo». Excesivo énfasis en el Crucificado o en las confesiones de fe constituían asimismo para estos grupos un obstáculo en el camino a la proclamada renovación, que era presentada como «segunda Reforma»[56].

---

[55] La exposición clásica sobre los cristianos-alemanes es Buchheim (1953).

[56] El discurso de Reinhold Krause no se encuentra conservado de modo íntegro. Cito conforme a Buchheim (1953:124-136). Precisamente la franqueza de este discurso de Krause llevó a la paulatina desintegración del movimiento de los cristianos-alemanes, que de este modo perdieron a sus representantes más moderados y dejaron de parecer útiles a las más cautelosas tácticas del partido nacionalsocialista ante las iglesias.

La Iglesia Confesante era específicamente *confesante* en el sentido de que, ante este clima, desde un comienzo realizó su trabajo elaborando *confesiones de fe*. Las tres más relevantes son las de Bethel, en cuya redacción participó Bonhoeffer, Barmen (con Barth como redactor principal) y Dahlem. Ninguna de estas declaraciones es de tono marcadamente político. Se trata de declaraciones teológicas. Así, el primero de los seis artículos de Barmen dice simplemente: «Jesucristo, tal como nos testifican de él las Sagradas Escrituras, es la única Palabra de Dios, a la que debemos oír y en la que debemos confiar y obedecer en la vida y en la muerte». Y en el correspondiente artículo condenatorio dice que en consecuencia «Rechazamos la falsa doctrina según la cual la Iglesia deba reconocer otras fuentes de su predicación aparte de esta única Palabra de Dios, o reconocer otros procesos o poderes, figuras o verdades como revelación de Dios». Si Barmen es política, se reduce a eso. Y esto no debe extrañarnos, pues también Bonhoeffer detestaba «la prédica degradada en meros comentarios marginales de actualidad»[57].

¿Pero dónde se ubica Bonhoeffer entre todas estas corrientes y posibilidades de oposición? Naturalmente, se encontraba entre los más duros enemigos de los «cristianos-alemanes». Pero además estaba marcado por las palabras de Proverbios 31:8: «Abre tu boca por el mudo». Así reconoció desde temprano que la batalla principal que le correspondería dar no era aquella contra los cristianos-alemanes, sino la que lo enfrentaría directamente al nacionalsocialismo. A Erwin Sutz, un amigo teólogo de Suiza, le escribe: «Lo que ocurre con la Iglesia en Alemania usted lo sabe tan bien como yo. El nacionalsocialismo ha logrado imponer consecuentemente el fin de la Iglesia en Alemania. [...] Y aunque trabajo con todas mis fuerzas en la oposición eclesiástica, tengo totalmente claro que *dicha* oposición sólo es algo pasajero, un paso previo a una oposición totalmente distinta, y que muy pocos de los hombres de la primera oposición serán también de la segunda. Y creo que toda la Cristiandad debería estar orando porque lleguemos a "resistir hasta

---

[57] DBW X, 221.

la sangre" y que se encuentre para ello los hombres necesarios»[58]. Conviene tener a la vista todo lo que Bonhoeffer está diciendo aquí. Pues se prepara desde un comienzo para un segundo tipo de oposición, pero está completamente dedicado al primer tipo. Y tampoco él hubiera buscado una iglesia politizada como respuesta al nacionalsocialismo. En una ocasión incluso llega a quejarse porque muchos pastores de la Iglesia Confesante parecían incapaces de realizar una prédica sin polemizar directamente con Rosenberg, el ideólogo del régimen[59]. Esta crítica la escribe de hecho en uno de los muchos trabajos en los que Bonhoeffer representa la oposición del primer tipo: un trabajo «Sobre la actualización de textos del Nuevo Testamento», que representa de modo claro su muy marcada vida eclesial del primer período.

Pero algo de dicha oposición del segundo tipo hay en él ya desde un comienzo. En efecto, Bonhoeffer llama la atención sobre el problema judío extraordinariamente temprano, siendo comparable en eso a Edith Stein en la Iglesia Católica. En un ensayo sobre «La Iglesia ante la cuestión judía», escrito en abril de 1933, se concentrará exclusivamente en este punto: un artículo que a pesar de lo breve y del escaso eco recibido, constituye una de las pocas voces claras de dichos primeros años. Pero con ello colocaba en una incómoda posición a quienes, si bien buscaban la autonomía de la Iglesia, habrían querido seguir teniendo una relación no problemática con el Gobierno. Se ponía de este modo a sí mismo en una aislada y «radical» posición entre sus compañeros de la Iglesia Confesante, quienes si bien estarían desde un comienzo en desacuerdo con el régimen nacionalsocialista, tardarían en llegar a comprender la centralidad del problema judío y esperaban, antes de llegar a una oposición más abierta, que el conflicto fuera respecto de algo «más central». Así, a lo sumo se defendía de modo firme a los judíos a propósito de la independencia de la Iglesia: esto es, que el Estado no tendría derecho a intervenir contra judíos bautizados marginándolos de la Iglesia, ni a exigir el retiro de pastores de

---

[58] DBW XIII, 128.
[59] DBW XIV, 399-403.

origen judío; pero se evitaría en general levantar la palabra contra el trato general a los judíos o contra la eutanasia.

Volviendo tras estas aclaraciones a la vida de Bonhoeffer, llegamos a su primer período de trabajo para la Iglesia Confesante, realizado en el extranjero, como pastor de una iglesia alemana en Londres (1933-1935). En cierto sentido se puede decir que había huido a Inglaterra: no del nacionalsocialismo, sino desilusionado por la casi nula adhesión a la confesión de Bethel, en cuya redacción había participado. Pero también ahí, en dicho país, estaba como pastor de la Iglesia Confesante. Este tiempo en Inglaterra estará marcado por una parte por el trabajo en la resistencia, y por otra parte por el trabajo en el naciente movimiento ecuménico. El trabajo en la resistencia implicaba, por ejemplo, convencer a las distintas comunidades luteranas en Inglaterra de romper relaciones con los representantes oficiales de la Iglesia Luterana en Alemania y establecerlas con la Iglesia Confesante. De modo paralelo trabajaría en cuestiones relativas al movimiento ecuménico. Así llegaría a conocer al obispo Bell de la Iglesia Anglicana, quien junto a Barth llegaría a ser probablemente la única persona a la que reconocía como autoridad, además de ser uno de sus puntos de contacto en el extranjero en los difíciles años que tenía por delante. Ambas experiencias, la de resistencia y la ecuménica, que en Bonhoeffer constituyen una singular unidad biográfica y teológica, se tocan en el hecho de que tuviera que discutirse la representación alemana en las reuniones internacionales del movimiento ecuménico. ¿A quién debían los organismos internacionales invitar? La Iglesia Confesante deseaba representar desde luego de modo exclusivo a la Iglesia Luterana. Bonhoeffer, de hecho, alegaría que los representantes de la iglesia oficial deberían ser excluidos de las reuniones ecuménicas, por ser herética su conformidad a Hitler.

¿Pero podía permitirse la palabra *herejía* en el naciente movimiento ecuménico? Hoy se suele ensalzar el carácter de Bonhoeffer como pionero del ecumenismo. Pero esto sólo es lícito si se lo considera no como un entusiasta del ecumenismo, sino como alguien que participaba del mismo bajo este tipo de condiciones. Pues en la mayor parte del movimiento ecuménico reinaba el principio liberal que, muy consecuentemente, no permitía la exclusión de los «cristianos alemanes»: «Como movimiento no podemos excluir a ninguna iglesia que acepte a Nuestro Señor Jesucristo como Dios y Salvador. No podemos atribuirnos el derecho a discriminar entre las iglesias»[60], escribía un secretario del movimiento a Bonhoeffer. Éste tomaría posición en un ensayo de 1935, titulado «La Iglesia Confesante y el movimiento ecuménico», sobre el que tendremos ocasión de volver. En cualquier caso, es notorio el giro marcadamente antiliberal de Bonhoeffer al comenzar el nacionalsocialismo. A pesar de provenir de un ambiente familiar más bien liberal, su disposición al llegar el nacionalsocialismo es radicalmente antiliberal, lo cual es particularmente manifiesto en su lenguaje teológico. Insta a redescubrir nociones como «herejía», «concilio», «confesión» o «decisión magisterial» —todo esto en la convicción de que el neutro liberalismo acabaría simplemente dejando que la tiranía lo dominara todo, no atreviéndose a excluir la posición herética representada por la iglesia oficial. Pero a pesar de la relación tensa que en consecuencia tendría con el movimiento ecuménico, Bonhoeffer siempre permanecería ligado a él, no sólo por creer que el fin perseguido era efectivamente bueno, sino también por la convicción de que ahí encontraría algunos de sus principales aliados en la búsqueda de paz para Europa. Por otra parte, esto nos sirve para notar una nueva faceta de su carácter: que es una persona de decisión, lo cual se agrega a su carácter de buscador que hemos enfatizado antes. El énfasis en ser «buscador» no sirve aquí de excusa para «suspender el juicio», sino que forma una unidad con una mentalidad decidida y un corazón dispuesto a representar en soledad posiciones intransigentes.

Tras su tiempo en Londres Bonhoeffer volvería a reintegrarse plenamente a la vida de la Iglesia Confesante en Alemania, asumiendo la dirección de uno de sus centros de formación teológica. Éstos en un comienzo no fueron propiamente clandestinos, si bien desde luego se encontraban en una situación de desventaja respecto

---

[60] DBW XIV, 51-62.

de cualquier otra institución de formación teológica y bajo la constante mirada del Gobierno. Finkenwalde, el seminario que le correspondió dirigir a Bonhoeffer, se puede calificar sin duda como aquello que mayor gratificación tuvo para él en su vida. Había visitado poco antes distintas instituciones de enseñanza en Inglaterra, buscando modelos para el futuro seminario. En contraste con la formación teológica que se ofrecía en las universidades, Bonhoeffer había llegado rápidamente a la conclusión de que debería tratarse de instituciones semimonacales, viviendo apartados del mundo, en una vida comunitaria que permitiera una intensa preparación para la difícil tarea que los pastores tendrían por delante: «La formación teológica de las futuras generaciones debería estar hoy completamente concentrada en escuelas eclesiástico-conventuales, en las que se tome en serio la sana doctrina, el sermón del monte y el culto»[61]. Ante la recurrente acusación de que esto sería legalista, responde en carta a Karl Barth: «La acusación de que esto sería legalismo no me afecta en lo más mínimo. ¿Qué podría tener de legalista el que un cristiano se dedique a aprender a orar, y que en ese aprendizaje invierta gran parte de su tiempo?»[62]. Así la educación de Finkenwalde no estaba sólo centrada en el estudio, sino que tenía un fuerte acento puesto en la meditación personal en torno a la Biblia, en el canto común de los Salmos y en la práctica de la oración. Como «Regla de Finkenwalde» se conocía una normativa más breve que cualquier otra regla monacal, consistente en una única norma: jamás hablar respecto de un ausente, e informarle en caso de que hubiera ocurrido. Por otra parte, los estudiantes se comprometían a no pronunciar palabra alguna en las mañanas hasta el devocional con que se iniciaba el día, para así empezar la jornada oyendo la palabra de Dios antes que las palabras de los hombres. Y tal como en muchos monasterios, la meta era cada semana cantar juntos el libro de los Salmos completo.

En cuanto a los alumnos que recibía, en gran medida tenían una historia previa que los predisponía positivamente para un tipo

---

[61] DBW V, 135.
[62] DBW V, 135.

de estudio como éste: algunos ya habían pasado períodos de condena en la cárcel, contaban ya con un historial de expulsiones de sus iglesias, habían vivido distintos tipos de discriminación y estaban acostumbrados a ser tildados de fanáticos o pendencieros. Para el lector de hoy resulta difícil comprender el clima de la época. Acostumbrados hoy a que se presente al nacionalsocialismo como «conservador» o «reaccionario» (a pesar de su autocomprensión como revolucionario), se imagina a sus adversarios vilipendiados como «liberales» o «marxistas». Pero el caso del seminario de Finkenwalde es un buen ejemplo de lo distinta que era la realidad: Bonhoeffer mismo era criticado desde diversas posiciones por legalista, radical, místico, etc. Esta reacción no es extraña, pues Bonhoeffer estaba empeñado precisamente en recuperar aquellos elementos de la tradición cristiana que el protestantismo —al menos en la variante luterana que a él le resultaba más conocida— parecía haber dejado de lado. Y por lo mismo tal crítica se encontraba no sólo entre sus adversarios, sino también entre los mismos alumnos, que, tal como recuerda uno de ellos, se veían enfrentados a «una carga difícil de llevar, una disciplina a la que no queríamos someternos. Bromeábamos en torno a ello, nos burlábamos de este "culto" y éramos tercos como burros»[63]. Pero mediante esta disciplina lograban lentamente ver que «este experimento de la vida en comunidad era una cuestión seria»[64]. Y así otro discípulo puede escribir que «esto nos revelaba que la ascética del diario devocional matutino y vespertino [...], de la media hora de meditación, de silencio tras despertar y antes de dormir, no provenía de un juego con costumbres monacales, ni de un liturgismo esteticista, ni de tutela psicológica, sino de la más íntima concentración para el servicio, para el cual él mismo vivía y para el cual nos preparaba»[65].

De los cursos en el seminario, ante todo de los de 1936, nació su obra fundamental: *El discipulado*[66]. Su aparición en 1937

---

[63] Zimmermann, Wolf-Dieter (1964:82-83).

[64] Zimmermann, Wolf-Dieter (1964:81).

[65] Schönherr (1964:99).

[66] Mantengo aquí literalmente el título alemán, *Nachfolge*. El traductor al español prefirió *El precio de la gracia* y el inglés *El costo del discipulado*.

coincidió con el cierre por orden estatal del seminario. Desde entonces Bonhoeffer proseguiría por al menos dos años realizando la instrucción de forma epistolar, mediante visitas y trabajo concentrado en pequeños grupos. A la disolución del seminario de Finkenwalde debemos además una segunda obra, *Vida en comunidad*, que sería el modo en que intentaría entregarles la enseñanza práctica que ya no podían recibir a través de la vida en común en el seminario. Constantes circulares y trabajos bíblicos que enviaría a los distintos alumnos, son la base de posteriores publicaciones en forma de libro, entre las que destaca *El libro de oración de la Biblia*, un texto sobre los Salmos, que es lo último que pudo publicar.

5. Noviazgo, conspiración y muerte (1940-1945)

En 1939 Bonhoeffer tendría que preguntarse qué haría en caso de ser llamado —lo cual ocurriría con toda seguridad— a integrar las tropas alemanas para la fase determinante de la guerra. ¿Qué podía hacer en tal situación alguien que creía que el amor a la patria se expresa en ese momento ante todo deseando la derrota de la propia nación? Lleno de incertidumbre logró ser invitado por segunda vez a Estados Unidos, posponiendo así la decisión. Pero apenas llegó tuvo la certeza de que era un error haber viajado, que debía compartir el destino del pueblo alemán, que no podría ayudar en la reconstrucción de Alemania si no pasaba antes junto a sus hermanos por la etapa más dura. Como resultado de dicha segunda breve estadía en Estados Unidos, nuestro autor dejaría un segundo ensayo sobre la situación norteamericana, esta vez concentrado en la vida eclesiástica: "Protestantismo sin Reforma".

De regreso en Alemania podemos detectar un nuevo giro en su vida. Si antes había pasado de simple teólogo a cristiano, ahora se puede decir que pasó de cristiano a «contemporáneo»[67]. Si la etapa previa, con *El discipulado*, había enfatizado la exclusividad y radicalidad del discipulado cristiano, esta nueva etapa se caracterizaría por acentuar

---

[67] Es la tripartición de su principal biógrafo y amigo Bethge (1967).

la amplitud del reinado de Cristo: no sólo sobre la Iglesia, sino sobre el mundo; y por tanto, el deber que podía tener el cristiano de actuar en materias «seculares». Bonhoeffer lo insinuaría en carta a sus estudiantes, diciéndoles que, de desaparecer totalmente la Iglesia Confesante, antes que someterse a los organismos eclesiásticos oficiales deberían considerar otro trabajo cualquiera, lo cual sería muestra de una mayor fidelidad a su llamado. Su propia «afirmación del mundo» se notaría en dos decisiones muy distintas: la primera, el involucrarse directamente no ya en la sola resistencia, sino en la conspiración con miras a derrocar a Hitler; la segunda, el inicio de su noviazgo. En una de las tempranas cartas enviadas a su novia María von Wedemeyer desde la prisión, Bonhoeffer expresa esto de modo muy claro: «Nuestro matrimonio tiene que ser *un sí a la tierra de Dios*, nos tiene que dar el coraje para hacer algo en la tierra, para actuar y fortalecer. Me temo que aquellos cristianos que sólo se atreven a estar con un pie en la tierra también estarán con un solo pie en el cielo»[68]. En María Bonhoeffer veía encarnadas las virtudes que le fascinaban de cierta aristocracia: una inteligencia despierta, nobleza, capacidad de vivir tanto gozando de los dones como sufriendo grandes desgracias; y, ante todo, una aristocracia dispuesta a arriesgar sus privilegios por un bien superior.

Ese mismo acentuado vínculo con el mundo es lo que se verá en la creciente actividad política que desarrollará. La primera mitad de este período de 1940 a 1945 Bonhoeffer la vive en libertad; la segunda mitad, desde 1943 en adelante, bajo arresto. Pero el período en libertad ya lo vive bajo prohibición de predicar y de publicar libros. El tiempo lo utilizaría de distintos modos: en parte escribiendo cartas a sus ex alumnos, en parte en actividades de la conspiración, en parte trabajando en la redacción de su *Ética*. Para esto último buscaba alternativamente la reclusión en dos lugares aislados que le permitieran la concentración: en el norte la hacienda aristocrática de Klein-Krössin, en el sur el monasterio benedictino de Ettal, en los Alpes. Ahí llegaría a conocer parte de la resistencia católica al nacionalsocialismo, así como a familiarizarse más con la teología moral católica a la que accedería en la biblioteca y en

---

[68] Bonhoeffer/von Wedemeyer (2004:38).

las frecuentes conversaciones. En este lugar se reencontraría, además, con la vida casi monacal que había llevado ya en el seminario de Finkenwalde: «Esta forma de vida no me es ajena»[69] escribe a sus padres una vez instalado en el monasterio. Él, que en su juventud se había impresionado por el catolicismo en Roma, pero que luego había tenido poco contacto con el mismo, se llevaba ahora una positiva sorpresa: ¡los monjes tenían como lectura regular su propio libro *Vida en comunidad*, y en Navidad leían fragmentos de *El discipulado*[70]!

En cuanto a su participación en la conspiración, corresponde hacer algunas precisiones. Hay, desde luego, distintos grupos en la resistencia. Se puede hablar de una oposición a Hitler entre grupos socialistas, de una oposición en parte de la aristocracia y el conservadurismo, de una oposición en parte del movimiento obrero y los gremios, de una oposición en parte de las iglesias, así como de una oposición en algunos aislados estudiantes ejemplares (como los hermanos Scholl). Pero en cada uno de estos casos hay que distinguir también grados de oposición, resistencia pasiva y activa: hay grupos que se limitarían de comienzo a fin a no ser colaboradores de Hitler; otros, en tanto, realizaban una oposición política. ¿Pero podía ser lícita una oposición que además tuviera por finalidad el derrocamiento del Gobierno? ¿Era esperable además que grupos tan dispares se unieran para un propósito como éste? En la medida en que salía a la luz el rumbo definitivo del Gobierno, la oposición evolucionaría precisamente en esa dirección. El atentado fallido del 20 de julio de 1944 es el hito emblemático que resume todos esos esfuerzos, los muchos obstáculos externos, pero también las dificultades internas de la resistencia[71]. El papel que cupo a Bonhoeffer en la conspiración es en tanto muy sencillo de delimitar: el derrocamiento mismo de Hitler desde luego sería realizado por militares, no por teólogos. Pero eso generaba un problema: el golpe de Estado desde luego desestabilizaría al país, y sobre todo al ejército, lo cual daría a los aliados una oportunidad inigualable para derrotar a Alemania en la

---

[69] DBW XVI, 74. carta del 21.11.1940 a los padres.
[70] DBW XVI, 74 y 102.
[71] Al respecto, cf. Fest (1994).

guerra. Ahí entra Bonhoeffer: su misión era precisamente utilizar sus contactos ecuménicos, en concreto la amistad con el obispo Bell en Inglaterra, para aclarar de antemano —sobre todo a los gobiernos de Estados Unidos e Inglaterra— que el golpe de Estado sería realizado por enemigos de Hitler. La función de dicha advertencia sería que tras el golpe de Estado, una vez derrocado Hitler, los aliados dieran a Alemania un respiro suficientemente largo como para que se pudiera rendir, en lugar de aprovechar la caótica situación para ganar la guerra con rapidez[72]. Para poder cumplir con esto Bonhoeffer fue introducido por sus cuñados —sobre todo Hans von Dohnanyi— en los círculos de la conspiración que se habían formado en las oficinas de la inteligencia militar *(Abwehr)*. Así, por una parte realizaría algunos viajes al extranjero para establecer estos contactos y por otra parte participaría de una operación para sacar del país a un pequeño grupo de judíos. Junto a esto formaba parte de los círculos que organizaban la reconstrucción teórica de lo que sería la futura Alemania, escribiendo por ejemplo informes sobre lo que debía ser la relación Estado-Iglesia[73].

Pero Bonhoeffer fue detenido y los intentos de golpe de Estado contra Hitler fracasaron. Antes de ser ejecutado, tuvo dos años de vida bajo arresto, que literariamente fueron tan productivos como cualquiera de los años anteriores. Comparando su propia generación con la de los grandes eruditos del siglo XIX, que dedicaban una vida completa a escribir una obra magna, Bonhoeffer escribe desde la cárcel que «mientras más tiempo permanecemos desgarrados de nuestro trabajo y nuestra vida personal, tanto más fuertemente sentimos que nuestra vida —a diferencia de la de nuestros padres— es de carácter fragmentario»[74]. Tal como su vida, su obra en este período es fragmentaria. No sólo la *Ética* quedó inconclusa. Todo lo que nos ha dejado de estos años son cartas y bosquejos. Lo principal: *Resistencia y sumisión*, la correspondencia con los padres y con Eberhard Bethge desde la cárcel. Junto a ello las *Cartas*

---

[72] Cf. von Klemperer (1994).

[73] Para este último período de la vida de Bonhoeffer el análisis más completo es el de Dramm (2005).

[74] DBW VIII, 335.

del noviazgo. Finalmente una serie de intentos literarios realizados en prisión: una obra teatral inacabada y una novela que se puede considerar terminada, aunque probablemente Bonhoeffer no la habría publicado. Una breve narración también logró ser terminada. El último fragmento literario es un pequeño poema de año nuevo, enviado a la novia y a la madre, *Protegido por buenos espíritus*, hoy un preciado himno del protestantismo alemán. Un mes después de escribir este poema, dejaría la cárcel para ser internado en el campo de concentración de Buchenwald, siendo ahorcado tres meses más tarde, el 9 de abril de 1945, en el de Flossenbürg. La última persona que lo vio en vida escribe: «Antes de que dejara la ropa de prisionero vi al pastor Bonhoeffer arrodillarse en concentrada oración a su Señor. La forma de la oración de este hombre extraordinariamente simpático, entregada y segura de ser oída, me remeció de modo profundo. También en el lugar de ejecución volvió a realizar una breve oración y subió entonces valiente y sereno la escalera hacia la horca. La muerte llegó en pocos segundos. En mis cincuenta años de trabajo médico jamás había visto a un hombre morir entregado a Dios de ese modo»[75].

Kierkegaard (1813-1855) escribió en una ocasión que en adelante sólo leería libros de personas que hayan sido ejecutadas por escribirlos. Eso puede ser exagerado. El hecho de que alguien haya muerto por una idea no garantiza la verdad de la misma. Pero sí es verdad que merece el esfuerzo preguntarnos cómo *piensa* alguien que vive y muere del modo que vivió y murió Bonhoeffer. A eso se dedica el resto de este libro.

---

[75] Fischer-Hüllstrung (1964:171).

La mente de Bonhoeffer

Dejamos ahora atrás la biografía externa, para internarnos en lo que es la verdadera biografía de alguien como Bonhoeffer: la vida de su mente, el crecimiento de su pensamiento. ¿Cómo pensaba? ¿Cómo pensaba que debe pensar un teólogo? ¿Qué tan polémica era su relación con sus contemporáneos? ¿Cómo expresaba sus ideas? Estudiaremos esto en varios pasos: en primer lugar partiendo por su profesión. ¿Por qué se dedicó a la teología y qué esperaba de ella (1)? En un apartado un poco más extenso intentaré exponer los textos menos estudiados de Bonhoeffer, sus fragmentos literarios de la prisión, que pueden arrojar nueva luz sobre cómo creía que debe operar la mente de un cristiano (2). En tercer lugar nos detendremos en la crítica a la religión, las frases de Bonhoeffer sobre el «cristianismo sin religión» y otras afines (3). Por último, acabaremos el capítulo sobre su pensamiento con una sección sobre existencialismo y psicoterapia (4) y otra dedicada a su reflexión ética (5). Revisado todo esto podremos pasar a algunas cuestiones prácticas en el tercer capítulo.

1. ¿Por qué teología?

Como ya hemos visto, Bonhoeffer desde muy joven estaba decidido a estudiar teología. La decisión fue incluso anterior a su compromiso personal con la fe cristiana. Ya en los tiempos en que escribió *Acto y ser* tenía una alta valoración de lo que podía ser una teología al servicio de la Iglesia. Es decir, incluso en esta primera etapa en que era «más teólogo que cristiano» ya tenía claro que no deseaba una teología puramente científica: «No existe Iglesia sin prédica, no existe prédica sin memoria, y la teología es la memoria de la Iglesia»[76]. La teología existe para la prédica, pero se alimenta también de ella. Así se puede decir que la teología es una ciencia que «tiene a sus propios presupuestos por objeto, es decir, tiene su existencia entre la prédica pasada y la prédica futura»[77]. Este existir «entre las prédicas» significa que la teología tiene que servir por una parte para preparar la prédica, pero por otra parte tiene que estar dispuesta a ser juzgada por ella. Este estar al servicio de la Iglesia y concretamente de la prédica Bonhoeffer lo califica como «la humildad propia del teólogo», y respecto de una teología que esté de este modo al servicio de la Iglesia, Bonhoeffer afirma que «jamás podrá errar de modo total»[78].

Pero su carrera teológica estrictamente académica se vio afectada por dos cambios: por una parte por su propio compromiso cristiano, y por otra por la situación política de Alemania. Así es como un año tras asumir Hitler el poder, Bonhoeffer decide dejar su cargo docente en Berlín para iniciar un trabajo pastoral en Inglaterra. La decisión implicaba en cierta medida dejar desamparados a un buen número de sus alumnos en Berlín, que perderían el apoyo de un profesor contrario al régimen. Es en respuesta a las necesidades de estos alumnos que escribe un pequeño tratado con el título «¿Qué debe hacer hoy el estudiante de teología?». Contrariamente a lo que uno podría esperar, el texto comienza con el deseo de que *pocas* personas estudien teología. «Teología sólo se debe estudiar si honestamente se tiene la convicción de no poder estudiar otra cosa»[79]. El argumento de Bonhoeffer es muy simple: es mejor que muchas personas que probablemente habrían estudiado teología lleguen a ser buenos médicos o abogados, a que una sola persona que no debía ser teólogo, llegue a serlo. «Una gran cantidad de candidatos a teólogos es siempre un fenómeno ambivalente»[80]. Pero mientras que en cierto sentido desalienta con

---

[76] DBW II, 128.
[77] DBW II, 128.
[78] DBW II, 130.
[79] DBW XII, 416.
[80] DBW XII, 416.

estas palabras a quienes en el mundo académico han optado por la teología, en otros textos llama a recuperar el prestigio de la misma dentro de la iglesia local: «En tiempos de prueba la comunidad está llamada de modo especial a esta madurez»[81].

¿Pero qué decir sobre los contenidos y la disposición de los que sí llegan a estudiar teología? Bonhoeffer está preocupado tanto por el carácter científico que debe tener la teología como por la espiritualidad de los estudiantes. Pero, una vez más intentando reducir el entusiasmo de quienes no debieran ser teólogos, parte por insistir en el duro carácter científico del trabajo teológico: «La puerta de entrada al estudio teológico no es la experiencia de un llamado, sino la decisión de realizar un trabajo teológico sobrio, serio y responsable»[82]. Una vez establecido esto —es decir, una vez espantados los flojos—, Bonhoeffer se vuelca hacia el fundamento en la experiencia de fe, recordando a los estudiantes que si bien pueden integrar en su estudio teológico sus distintas pasiones éticas, filosóficas o sociales, deben saber que el motor de todo su pensar como teólogos debe encontrarse en la pasión de Jesucristo, el Señor crucificado[83]. Y como heredero de tal pasión, «el joven teólogo debe saberse puesto con su teología al servicio de la Iglesia»[84].

Con este énfasis en el teólogo como siervo de la Iglesia Bonhoeffer quiere llamar la atención sobre algunas comunes deficiencias de carácter. En primer lugar, que el teólogo debe huir de todo intento por ser original. En segundo lugar, Bonhoeffer se queja duramente por quienes son incapaces de mencionar que son teólogos sin añadir a continuación alguna broma que permita «alivianar» algo tan serio. En tercer lugar, aquí Bonhoeffer hace el vínculo con la situación alemana del momento: «A través de su estudio el joven teólogo debe aprender a discernir los espíritus. [...] Debe aprender a no llamar blanco a lo negro, sino verdad a la verdad y herejía a la herejía. Ciertamente lo debe hacer de modo cuidadoso, humilde,

---

81 DBW XVI, 496.
82 DBW XII, 416.
83 DBW XII, 417.
84 DBW XII, 418.

fundado, en amor, pero de modo decidido y valiente»[85]. Con ello no está llamando a vociferar contra la decadencia, sino que precisamente en este contexto insistirá mucho sobre la importancia de la sobriedad: «En tales tiempos para el teólogo será mejor ser demasiado retraído que demasiado ruidoso. Pues la falsa seguridad del discurso ruidoso no tiene nada que ver con la certeza de la penitencia y del evangelio». «En tales tiempos no corresponde ser patético, sino actuar y pensar de modo sobrio. Precisamente aquí no se debe buscar el "desempeñar un papel", sino que se debe leer y estudiar la Biblia como nunca antes»[86]. De lo contrario la teología se convertirá en un ligero plantear tesis sobre Dios: así, utilizando quizá por única vez de modo negativo la palabra «teología», Bonhoeffer escribe que la primera conversación teológica de la historia fue aquella entre la serpiente y Eva, «la primera conversación *sobre* Dios, la primera conversación religiosa, teológica»[87].

Conviene terminar este apartado tomando en consideración dos observaciones más. La primera es que Bonhoeffer se entiende a sí mismo no sólo como teólogo cristiano o teólogo protestante, sino específicamente como teólogo luterano. Tendremos oportunidad de ver cómo entiende esto, lo cual se refleja, por ejemplo, en la importancia que da a los escritos confesionales de la Iglesia Luterana. La segunda es que también se describe diciendo que «me siento como un teólogo "moderno"»[88]. Esto es importante a la hora de evaluar lo que escribe Bonhoeffer. Tiene escaso sentido leerlo y compararlo punto por punto con Agustín, Tomás de Aquino o Calvino. Bonhoeffer está respondiendo a las preguntas que surgen de la propia tradición en la que él ha crecido, en parte del protestantismo liberal, en parte de las reacciones contra el mismo: es a partir de este ambiente que hay que entenderlo para ver qué es lo que ha logrado con su obra. En ese mismo sentido, conviene abstenerse de afirmaciones grandilocuentes que quieren situarlo entre los grandes

---

[85] DBW XII, 418.
[86] DBW XII, 419.
[87] DBW III, 103.
[88] DBW VIII, 552.

teólogos de su siglo. Lo suyo es una teología en elaboración, en un proceso de crecimiento, y muchas veces hay que contentarse con constatar que el rumbo de dicho crecimiento era el correcto.

Esto por supuesto no significa que haya que dejar de lado, al evaluarlo, la teología no luterana o la teología no moderna. El mismo Bonhoeffer advierte enérgicamente contra quienes intentan cumplir con la tarea teológica ignorando el pasado, creando una caricatura del mismo o creyendo que las preguntas de hoy son sustancialmente distintas de las del pasado: «¿Cómo podría ser una buena señal el que un teólogo se avergüence de la compañía de los sinceros teólogos que ha habido desde Pablo hasta Agustín, desde Tomás de Aquino hasta Lutero, creyendo no necesitar aquello que ellos consideraban de importancia inconmensurable? ¿Qué podemos ver tras el desprecio por las preguntas que parecían importantes a hombres serios y sabios, sino una mal ocultada ignorancia?»[89]. Es el esfuerzo por pensar como cristiano lo que domina todo el pensamiento de Bonhoeffer. Y tal pensar, como deja claro la cita, es pensar dentro de una tradición, tomando con suma seriedad a aquellos autores que son sumamente importantes. Antes de proceder a ver cómo se refleja eso en distintas áreas de su pensamiento, intentaremos aproximarnos a nuestro autor desde otra perspectiva, la de los pocos intentos literarios realizados por él en prisión.

2. Ficción en la prisión de Tegel

¿Se prestan sus textos literarios para estudiar su pensamiento? Bonhoeffer afirma respecto de las novelas que él mismo estaba leyendo que «de esto se aprende más para la *Ética* que de los manuales»[90]. Sería un mínimo acto de justicia el aplicar esta frase también a los intentos literarios de Bonhoeffer: ver que no sólo de su manual de *Ética* se aprende algo sobre dicha materia, sino también de su exploración literaria. Pero quienes investigan su obra

---

[89] DBW XII, 417.
[90] DBW VIII, 127.

apenas han tomado en serio dicho desafío. Se trata de los textos menos estudiados en la extensa literatura secundaria sobre Bonhoeffer. De hecho, su publicación fue intencionalmente retrasada por varias décadas, por temor a que dieran una impresión «equivocada» de Bonhoeffer: «¿No nos muestra un Bonhoeffer más burgués de lo que realmente era?», preguntaba un historiador de la literatura, ¡desaconsejando que se publicara la novela![91] Y al finalmente publicar los textos, los editores se apuran en informarnos que estos intentos literarios estaban obsoletos ya en el momento en que Bonhoeffer los escribía: «Estos escritos parecen contradecir la corriente de los tiempos, mostrando *un Bonhoeffer al que el mismo Bonhoeffer ya había superado* [!], tanto en su teología como en sus acciones»[92]. En lugar de comentar tan caprichosas suposiciones, haremos bien en simplemente atender a estos escritos tal como a cualquier otro texto de Bonhoeffer: intentando entenderlos y exponerlos, en lugar de proclamar haber entendido al autor mejor que lo que él se entendió a sí mismo.

En carta desde la cárcel a sus padres, en agosto de 1943, Bonhoeffer les cuenta que acaba de dejar de lado su primer intento literario: «Durante las últimas semanas intenté escribir una obra de teatro. Pero entretanto he descubierto que el material no era de carácter dramático, por lo que ahora intentaré darle forma narrativa. Se trata de la vida de una familia. Naturalmente se mezclan muchas cosas personales»[93]. En noviembre del mismo año escribiría a su amigo Eberhard Bethge precisando sobre la narración: «Empecé a escribir la vida de una familia burguesa de nuestro tiempo. El trasfondo lo forman nuestras innumerables conversaciones en esa

---

[91] Walter Killy citado en Bethge (1981:3). Bethge ha dado muchas razones para retardar la publicación de estos fragmentos. Pero si bien algunos (pocos) de estos argumentos pueden ser atendibles, la idea de que podrían ser mal interpretados por no ser la forma usual de expresión de un teólogo ciertamente no es válida, pues lo mismo valdría en dicho caso para las cartas desde la prisión, que sí fueron publicadas y publicitadas. Y si se corren con las cartas de la prisión riesgos en una dirección, ¿por qué no correrlos también en la dirección contraria con los experimentos literarios?

[92] R. y E. Bethge: (1981:2). Mi cursiva.

[93] DBW VIII, 135.

dirección, así como todo lo vivido. Se trata, en una palabra, de una rehabilitación de la burguesía, tal como lo hemos vivido en nuestras familias, esto es, desde el cristianismo»[94]. No se trata pues de una simple distracción, sino que en estos intentos literarios Bonhoeffer une su interés político —que aquí resume como «rehabilitación de la burguesía»— con su fe cristiana.

Durante su estadía en la prisión de Tegel Bonhoeffer alcanzaría a hacer tres experimentos literarios mayores, junto a varios poemas menores que se encuentran recogidos en *Resistencia y sumisión*. Los intentos literarios pertenecen a géneros distintos. Lo primero fue el intento teatral. Quedó interrumpido no simplemente porque, como dice Bonhoeffer, «el material no era de carácter dramático», sino tal vez por sobrecarga intelectual: a partir de tantas ideas, cualquier desenlace habría sido simplista, incapaz de responder a los problemas planteados en la obra. Así, lo mejor fue girar hacia la forma narrativa, escribiendo una «novela de ideas». En cierto sentido se puede considerar que la novela sí fue terminada, al menos en cuanto forma una unidad consistente. La tercera pieza es una pequeña narración, en la que se contrasta al soldado común y corriente con los burócratas del ejército. También acabada, dicha narración no forma sin embargo una unidad temática con la obra de teatro y la novela, y no nos ocuparemos aquí de ella.

La razón para ocuparnos de la obra de teatro y la novela es muy simple. Hemos dicho que Bonhoeffer fue uno de los primeros cristianos en notar la centralidad del problema judío en el enfrentamiento con Hitler. Pero dicho tema se encuentra totalmente ausente de estos ensayos literarios. La razón es evidente: estando en prisión, debía escribir algo que, de ser descubierto, no fuera reconocido como una crítica evidente al régimen nacionalsocialista. Pero naturalmente él quería al mismo tiempo escribir algo que sí retratara la maldad de dicho régimen y lo contrastara con algo positivo. El resultado nos interesa mucho, porque esto lo obligó a escribir algo que criticara el totalitarismo en sus rasgos más generales, sin referencia específica a la situación alemana de la época. Lo obliga a escribir algo que siempre

---

[94] DBW VIII, 188.

sería actual, porque se concentraría necesariamente en la corrosión del carácter, en la pérdida de humanidad al margen de cómo dicha pérdida se da en la situación concreta de su tiempo. Sus intentos literarios nos permiten ver así lo que Bonhoeffer consideraba como la esencia misma de una sociedad corrupta, lo cual constituye un buen modo de introducirnos a los problemas que luego trataremos.

Para entrar a estos textos puede ser conveniente dirigir la mirada al prólogo de una de las novelas que entonces Bonhoeffer con mayor interés leía y recomendaba: «El espíritu de Berna y el espíritu de los tiempos» *(Zeitgeist und Berner Geist)*, de Jeremias Gotthelf. Pues en el prólogo de la novela Gotthelf, un pastor tal como Bonhoeffer, da cuenta de por qué ha considerado necesario escribir una novela aparentemente política: «La razón por la que el autor no puede alejarse de eso que llaman política es que la política de hoy irrumpe en todas partes; que precisamente ésa es la marca principal del radicalismo o de la política radical, introducirse en las condiciones de vida de todas las capas de la sociedad, asolando el santuario de la familia y disolviendo todos los elementos cristianos». Bonhoeffer no puede sino haberse sentido identificado por tales palabras. Más aún cuando Gotthelf prosigue diciendo que «aquel que ame al pueblo, que ve su vida con claridad, chocará en todo momento con la política radical, pues ésta no es verdadera política, sino una visión de la vida y del mundo que abarca todas las condiciones, que quiere apoderarse de toda la humanidad»[95]. Un siglo tras Gotthelf, Bonhoeffer está con sus proyectos literarios intentando dar esa misma batalla, también él entendiendo que no está enfrentando un movimiento estrictamente político, sino toda una visión de mundo.

Antes de pasar a la exposición, corresponde hacer una advertencia sobre la naturaleza literaria de los textos que vamos a citar, pues no siempre es fácil saber, en una obra literaria, con qué personaje identificar las opiniones del autor de la obra. Personalmente me parece que en este caso rara vez hay lugar a dudas: es relativamente fácil establecer con qué personajes de su obra Bonhoeffer se

---

[95] Gotthelf (1929:8-9).

siente identificado, y no hago esfuerzos por demostrar en cada cita que la identificación que estoy haciendo sea legítima[96]. Pero sí estoy dispuesto a conceder lo siguiente: en una obra literaria uno puede, aunque se identifique con los personajes, poner en boca de ellos afirmaciones más radicales que las que uno estaría dispuesto a suscribir con el propio nombre, y es razonable suponer que Bonhoeffer ha hecho eso alguna vez. En ese sentido —no en el de representar una posición «superada»— los textos que a continuación citaremos tienen un estatuto algo distinto del resto de la obra de Bonhoeffer.

«Interioridad»

Una buena manera de introducirnos a lo que Bonhoeffer escribió en la cárcel es partir por lo que él leía durante el mismo período. Sus lecturas fueron ante todo literarias. Pero la importancia de ellas no es meramente literaria, sino moral, como él mismo hace claramente ver: «En mi lectura vivo de momento en pleno siglo XIX: Gotthelf, Stifter, Immermann, Fontane y Keller son los autores que he releído con admiración durante los últimos meses. Una época en que se escribía un alemán tan claro y simple tiene que haber tenido en el fondo una muy buena sustancia»[97]. Relevante es aquí el vínculo que establece entre el lenguaje y la calidad moral de una época. ¿Qué es lo que llama la atención de Bonhoeffer en relación al modo en que estos autores escriben, como para llegar a atribuir relevancia moral a ese hecho? Si uno los compara con la literatura de la generación de Bonhoeffer, estos autores destacan como carentes de todo dramatismo. En sus obras hay personajes que llevan una vida fácil, otros que llevan una vida más difícil; pero de ello no se hace gran alarde. El que lleva una vida difícil simplemente intenta salir adelante, sin sumirse en la desesperación ni en la pregunta sobre el por qué de un destino tan duro, ni en la

---

[96] Una lectura superficial basta para ver muchas resonancias entre el Bonhoeffer de *Resistencia y sumisión* y el Christoph de los intentos literarios. Así también lo ha visto a partir de recuerdos personales su sobrina, Renate Bethge (1981:294), afirmando que es «el personaje con que Bonhoeffer más se identifica».

[97] DBW VIII, 117.

reflexión sobre el propio yo. No se trata de un punto irrelevante: el hecho de estar viviendo una situación límite no llevó a Bonhoeffer a valorar una literatura que buscara expresar dicho género de situaciones; leyó en prisión literatura sin dramatismo alguno, de temas convencionales, de prosa clara, en la que no predomina la reflexión introspectiva. «Ante las cosas más delicadas no se vuelven sentimentales, ante las más duras no se vuelven frívolos, no se vuelven patéticos al expresar sus convicciones, no hay ninguna exagerada complicación de la lengua o de su objeto». Así los elogia Bonhoeffer y como ésa fue también la prosa que escribió él[98].

Así un primer elemento que encontramos presente tanto en el drama como en la novela de Bonhoeffer es la crítica de la búsqueda de «interioridad»: de conocerse profundamente a sí mismo, de conocer el secreto profundo de la vida de otros. «¿Nunca has notado que precisamente las mejores personas que conocemos llevan en sí un secreto, un secreto que nunca se revela, pero que además ellos mismos nunca se atreven a tocar? Reluce a través de cada palabra, a través de cada una de sus miradas. Pero si uno intentara traducirlo a palabras, lo mejor ya habría sido destruido. Las personas buenas no saben por qué lo son, ni quieren saberlo» —así se expresa uno de los personajes del drama[99]. Bonhoeffer volverá de distintas maneras sobre este tema, llamando la atención sobre el hecho de que Dios mismo le da vestimenta a Eva y Adán, mostrando que hay algo que debe estar cubierto, o afirmando que el mismo cuerpo, incluso desnudo, no nos deja ver cómo es el otro: «Tiene que tener algún sentido —dice Christoph en la novela— el hecho de que por naturaleza nos esté cerrada la entrada al interior de otra persona y que nadie puede ver nuestro interior. Por tanto con seguridad debemos guardar dicho interior para nosotros mismos en lugar de intentar compartirlo con otros». A lo cual su amigo responde: «Salvo con Dios o con alguna persona que haya sido enviada por Dios y sepa callar

---

[98] DBW VIII, 117.
[99] DBW VII, 47.

como él»[100]. Varios temas propios de la obra de Bonhoeffer encuentran un punto de contacto y un cierto fundamento en estas observaciones: su preocupación por la confesión, el problema de «qué significa decir la verdad», su juicio sobre el psicologismo y el existencialismo —puntos sobre los que tendremos ocasión de volver. Y todo ello parece encontrar un cierto fundamento común en esta sencilla observación: no todo puede estar al descubierto. De ahí deriva también su juicio sobre la «filosofía de la sospecha» —sobre lo cual volveremos con atención más adelante— y su efecto sobre la vida pública: «Nada corrompe tanto nuestra vida en común como el desconfiar de lo naturalmente dado, del ingenuo, el poner en duda su motivación»[101]. Así la crítica a la búsqueda de «interioridad» se une en Bonhoeffer a toda su visión de la descomposición social: «Esta moda psicologista de analizar a las personas es la descomposición de toda confianza, la difamación pública de todo lo decente, la revuelta de lo vil contra lo libre y genuino. Los hombres no existimos para mirarnos unos a otros en el abismo del corazón —lo cual después de todo ni siquiera podemos—, sino que debemos tratar con los otros aceptándolos tal como son, de modo sencillo, ingenuo, en valiente confianza»[102].

El «hombre masa»

Las críticas de la búsqueda de «interioridad», del psicologismo, de la filosofía de la sospecha, pueden ser vistas como críticas a una cierta mentalidad representada ante todo en algunos movimientos intelectuales. Pero no es en primer lugar contra movimientos intelectuales que está hablando Bonhoeffer, sino que se trata de una crítica de actitudes difundidas por toda la sociedad y que forman el carácter de lo que se suele denominar como el «hombre masa». Si Bonhoeffer había tenido normalmente una personalidad retraída, esto se acentuó en la cárcel: «Gustosamente converso con

---

[100] DBW VII, 133. Veremos más adelante palabras casi idénticas en cartas de Bonhoeffer, lo que vuelve tanto más evidente su identificación con Christoph.
[101] DBW VII, 66.
[102] DBW VII, 66.

una o dos personas. Pero cualquier concentración mayor de personas me resulta un horror, ante todo por la palabrería»[103], escribe en una carta. En la obra de teatro existe un personaje que representa precisamente al hombre masa, pero en una variante excepcionalmente inteligente. Christoph —el personaje central— le ha pedido hablar de hombre a hombre, y Heinrich —el representante de la masa— le responde: «De hombre a hombre, eso es lo que ustedes acostumbran decir para hacer callar en nosotros la voz de la masa, la voz de los viles que vive en nosotros. Esta voz les resulta odiosa y quieren sacarnos del montón, que es el único lugar en el que somos algo. Y saben muy bien que ya no tendrán motivo para temernos una vez que logren que nos enfrentemos como individuos. En cuanto individuos, nosotros somos impotentes —porque no somos individuos: somos masa o nada»[104]. Tal vez sea precisamente la existencia de este personaje la que tornó imposible de terminar la obra teatral iniciada por Bonhoeffer, pues un hombre masa con tan inteligente conciencia de serlo resulta inverosímil.

Ahora bien, es importante precisar en qué consiste la crítica de la masa en Bonhoeffer. Para alguien como Nietzsche la masa se encontraría como contraste con la figura del superhombre. Pero Bonhoeffer se aleja de modo igualmente marcado de cualquier elogio de «superhombres» o, como él prefiere designarlos, «semidioses». Uno de los personajes más maduros de la novela dice que le gustaría leer la historia del hombre común y corriente; y para dejar claro a lo que se refiere, contrasta al hombre común y corriente tanto con la masa como con el semidiós: «No me refiero a la historia de las masas eternamente exaltadas y revolucionarias, de sus concentraciones y explosiones —también esos son poderes sobrehumanos, poderes subterráneos, míticos, que tienen cierta misteriosa conexión con los grandes vencedores de la historia. No. Lo que me interesa es la historia de los hombres que están entre estos poderes, que se encuentran arrojados entre ellos y ahí intentan conducir su

---

[103] DBW VIII, 258.
[104] DBW VII, 64-65.

vida en trabajo, familia, sufrimiento y felicidad»[105]. ¿Qué diferencia a la masa de este hombre común y corriente? Ante todo, que el hombre común y corriente no se deja seducir por eslóganes.

De hecho, de todas las críticas al hombre masa lo más recurrente en estos intentos literarios de Bonhoeffer es la forma en que la masa es dominada por palabras. Respecto del uso de palabras cautivadoras como «libertad», uno de los personajes advierte: «Les hablo para proteger del abuso a las grandes palabras que han sido dadas a los hombres. No pertenecen a la boca de la masa ni a los titulares de la prensa, sino al corazón de los pocos que las custodian y protegen con sus vidas»[106]. Así, uno de los intentos recurrentes del personaje que enarbola estas críticas es el de arrebatar a las masas las palabras más nobles: «No podemos convertir la libertad en eslogan para la masa, porque de ahí nace la peor esclavitud. La libertad siempre es un bien para los pocos, los nobles, los elegidos»[107]. «Nunca es una buena señal cuando aquello que ha sido la posesión tranquila y actitud obvia de la gente buena, es proclamado como la más novedosa sabiduría por las calles. Porque entonces aquellos que han protegido estos valores con su vida, su trabajo y sus hogares, dan con repugnancia la espalda a estas palabras retumbantes con las que otros intentan convertir a la masa en profeta. ¿Qué persona de buen carácter soporta hoy que por su boca pase la palabra "libertad", "fraternidad" o la mismísima palabra "Alemania"? No las dice, sino que las busca en la tranquilidad del santuario, a la que sólo se puede acercar el humilde y creyente»[108]. Bonhoeffer no pone en duda que las cosas nombradas, la libertad, la fraternidad, la propia nación, son grandes bienes. Pero cuando se convierten en eslogan, cuando nos agita la retórica patriótica o liberacionista, es mejor honrar a estos bienes en silencio: «Por un tiempo honremos los más elevados bienes mediante el silencio; aprendamos por un tiempo a hacer lo correcto sin palabras»[109].

---

[105] DBW VII, 175-176.
[106] DBW VII, 49.
[107] DBW VII, 32.
[108] DBW VII, 49.
[109] DBW VII, 49.

Burguesía, nueva élite y poder

Como hemos visto, la discusión sobre la masa, el hombre común y corriente y los semidioses, es realizada por un Bonhoeffer consciente de representar a la antigua burguesía alemana. Así lo pone en boca de uno de sus personajes: «Soy, por decirlo así, de una buena familia, esto es, de una antigua y respetada familia burguesa, y no me encuentro entre quienes se avergüenzan de decirlo»[110]. Cuando el personaje que acabamos de citar quiere explicar lo que entiende bajo esto de «buena familia burguesa», no logra sin embargo explicarse muy bien. Hay que haber crecido en ella para entenderlo, dice: «Conozco el tranquilo poder que vive en una buena casa burguesa»[111]. Como principal característica de la educación recibida ahí menciona que «hemos crecido en reverencia por lo que ha crecido y por lo establecido, y así en el respeto por toda persona»[112]. Pero la «rehabilitación de lo burgués» se expresa también en la recurrente idea de que «necesitamos una genuina clase alta»[113]. Esto es, Bonhoeffer está consciente de que incluso ahí donde se alcanza la relativa igualdad económica entre las distintas clases, sigue habiendo un grupo, el «alto», que es tenido por los otros como modelo. La preocupación por cómo sea dicho grupo no puede por tanto nunca desaparecer, aunque desaparezcan las diferencias económicas. Y las afirmaciones de Bonhoeffer respecto de la necesidad de un «arriba» y un «abajo» en la sociedad naturalmente no las hace como fruto de la admiración por la clase alta de su época. Había conocido ejemplos admirables en su propia familia o en la aristocracia de Pomerania; pero su imagen del fracaso de los círculos más influyentes de Alemania encuentra elocuente expresión en palabras de Christoph: «¿Quién tiene la culpa de la presente calamidad? Nadie sino los que dan el tono, la así llamada clase alta, a la que todos tienen echado el ojo y a la que miran para ver cómo ser exitoso en la vida. Y esta misma clase alta no es sino, en buena medida, una masa de corruptos, ambiciosos,

---

[110] DBW VII, 65.
[111] DBW VII, 65.
[112] DBW VII, 66.
[113] DBW VII, 107.

almas de lacayos, mezcla de adulación hacia arriba y brutalidad hacia abajo, grandes frases hacia fuera y putrefacción hacia adentro. Y las pocas familias y personas decentes que podrían significar algo se retiran hacia sus adentros, asqueados por esta hueca e hinchada sociedad»[114]. Que haciendo tal balance Bonhoeffer siguiera creyendo que puede haber algo así como una «nueva élite» es casi el mejor testimonio que se puede presentar a favor de tal convicción.

En el mismo marco podemos entender la visión que la novela da sobre el poder. Quienes hoy suelen admirar a Bonhoeffer provienen generalmente de una clase intelectual acostumbrada a calumniar la existencia del poder y a los poderosos como origen de todos los males. Bonhoeffer se encuentra por supuesto una vez más en una posición intermedia: sabe las cosas terribles que pueden provenir del poder, pero sabe que tiene que estar ahí: «Es algo inquietante que tenga que haber poder; es más, que el poder sea algo sagrado, que viene de Dios y que, sin embargo, tan fácilmente nos convierta en demonios, en pequeñas o grandes plagas para los hombres»[115]. Uno de los ejes centrales de la novela es de hecho un caso de abuso de poder. No de parte de algún gran tirano, sino de parte de un guardia privado, que intenta expulsar de un lago a un grupo de jóvenes. Se trata de algo que por supuesto tiene toda la impresión de ser trivial. Pero es precisamente eso lo que Bonhoeffer quiere mostrar: cuán corroído se encuentra el carácter de alguien que intenta hacer una semejante demostración de poder en una circunstancia en que esto es completamente innecesario. De hecho contrasta esta especie de «pequeños tiranos» con los «grandes tiranos», y en cierto sentido salen ganando en la comparación los «grandes»: «Son como semidioses, no sometidos al común juicio humano; surgen y vuelven a caer en pocos años. Pero de los pequeños tiranos no nos libramos nunca. [...] Esos pequeños tiranos son los que pueden destruir un pueblo en su interior mismo»[116]. Destrucción total de la confianza mediante una filosofía de la sospecha,

---

[114] DBW VII, 107.
[115] DBW VII, 124.
[116] DBW VII, 124-125.

la corrosión del carácter mediante la actitud de masa, la aniquilación del lenguaje mediante la popularización de los términos más nobles, la búsqueda de «interioridad», son elementos que Bonhoeffer quiere mostrar como corrosivos para la sociedad, culminando en el abuso del poder, que no sólo humilla a los súbditos, sino que deshonra también al poder mismo que, como hemos visto, Bonhoeffer sigue considerando sagrado: «Cuando un hombre usa el poder que le ha sido dado sobre otros hombres para humillarlos, someterlos, ensuciarlos, quebrarlos, eso ya no es cuestión de buen o mal tono, sino que es profanación, tanto del hombre como del cargo *(Amt)* que se posee»[117], dice en la novela un retirado mayor del ejército.

¿Y el cristianismo?

Pero como decía un texto antes citado, Bonhoeffer no busca simplemente la «rehabilitación de la burguesía», sino «tal como lo hemos vivido en nuestras familias, esto es, desde el cristianismo». ¿Dónde entra aquí el cristianismo? ¿En la idea de la nueva élite? Probablemente, pero no es una sugerencia carente de problemas, pues los personajes de la novela reconocen que entonces tendrían que vivir en una cierta tensión: «Según el cristianismo todos tenemos que ser iguales o incluso tanto mejor cuanto más débiles y pequeños. Pero eso es precisamente lo contrario de lo que tú y yo vivimos diariamente, lo contrario de lo que queremos y pensamos. ¿Cómo entonces precisamente el cristianismo va a ayudar a formar una nueva clase alta, una nueva élite?»[118]. Una novela no es un tratado de sociología, y no tiene por qué responder a una pregunta como ésta. Y de hecho no responde, sólo deja planteada la pregunta. Pero es importante notar que es precisamente la idea de una «nueva élite» la que lleva a los jóvenes de la novela a discutir sobre la religión. Christoph mira a Ulrich y le pregunta: «¿Quieres decir que cuando lleguemos a tener cargos de responsabilidad deberíamos tener más religión?». «Lo que quiero decir, o más bien me pregunto, no, lo que quiero decir, es que tendríamos que ser cristianos», responde

---

117 DBW VII, 123.
118 DBW VII, 111.

Ulrich[119]. Pero Christoph, aunque sorprendido por esta sugerencia de Ulrich, no se deja convencer de inmediato, haciendo notar que sus propios padres no podrían ser calificados propiamente de cristianos, y sin embargo serían una especie de modelo para una nueva élite, ya que por supuesto «prefieren mil veces a un buen trabajador u obrero antes que a alguna hinchada excelencia»[120]. Ulrich responde que eso bien puede ser así, que ellos no sean cristianos y sean una buena élite: «Pero eso proviene del hecho de que, sin saberlo, o al menos sin expresarlo, en verdad viven del cristianismo, de un cristianismo inconsciente»[121].

Esta es una de las tres veces en que el cristianismo aparece como tema en la novela. Sólo tres veces, pero todas de un modo significativo. En este caso aparece el contraste entre «cristianismo» y «religión», así como la referencia a un «cristianismo inconsciente». Las otras dos menciones son el comienzo y el final de la novela. El comienzo de la novela está dado por la visita de una antigua cristiana al templo, y su consiguiente espanto por las tonterías que le toca oír en el sermón: «¿Por qué nadie de los que hoy habían estado en la iglesia se daba cuenta de que no habían oído sino huecas declamaciones y baratas frases hechas? ¿Por qué erraban precisamente los más cultos en su juicio? Es verdad que apenas iban a la iglesia, pero cuando tenían que ir por un bautismo o un matrimonio, entonces siempre encontraban que el discurso —así llamaban a la prédica— había sido tan bonito, tan artístico, tan moderno, tan cercano a la vida»[122]. La novela cierra con otra mirada hacia el cristianismo. En el campo hay una antigua iglesia y el retirado mayor del ejército cuenta la historia de sus tres campanas: la más antigua, Misericordia, la de tonos más cálidos, databa de los tiempos de la Reforma protestante y había sido instalada para recordar diariamente a los pobres y atemorizados campesinos el evangelio de la misericordia divina. Pero escudándose en esta misericordia, los hombres se habían vuelto terribles pecadores, llevando a que treinta años más tarde

---

[119] DBW VII, 110.
[120] DBW VII, 110.
[121] DBW VII, 110.
[122] DBW VII, 79.

se instalara otra campana, Justitia, de tono claro y estricto. Y al pastor se le dio por orden predicar todos los días de la semana sobre los diez mandamientos, y sólo los domingos sobre la misericordia y la gracia —el tema bonhoefferiano de la «gracia barata» y la «gracia cara». Tras la guerra de los treinta años, sentida como juicio divino, se había instalado la tercera campana, sobre las otras dos, Pax. Y al tocar por primera vez esta campana, todo el pueblo había llorado de alegría y dolor. «Misericordia, justicia, paz: en verdad eso es una gran bendición para un país»[123]. Varios de los más típicos temas de Bonhoeffer se encuentran así planteados por la novela: su rechazo de ciertas corrientes intelectuales, algunas de sus ideas políticas, así como sus tardías frases sobre el «cristianismo sin religión». A lo largo de este libro veremos cómo estos temas se mezclan con la intención marcadamente teológica de Bonhoeffer que hemos descrito en la sección anterior, dando muchas veces un fructífero resultado. En primer lugar nos dirigiremos al «cristianismo sin religión».

3. La «religiosidad» y el centro de la vida

Si al recorrer su novela nos hemos detenido en aquel escrito de Bonhoeffer que menor, por no decir nula, atención ha recibido por parte de los interesados en su obra, ahora nos dirigimos a lo que mayor fascinación ha producido. «Cristianismo sin religión», «interpretación no religiosa de los conceptos bíblicos» y «teología para un mundo mayor de edad», son las frases que, como hemos ya mencionado, fascinaron a la generación de posguerra, y a las que nos dedicaremos aquí. El tal vez más eminente alumno que tuvo Bonhoeffer, Gerhard Ebeling, advertía ya en 1956 sobre los «disparates que se puede armar si en lugar de apropiarse de estas frases mediante el trabajo teológico, simplemente son repetidas como fórmulas canónicas»[124]. Si hace medio siglo eso podía ser considerado como una advertencia, hoy habría que decir que más bien fue una profecía. Karl Barth, a modo de reacción, llamaba a no atender a estos últimos escritos de Bonhoeffer, sino sólo a aquellos que

---

[123] DBW VII, 188-189.
[124] Ebeling (1956:36).

publicó en vida: «Era un hombre capaz de tener una evolución sorprendente en una dirección inesperada, y se le hace por tanto injusticia interpretándolo a partir de estos últimos pasajes y poniéndolo de modo repentino en la misma línea de Tillich y Bultmann»[125]. La *Enciclopedia Británica*, en su primer artículo sobre Bonhoeffer, iba más lejos, afirmando que estos últimos escritos constituyen un simple «sin sentido». No iremos tan lejos como estos dos últimos juicios, pero sí haremos bien en atender a la advertencia del propio Bonhoeffer de que «tal vez lo escrito fue más bien para mí mismo, para lograr claridad»[126], y no intentaremos imponerle a su pensamiento coherencia ni originalidad donde no parezca tenerla.

«Religión» y «cristianismo sin religión»

¿Es la religiosidad algo que existe por naturaleza en el hombre, y el problema consiste simplemente en encontrar la forma correcta de dicha religiosidad? ¿O no hay nada semejante a un «a priori religioso» en el hombre, sino que la revelación es algo que viene completamente desde fuera, una autopresentación de Dios sin que haya tenido un «punto de contacto» con nosotros? Este tipo de preguntas se encuentran en el centro de la preocupación teológica de la generación de Bonhoeffer. Es la pregunta que en parte separaba a los liberales de los barthianos, pero en cierto sentido también a unos y otros de toda la tradición cristiana previa. ¿Pero qué entendía toda esta gente bajo «religión»? El término religión, en el uso que le damos hoy, es una creación moderna. Uno encuentra la palabra religión también en la Antigüedad y en la Edad Media, pero con una delimitación muy específica, como una subdivisión de la virtud de la justicia: justicia respecto de Dios. Así es como hablan los grandes autores desde Cicerón a Tomás de Aquino. Pero desde el siglo XVII en adelante la creciente ocupación por la religión había producido un cambio de acento: «lo religioso», vuelto un área de la vida humana, es en algunos autores reducido a la moralidad —como ocurre en Kant— y en otros reducido a un

---

[125] Barth (1971:122).
[126] DBW VIII, 416.

«sentimiento de lo infinito» —como ocurre en Schleiermacher. «La religión no es —escribe éste— conocimiento o acción, metafísica ni moralidad, ni una combinación de ambas. Es contemplar y sentir el universo, lo infinito, lo eterno dentro de lo temporal»[127]. Con una simplificación un poco esquemática, se puede mencionar como típico de la teología liberal del siglo XIX intentar mostrar que el cristianismo es simplemente la mejor versión de este sentimiento, el más granado producto que encontramos bajo el género «religión», que el reino de Dios puede ser identificado con los ideales morales de los que Jesús dio un ejemplo. Nótese, por lo pronto, que cuando se califica a esta teología como «liberal», esto tiene un sentido un tanto distinto del uso que se hace del término al hablar de liberalismo político o moral.

Barth, el gran opositor de la teología liberal, a quien en gran medida sigue Bonhoeffer, se enfrenta a todo este desarrollo moderno en un legendario capítulo de su *Dogmática eclesial*, titulado «Religión como falta de fe». Ahí se encuentra no sólo una de sus más vigorosas polémicas contra la «religión» en nombre de la revelación, no sólo la afirmación de que éste sería el punto en el que se concentran todas las desgracias del «neoprotestantismo»[128], sino también un intento por vincular esto derechamente a la lucha contra el nacionalsocialismo: si no se ha rechazado la noción moderna de religión en su raíz, dirá, «estamos indefensos ante los cristianos-alemanes»[129]. Al escribir así, se podría decir que Barth está resumiendo bajo el término «religión» la mera inmanencia: el esfuerzo del hombre por llegar por sus medios a la divinidad, reflejo político de lo cual sería la deificación de un grupo humano en el programa nacionalsocialista. Respuesta a dicha mera inmanencia sería la radical afirmación de la trascendencia en la obra de Barth: Dios como el totalmente otro. ¿Pero basta este trasfondo para entender los pasajes relevantes de Bonhoeffer? Una manera de entender a Bonhoeffer es, en efecto, verlo como un simple continuador de este tipo de discurso

127 Schleiermacher, *Sobre la Religión* II.
128 Barth, KD I, 2: 316.
129 Barth, KD I, 2: 318.

barthiano. Y sin duda se daría así al menos con parte de lo que está intentando decir: uno de sus profesores en Estados Unidos recordaba a Bonhoeffer como «el mayor de los antiliberales» por la manera en que difundía ahí la obra de Barth[130]. Se puede además constatar que desde temprano hay un uso del término muy cercano al de Barth. Así ya en sus primeras obras se encuentra una contraposición entre «religión» y «revelación»[131], o una crítica de que el cristianismo se construya sobre la idea de un «a priori religioso» en el hombre[132]. Eso mismo podemos encontrar en una anotación personal de nuestro autor tras visitar una iglesia en Estados Unidos: «Visita a Riverside Church. Francamente insoportable. Sermón sobre un texto de James[133] en torno a "aceptar un horizonte"; cómo adquirir un horizonte, esto es, Dios como necesario horizonte del hombre. [...] Toda una decente, opulenta y autocomplaciente celebración religiosa»[134]. También aquí la crítica de Barth a la reducción de Dios a la inmanencia es un motivo predominante.

De modo similar hay cartas en las que frecuentemente vincula la religión con dos características: «metafísica» e «individualismo». Ahora bien, es muy poco lo que Bonhoeffer escribe al respecto, y el riesgo de sobreinterpretar es por tanto grande. «Individualismo» puede parecer un término poco problemático en este sentido, y tal vez mucho de lo que nos quiere decir se puede entender si consideramos lo que ya se ha dicho sobre la «interioridad», esto es, si consideramos la crítica de Bonhoeffer a una humanidad centrada en el conocimiento de sí misma. Ese es un tema que, en distintas variantes y en distintos tonos, nos acompañará a lo largo de todo este libro. «Metafísica», en cambio, presenta más problemas, tanto por la variedad de doctrinas que circulan bajo dicho título, como por el menor conocimiento de Bonhoeffer al respecto. La metafísica que había llegado a conocer en Estados

---

[130] Bethge (1967:196).
[131] DBW III, 108.
[132] DBW II, 51.
[133] El editor asume que se trata de un texto del filósofo William James.
[134] DBW XV, 225.

Unidos la resume simplemente como «un naturalismo teísta»[135] del que desde luego toma distancia. Pero de la metafísica tradicional tiene un conocimiento extremadamente precario, que hace imposible identificar cuál sería el presunto elemento «metafísico» de la «religión». Baste aquí con esta aclaración, para que no sea aceleradamente presentado como testigo a favor de una mentalidad «postmetafísica»[136]. En cualquier caso, son estos elementos los que Bonhoeffer cree que por siglos han ido de la mano del cristianismo, pero que no son parte esencial de la experiencia humana, sino aspectos pasajeros: «Ha pasado la época de la interioridad y de la conciencia, esto es, de la religión», «Nos acercamos a un tiempo completamente sin religión»[137]. Que Bonhoeffer tenga razón en esto es muy cuestionable. Lo menos que se puede decir al respecto es que la «religión» en ese sentido ha resultado ser un fenómeno bastante más resistente de lo que él creía; algo que hoy muestra tanta o más vitalidad que en la generación suya. Pero eso, lejos de invalidar las críticas que él hace a la religión, las vuelve en algunos puntos tanto más importantes para nuestra generación. Para entender eso conviene que ahora dirijamos la mirada precisamente a esas críticas; y en este contexto dejamos atrás a Barth para conocer observaciones más exclusivas de Bonhoeffer.

La «religión» consiste para Bonhoeffer en hacer aparecer a Dios como solución ahí donde el hombre fracasa. Esto puede ser bien como respuesta ante un fracaso intelectual, o bien como respuesta ante el fracaso existencial. «Los religiosos siempre hablan sobre Dios ahí donde el conocimiento humano ya no logra avanzar más (en ocasiones por mera flojera), o donde las fuerzas del hombre fallan. Siempre introducen ahí un *deus ex machina*[138], sea como falsa solución de problemas insolubles o como una fuerza especial

---

[135] Véase por ejemplo su informe en DBW XV, 457-8.

[136] Respecto de los límites del conocimiento que Bonhoeffer tenía en esta área, cf. Harvey (2008).

[137] DBW VIII, 403.

[138] Con esta expresión se designa en la tragedia griega las situaciones en las que un dios es introducido de modo artificial para solucionar los conflictos de los personajes.

ante el fracaso humano, es decir, Dios siempre aparece al acabarse la fuerza humana o ante los límites humanos; pero eso necesariamente sólo durará hasta que los hombres logren correr dichos límites algo más allá, volviendo así por lo pronto superfluo a Dios»[139]. Como ejemplo del primer caso podríamos tomar el problema del origen del hombre: si la ciencia se autonomiza de la religión y da una respuesta propia, la religión siempre puede recurrir aquí a la siguiente respuesta: «Es cierto que la ciencia ofrece una respuesta evolutiva, pero no explica quién dirige dicha evolución. Ahí hay que reintroducir a Dios». ¿Es posible dar este tipo de respuesta? Sí, desde luego es posible. E incluso puede haber algo de fundamentalmente verdadero en ella. Pero adolece de un problema: que mientras más avanza la ciencia, más remoto será el punto en que se introduce a Dios como «solución» o, como dice Bonhoeffer, como «tapa-agujeros».

Similar es la crítica que hace a quienes introducen a Dios como solución ante los fracasos existenciales. Bonhoeffer está pensando en quienes dirían algo como lo siguiente: «Es verdad que la ciencia da hoy respuestas a casi todas las preguntas del hombre, y es verdad que la sociedad se logra organizar bien sin Dios; pero aún quedan las preguntas "últimas", como la muerte o la culpa, a las que sólo Dios puede dar una respuesta». Ese tipo de respuesta es pues lo que Bonhoeffer llama «religión». Es Dios como «suplente»[140]. Esto revela según Bonhoeffer una flaqueza de gran parte de la apologética moderna: el intento por dejar a Dios las preguntas «últimas», que acaban siendo precisamente cada vez más últimas, más remotas, más alejadas de la vida cotidiana. La «religión» se podría así definir por su búsqueda de «Dios como elemento que completa el mundo»[141], y a ese tipo de caracterización corresponden muchas otras notas, como el esfuerzo por vincular a Dios a las experiencias límite, la búsqueda de puntos débiles del hombre para ahí introducir a Dios o el intento por ver la realidad en dos bloques, para así

---

[139] DBW VIII, 407.
[140] DBW VIII, 454.
[141] Ebeling (1956:60).

«guardar espacio» para Dios. Podremos ver parte de esto en otros contextos, cuando a propósito de la «mundanidad» hablemos de la realidad vista en dos bloques, al ver el disgusto de Bonhoeffer por una ética centrada en los casos límite, o en su rechazo de la filosofía de la sospecha, como intento por buscar puntos débiles en el hombre. Por otra parte, si en el punto anterior podíamos decir que Bonhoeffer muy probablemente erró —al menos en su juicio histórico: pues el tipo de «religiosidad» que describía sigue existiendo—, aquí por el contrario parece tener razón. Pues al margen de cualquier estadística que se pudiera llevar respecto del porcentaje de «hombres religiosos» y de «hombres no religiosos», el punto de Bonhoeffer es que también los «religiosos» lo son de un modo parcial —precisamente esa parcialidad es lo que él llama (para confusión nuestra) «religión»: son «religiosos» en un determinado campo, en el campo «religioso», el campo que ha quedado reservado a Dios tras su expulsión del resto de la vida humana.

Tal crítica de Bonhoeffer se dirige pues al concepto de religiosidad que hemos visto en los liberales —también ellos le están «reservando un lugar» a Dios en el sentimiento, tras creer que ya no es defendible la doctrina cristiana tradicional—, pero está lejos de ser una crítica que se pueda limitar a los liberales. Aquí se vuelve pues de interés su llamado a un «cristianismo sin religión». Sería absurdo pensar que eso sería un cristianismo liberado de todo lo que le es común con las restantes religiones, un cristianismo liberado de la espiritualidad o de la institucionalidad, un cristianismo liberado de toda forma, liberado de toda noción de trascendencia o de toda moralidad. Si se ha de entender la fórmula de un modo que sea coherente con la crítica que Bonhoeffer hace de la «religión», entonces tiene que tratarse precisamente de criticar el carácter parcial de la misma. ¿Criticarlo desde dónde? Cuando Bonhoeffer busca concentrar sus preocupaciones de este período en torno a una pregunta, lo hace escribiendo a Bethge las siguientes líneas: «Lo que a mí me mueve todo el tiempo es la siguiente pregunta: ¿qué significa el cristianismo, o qué significa Cristo hoy para nosotros?»[142]. La pregunta «¿Qué significa Cristo

---

[142] DBW VIII, 402.

hoy para nosotros?» es una pregunta hecha respecto de ese contexto: ¿dónde debe entrar Dios si todas las ciencias, todo el arte, toda la ética, en suma todo el hombre ha construido una especie de vida propia que en muchos casos parece funcionar perfectamente bien así, sin Dios? Como punto central hemos visto que Bonhoeffer no quiere ver a Dios como mero punto al que se puede apelar ahí donde se acaba el conocimiento humano o donde fallan nuestras fuerzas. Dios no es «solución» ni «respuesta a nuestras preguntas»[143]. El tipo de religiosidad que nace cuando Dios es visto de ese modo se caracteriza por un Dios que no está presente en el todo que es la vida humana, sino sólo en los límites, en las «cuestiones últimas». Contra eso Bonhoeffer opone lo siguiente: «Dios debe ser conocido no en los límites de nuestras posibilidades, sino en medio de la vida; quiere ser conocido en la vida y no recién en la muerte, en la salud y la fuerza y no recién en el sufrimiento, en el actuar y no recién en el pecado»[144].

Lo importante para Bonhoeffer es pues la idea de hablar de Dios en el centro de la vida: «En los límites me parece mejor callar y dejar lo insoluble sin solución»[145]. «No podemos usar a Dios como suplente de nuestro imperfecto conocimiento; pues en la medida en que los límites de dicho conocimiento avanzan —lo cual necesariamente ocurrirá—, con ello se alejará también Dios. Es en lo que conocemos que debemos encontrar a Dios, no en lo que no conocemos»[146]. «Cristo es el centro de la vida, y no vino a traernos respuestas a preguntas aún no solucionadas. Más bien es verdad que desde el centro de la vida algunas preguntas —así como sus respuestas— desaparecen»[147]. Es en esta idea de Cristo en el centro de la vida que parece estar el centro de la concepción de Bonhoeffer sobre lo que debe ser un «cristianismo sin religión». Y si vemos sus afirmaciones desde aquí, también resulta más fácil ver paralelos

---

[143] DBW VIII, 455.
[144] DBW VIII, 455.
[145] DBW VIII, 408.
[146] DBW VIII, 455.
[147] DBW VIII, 455.

de esta idea en otras áreas de su pensamiento. Así por ejemplo en la *Ética*, donde también la vida en el «centro» se contrasta con los posibles errores de quien vive en el límite, sea el error de estar sólo preocupado por poner límites o el error de sólo buscar transgredirlos: «La finalidad del mandato no es que evitemos la trasgresión, ni que pasemos por el suplicio del conflicto ético y de la decisión, sino que se encuentra en una libremente afirmada y natural vida en Iglesia, familia, en el trabajo y en el Estado»[148].

Se podrá objetar que mediante esta explicación del «cristianismo sin religión» se vuelve demasiado inofensivo a Bonhoeffer; que resulta extraño suponer que él pase por tanto esfuerzo intelectual para finalmente sólo afirmar la «piadosa trivialidad» de que Cristo debe estar en el centro. Pero tal vez esa objeción muestra más bien lo difícil que era salir de una apologética defensiva, para llegar a formular lo que él formuló, para llegar a que «Cristo no sea objeto de religión, sino algo muy distinto, Señor del mundo»[149].

La «interpretación no religiosa de los términos bíblicos»

«Mientras que entre los religiosos hay momentos en que siento pudor de mencionar el nombre de Dios —porque siento que de algún modo suena mal y me llego a sentir incluso poco honesto (especialmente terrible me resulta cuando los otros comienzan a hablar en términos religiosos, en esos casos enmudezco casi completamente, y todo se me vuelve desagradable)—, entre los no religiosos me resulta en cambio una cosa del todo natural y obvia el nombrar a Dios»[150]. Una de las maneras típicas en las que alguien puede entender el llamado a una «interpretación no religiosa de los términos bíblicos» es el verlo como un intento por dejar este lenguaje religioso, sea que bajo eso se entienda la jerga de algún grupo religioso o el lenguaje propio de la Biblia. Y como se puede ver en la anterior cita, hay algo de eso en Bonhoeffer. Pero si bien los llamados de ese

---

[148] DBW VI, 389.
[149] DBW VIII, 405.
[150] DBW VIII, 407.

tipo pueden estar justificados en alguna ocasión, ciertamente no puede ser de eso que está hablando Bonhoeffer cuando habla de la «interpretación no religiosa». Y ello por dos motivos. El primero es que él mismo se manifiesta sospechoso respecto de dichos intentos por cambiar nuestro lenguaje. Una carta de 1940, a una mujer que se queja por el lenguaje que encuentra en la Iglesia, servirá de ilustración. Bonhoeffer le concede que con ello ha fijado la mirada sobre un punto importante: «En la iglesia evangélica, que es la iglesia de la prédica de la Palabra de Dios, el lenguaje no constituye en absoluto una exterioridad»[151], reconoce Bonhoeffer. Pero, ¿cómo evitar que el constante hablar sobre las cosas más profundas no acabe trivializándolas? «Comprendo su irritación —le escribe Bonhoeffer— por el hecho de que diariamente hablemos de cosas enormes y últimas, palabras que de lo contrario jamás llegan siquiera a cruzar los labios de un hombre»[152]. Pero precisamente tras concederle esto, tras conceder que palabras como «pecado», «perdón» o «gracia» parecen tener más valor cuando las dice alguien que jamás las pronunciaría, tras todo ello Bonhoeffer afirma que no hay un lenguaje que pueda servir de reemplazo: la creación de un nuevo vocabulario sólo serviría para una pasajera renovación, con un resultado que nos aburriría tanto más rápido, y que por ser creado por nosotros tendría más marcadamente el carácter de jerga de un grupo. «Mantengamos pues el sencillo lenguaje de la Biblia. [...] Pero todo depende de la profundidad de la que provenga y del ambiente en que se afirme»[153]. Pero hay un segundo motivo por el cual no puede ser esto lo que está en cuestión: el hecho de que con esta frase Bonhoeffer no pide en absoluto términos nuevos, sino una nueva interpretación de los mismos términos. Lo que está en cuestión no son los «términos bíblicos», sino la «interpretación no religiosa» de los mismos.

¿En qué puede consistir dicha interpretación? Sería erróneo entenderlo como si se tratara de descartar ciertas doctrinas cristianas,

---

[151] DBW XVI, 23.
[152] DBW XVI, 23.
[153] DBW XVI, 24.

sea en el campo que sea, para hacer más digerible el cristianismo al mundo —después de todo, Bonhoeffer está centrado en el
esfuerzo contrario: la redacción de una *Ética* que lejos de quitar
temas, los añade respecto de lo que habría sido una ética luterana tradicional; y además, es difícil imaginar que el cristianismo
se fuera a volver más respetable a los ojos del mundo por volverse simplemente más blando. Tampoco parece tratarse de reducir
algunos elementos percibidos como «mitológicos», pues Bonhoeffer diferencia expresamente su idea de la idea de desmitologiza-
ción en Bultmann, «quien cae en la típica reducción del liberalismo (los elementos "mitológicos" son eliminados y el cristianismo
es así reducido a su "esencia"). Yo en cambio considero que los
contenidos completos, incluidos los conceptos "mitológicos", tienen que ser mantenidos»[154]. Lejos de tratarse de una reducción,
Bonhoeffer está pensando en una ampliación; en no reducir por
ejemplo el cristianismo sólo a una doctrina de salvación personal. Si el «cristianismo sin religión» es lo que intentamos explicar
en la sección anterior, si es un rechazo del carácter parcial de lo
que Bonhoeffer entiende bajo «religión», entonces desde ahí debe
entenderse también la fórmula «interpretación no religiosa de los
términos bíblicos». Debe entenderse como un intento de «interpretación no parcial de los términos bíblicos»[155].

Pero esto sólo nos dice en qué dirección apunta Bonhoeffer,
no nos dice qué aspecto tendría realmente tal «interpretación no
religiosa». Y la cuestión se vuelve un tanto confusa, pues en el mismo marco en que Bonhoeffer discute sobre la «interpretación no
religiosa de los términos bíblicos» se introduce también otro elemento: la *disciplina arcani*. Con este término se designa desde el
siglo XVII una práctica común de la antigüedad tardía: el intento
de los cristianos por ocultar de modo cuidadoso los misterios más
íntimos de la fe cristiana, revelándolos de modo paulatino a los
que se iniciaban en la misma, intentando no exponerlos de modo
completo a los paganos. Con eso mismo conecta aquí Bonhoeffer:

---

[154] DBW VIII, 482.
[155] Con eso simplemente adhiero a Bethge (1967).

contra la exposición del cristianismo como bloque de dogmas que deba ser digerido de modo completo, afirma que «hay grados de conocimiento y grados de importancia; esto es, hay que restablecer una disciplina del secreto, por la que protejamos los misterios cristianos de ser profanados»[156]. En todas las épocas se ha reconocido que el trabajo teológico serio implica también una aproximación a la santidad de Dios; y es esa santidad la que debe mover a cautela, a cuidar el propio tesoro: la confesión de fe de los cristianos no es un grito de guerra contra sus enemigos, sino, por decirlo así, algo pasado de oído a oído entre los amigos.

Algo semejante había dicho Bonhoeffer ya en *El discipulado*, a propósito de la advertencia de Jesús en Mateo 7:6: «No deis lo santo a los perros, ni echéis vuestras perlas delante de los cerdos». Siguiendo este texto Bonhoeffer afirma que Jesús no sólo pone límite a nuestras palabras de juicio respecto de los otros hombres, sino que también pone límite a la prédica del perdón: «El discípulo de Jesús no tiene poder ni derecho a sacar esto a colación en todo momento»[157]. Así como en *Resistencia y sumisión* esto se vincula directamente con la debilidad con que Dios se presenta en el mundo, en *El discipulado* Bonhoeffer habla de la prédica como una «palabra que es más débil que la idea de un propagandista. Pero por esta debilidad los testigos de la palabra son liberados de la enfermiza inquietud del fanático»[158]. Pero precisamente aquí se puede ver cuán poco definitivo es lo que Bonhoeffer nos dice sobre el lenguaje de la fe, pues sus reflexiones sobre la *disciplina arcani* parecen sugerir sobre todo que la Iglesia —no el mundo— constituye un lugar en el que se puede hablar libremente sobre Dios, para que los misterios de la fe no se vean profanados, mientras que la «interpretación no religiosa de los términos bíblicos» parece apuntar precisamente en la dirección contraria, hacia la presentación al mundo. ¿Estamos ante una inconsistencia de Bonhoeffer? Más bien parece estar intentando hacer justicia a distintos aspectos. Pero uno bien puede

---

[156] DBW VIII, 415.
[157] DBW IV, 180.
[158] DBW IV, 181.

comprender por qué afirma que «todo esto está comenzando y me guía, como siempre, más el instinto por futuras preguntas, que el hecho de que tuviera claridad al respecto»[159]. A la luz de eso haremos tal vez bien en atender a la dirección hacia la que apuntan sus ideas, desechando las fórmulas confusas con que lo expresa.

«Teología para un mundo mayor de edad»

La idea de una «teología para un mundo mayor de edad» se encuentra estrechamente conectada con lo dicho hasta aquí, pues como «mundo mayor de edad» se presenta normalmente a aquel que se ha declarado autónomo; y aquello que Bonhoeffer llama «religión» no sería sino una respuesta inadecuada de los creyentes a dicha «mayoría de edad». ¿Pero en qué consiste esta autonomía, esta mayoría de edad? Bonhoeffer resume las etapas principales del siguiente modo: «Primero aparece en la teología Herbert von Cherbury, afirmando la suficiencia de la razón para el conocimiento religioso. En la ética aparecen Montaigne y Bodin, levantando reglas de vida en lugar de los mandamientos. En la política Maquiavelo, que independiza a la política de la moral y funda la razón de Estado. Más tarde viene Hugo Grocio, con un contenido muy distinto pero dirigido a la misma autonomía de la sociedad humana, quien afirmará como derecho de gentes una ley natural que tiene vigencia también "etsi deus non daretur", "aunque no haya Dios". Finalmente el broche de oro filosófico: por una parte el deísmo de Descartes, con el mundo como un mecanismo que funciona sin intervención de Dios. Por otra parte el panteísmo de Spinoza: Dios es la naturaleza. [...] En todas partes la autonomía del hombre y de la sociedad es la meta de los pensamientos»[160]. Naturalmente nada de esto es descubrimiento de Bonhoeffer, sino que está recapitulando una historia por todos conocida, para en base a ella poder explicar lo que le parece ser la respuesta adecuada. ¿Pero será dicha respuesta simplemente una teología que dé su bendición a este proceso? ¿O es una que

---

[159] DBW VIII, 476.
[160] DBW VIII, 530-532.

se oponga a este desarrollo? Una pregunta que podría preceder a éstas es la siguiente: ¿qué tan negativa o positiva es la imagen que Bonhoeffer tiene de la modernidad? En su obra encontraremos tanto textos positivos como otros negativos, tanto llamados a «aceptar» el mundo moderno, como textos que recalcan el lado violento o impío de la liberación moderna. Se puede hablar de una actitud ambivalente de Bonhoeffer hacia la modernidad[161]. Pero eso no aclara en nada lo que Bonhoeffer quiere decir aquí. Pues bajo «teología para un mundo mayor de edad» no entiende una teología que muestre al mundo moderno la ambivalencia del mismo (lo cual sería una tarea bastante razonable).

¿Qué busca entonces Bonhoeffer? Como hemos visto, no quiere que se le diga al hombre que a pesar de sus fortalezas —que se expresan en la autonomía recién descrita—, sigue siendo débil. Eso sería —según él— reducir a Dios a algo «último». Debe haber entonces un reconocimiento de la fortaleza del hombre. El «reconocimiento» de la mayoría de edad que Bonhoeffer parece pedir como nota característica de una «teología para un mundo mayor de edad» no es pues la aceptación y santificación de todo el desarrollo moderno, sino el confrontar al hombre precisamente en esos lados fuertes: «Lo que quiero es que acabemos con esto de introducir a Dios de contrabando en algún último punto secreto; que reconozcamos la mayoría de edad del mundo y del hombre, que no fastidiemos al hombre en su mundanidad, sino que lo confrontemos con Dios precisamente en su lado fuerte»[162]. Pero si se acepta esto como la nota distintiva de una «teología para un mundo mayor de edad», hay que insistir en que no se trata de confrontar al hombre en su lado fuerte para mostrarle que no es tan fuerte. Bonhoeffer pide que «terminemos de ver la psicoterapia o la filosofía existencial como preparadores del camino de Dios»[163]: no es necesario convencer al hombre de su debilidad para desde ahí presentarle una salida, sino de confrontar el lado

---

[161] Al respecto véase Elshtain (2001).
[162] DBW VIII, 511.
[163] DBW VIII, 511.

fuerte del hombre precisamente reconociéndolo como tal. Lo que eso significa en concreto lo veremos al tratar sobre psicoterapia y existencialismo.

Corresponde cerrar esta sección manifestando algunas dudas. En primer lugar parece cuestionable la manera en que Bonhoeffer critica a quienes, viendo que este proceso de autonomización del hombre parece excluir a Dios, se rebelan contra dicho desarrollo moderno, intentando volver a algún punto anterior. Él sostiene aquí que esto es imposible o que, en lo que tiene de posible, sólo puede ser realizado al precio de la deshonestidad intelectual[164]. Ahora bien, es verdad que uno no puede literalmente retroceder el reloj de la historia, ni podemos rechazar en bloque todo el desarrollo intelectual moderno. Pero de la imposibilidad de un rechazo en bloque no se sigue que no sea posible una crítica diferenciada. Es perfectamente posible y deseable criticar ciertos desarrollos del pensamiento político o filosófico moderno sin que eso constituya un rechazo de toda la modernidad o un intento imposible por hacer retroceder la historia. Y desconocer esa posibilidad de crítica diferenciada, eso sí que sería deshonestidad intelectual. En segundo lugar —y esto ya es una crítica «más allá de Bonhoeffer»— cabe preguntarse si el intento por buscar plena autonomía no debiera ser caracterizado más bien como una «adolescencia» que como una mayoría de edad. Después de todo precisamente la adolescencia suele buscar dicha independencia, mientras que la adultez consiste, normalmente, en volver a entrar en relaciones de dependencia, si bien por supuesto distintas a las de la niñez. Entonces tal vez lo que necesitamos es una «teología para un mundo adolescente», consistente precisamente en mostrar que el hombre no ha alcanzado la mayoría de edad que pretendía. En tercer lugar, precisamente la idea central, la de no buscar las debilidades del hombre sino reconocer su lado fuerte y confrontarlo ahí, parece constituir una buena advertencia contra ciertos métodos de difusión del cristianismo; pero ¿constituye realmente la verdad? Si el «homo religiosus» resultó ser una especie más resistente de lo que Bonhoeffer

---

[164] DBW VIII, 533.

hubiera imaginado, también las debilidades del hombre parecen serlo. En suma, pareciera ser que Bonhoeffer en estos temas es un ambiguo guía. Pero si bien por eso no sería deseable erigirlo en norma, sí es un valioso correctivo, y lo será tanto más, como veremos, si estos fragmentos de sus últimas obras son leídos junto al resto de su producción.

Excurso: la mayoría de edad y la historia

«Echar raíces profundas en el suelo del pasado hace la vida más difícil, pero también más rica y fuerte»[165] —así escribe Bonhoeffer al hijo de su amigo Bethge en el día del bautismo del mismo. Y así vive también él: intentando buscar respuestas a nuevas preguntas, pero al mismo tiempo enraizándolas en el pasado heredado. «Bonhoeffer no tenía nada de la discontinuidad del hombre moderno», escribe uno de sus alumnos[166]. Este enraizarse en el pasado hace la vida en cierto sentido más compleja, pero también sirve de resguardo ante tormentas presentes: «La conciencia de estar sobre el suelo de una tradición espiritual de siglos da un seguro resguardo ante los apremios actuales. Creo que quien está en posesión de semejantes reservas no tiene por qué avergonzarse por ciertos sentimientos de debilidad ante el recuerdo de un pasado bueno y rico, sentimientos que a mi parecer se encuentran entre lo mejor y más noble del ser humano»[167]. De un modo singular este párrafo une el pasado familiar —el recuerdo de una niñez segura— a la apropiación de una tradición histórica mayor. Bonhoeffer había roto como discípulo de Barth con toda la tradición liberal del siglo XIX; pero en prisión lo veremos intentando rescatar otros elementos de dicho siglo, como hemos podido ver a propósito de su valorización de la literatura del mismo. ¿Pero de qué pasados se puede uno apropiar? ¿Cómo apropiarse de ellos? Veremos esto en distintos pasos.

---

[165] DBW VIII, 430.
[166] Schönherr (1964:100).
[167] DBW VIII, 187.

En primer lugar podemos preguntarnos por su valorización general de la modernidad. En *Resistencia y sumisión* hemos visto la historia moderna retratada ante todo como un proceso de creciente autonomía. Ahí no parece emitir un juicio ni negativo ni positivo sobre este desarrollo, sino que se limita a pedir una teología que responda adecuadamente a este proceso. Pero no está claro qué significa eso, y podría bajo ello entenderse cosas muy distintas, dependiendo de cuán positiva o negativamente se valore la historia moderna. Para adquirir más claridad al respecto conviene dirigir la mirada a un capítulo de la *Ética*, «Herencia y decadencia», pues ahí queda particularmente claro que Bonhoeffer ve la modernidad como algo ambivalente. Es hablando sobre la Revolución Francesa, hasta hoy símbolo del Occidente moderno, que Bonhoeffer hace el siguiente balance: «Culto de la razón y deificación de la naturaleza, fe en el progreso y crítica cultural, levantamiento de la burguesía y levantamiento de las masas, nacionalismo y anticlericalismo, derechos humanos y terror dictatorial —todo esto irrumpe como novedad de modo caótico en la historia de Occidente»[168]. Una mezcla de cosas promisorias y al mismo tiempo aterrorizantes: ésa es la intuición de Bonhoeffer sobre el proceso de liberación moderna. Bonhoeffer se sabe heredero de dicho mundo ambivalente. Sabe que su propia formación es moderna. Sabe además que de la modernidad tenemos demasiadas veces una imagen demasiado monolítica, como si fuera mera Ilustración del siglo XVIII: «¡Cuán poco conocemos el siglo XIX!», se queja, al descubrir la literatura de Gotthelf y Stifter. Al mismo tiempo, sin embargo, se resiste a ser un mero hombre moderno. Así habla de las iglesias como «custodias de la herencia de la Edad Media y la Reforma»[169], y apela en otros momentos a personajes más remotos, como a algunos de los primeros escritores de la historia del cristianismo: «¡De momento leo con mucho interés a Tertuliano, Cipriano y a otros padres de la Iglesia! En parte son mucho más actuales que los reformadores»[170]. La mayoría de las referencias de Bonhoeffer a otros períodos históricos son de este

---

[168] DBW VI, 105.
[169] DBW VI, 123.
[170] DBW VIII, 198.

tono: no son las observaciones de un especialista en otras épocas, ni las del que tiene alguna época en especial por modelo, pero sí son afirmaciones de alguien que está constantemente en búsqueda de épocas con las cuales contrastar a la propia, las de quien está buscando nutrirse de distintos pasados que en alguna medida ya son suyos, atento tanto a la continuidad como a la discontinuidad con el pasado[171].

Es natural que en medio de ese intento se distancie marcadamente respecto de quienes han querido entender la Reforma protestante ante todo como «liberación del hombre en su conciencia, en su razón, en su cultura, como mera justificación de lo mundano en sí mismo»[172]. Tal comprensión de la Reforma sólo podría llevar a los protestantes a automarginarse de una rica herencia. Para iluminar este mismo problema desde el extremo opuesto, vale la pena recordar la observación de Bonhoeffer que ya en el primer capítulo hemos citado respecto del fundamentalismo (un término que entonces aún no tenía la carga peyorativa de hoy). A los grupos que se autodenominaban fundamentalistas al comenzar el siglo XX, Bonhoeffer no los critica por ser antimodernos —lo cual es la crítica más usual—, sino por inconscientemente serlo desde una perspectiva moderna, a lo cual alude al decir que «también la forma de pensar de los fundamentalistas está marcada de modo determinante por el individualismo»[173]. De este antimodernismo inconsciente de su propia modernidad sólo nos salva un profundo arraigo en la historia.

Así, ante las insuficiencias de su propia generación, descubre la literatura del siglo XIX; ante la ambivalencia de la modernidad habla de la herencia medieval y de la Reforma que resguarda la Iglesia; ante la crisis de su época lee a los padres de la Iglesia, considerándolos más actuales que los reformadores protestantes. ¿Pero qué tan atrás se puede ir en este proceso? O, por plantear la pregunta de modo más radical, ¿no podríamos igualmente apelar a

---

[171] Véase Williams (2005) para un intento contemporáneo por ver con esos ojos la historia de la Iglesia.

[172] DBW VI, 104.

[173] DBW X, 277.

un pasado más allá de los padres de la Iglesia, más allá del cristianismo? ¿A un pasado pagano, a un pasado germánico precristiano? Estas preguntas no son sólo teóricas, sino que se le presentan como algo de urgencia política, ya que el nacionalsocialismo se fundaba en parte en una apelación al pasado germano precristiano. Alemania debía, según ellos, recuperar dicho pasado rompiendo con influencias foráneas, sea que se resuma estas influencias bajo los títulos simbólicos de Roma (política), Atenas (filosofía) o Jerusalén (fe). El tipo de programa que así se ponían los nacionalsocialistas no es exclusivo de su ideología. Uno puede encontrar algo similar cuando grupos de países colonizados hace siglos hoy buscan apelar directamente a sus raíces remotas para liberarse; así, por ejemplo, en la apelación a una identidad latinoamericana precolombina. En el caso nacionalsocialista esto cobra por supuesto una forma más radical y se suma a muchos otros elementos; pero la persistencia de la idea en grupos distintos muestra la fuerza que tiene y lo digna que es de atención. ¿Es posible esta apelación directa a un pasado precristiano o preoccidental? Bonhoeffer cree que de modo *directo* sólo puede ser nocivo: «La causa no se encuentra en un irresponsable olvido de las propias raíces, sino en el sencillo hecho de que aquí no hay herencia histórica. Intentos recientes por conectar con el propio pasado precristiano van de la mano con una mitificación de la historia»[174]. Este es el corazón de la crítica de Bonhoeffer: la apelación al propio pasado sólo puede ser sana donde la noción de herencia histórica se opone a toda mitificación del pasado. Y según él eso sólo ocurre en Occidente, con la entrada de Dios en la historia: «Aquí la historia se vuelve algo serio, sin ser santificada»[175]. Conviene aquí distinguir la intuición de Bonhoeffer del modo en que la fundamenta: el énfasis que pone en lo occidental puede tal vez ser demasiado exclusivo; pero eso no quita lo acertada que es la intuición central, esto es, que la integración del propio pasado remoto —si quiere ser integración y no mitificación—, no puede hacerse de modo directo.

---

[174] DBW VI, 98.
[175] DBW VI, 94.

Por otra parte, este punto —la discusión sobre la apropiación del propio pasado— tal vez sea la parte de la *Ética* en la que más conscientemente Bonhoeffer se opone al programa nacionalsocialista, tocando expresamente la cuestión judía. Y lo hace precisamente en el contexto que estamos tratando, planteando grados de apropiación: a) Herencia histórica en sentido estricto sólo puede haber con el cristianismo, es decir, respecto de nuestro pasado cristiano y por extensión respecto de nuestro pasado judío, por ser Cristo el Mesías prometido a dicho pueblo: «La historia occidental está por voluntad de Dios unida de modo indisoluble con el pueblo de Israel, no sólo de modo genético, sino en genuino y constante encuentro [...] Una expulsión de los judíos de Occidente traería consigo la expulsión de Cristo»[176]. Esto lo escribe en el momento en que se entera de las primeras deportaciones. b) Podemos también incorporar nuestro pasado grecorromano como herencia histórica. Pero si se ha de incorporar realmente como *herencia* histórica y no como artículo de museo, esto sólo ocurre a través del cristianismo. Si se acentúa ante todo la encarnación de Cristo, dirá Bonhoeffer, lo normal es acentuar asimismo la reconciliación entre Antigüedad y cristianismo; si se acentúa en cambio la cruz de Cristo, lo normal será acentuar el quiebre entre ambos. Pero como Cristo debe ser reconocido como el encarnado y crucificado, la tarea de apropiación de la Antigüedad siempre será una tarea sin acabar, en constante revisión. c) Radicalmente distinto de esto es la apropiación del propio pasado precristiano local, esto es, la apropiación del pasado germano, precolombino, etc. Sobre éste Bonhoeffer juzga que «no es ni puede llegar jamás a ser herencia histórica»[177] (aunque uno pueda por supuesto heredar *aspectos* o *elementos* de dicho pasado). Este último juicio puede parecer excesivamente duro, pero si se ve en el marco de las ideas que Bonhoeffer ha expresado en otros momentos sobre la mediación y la inmediatez —a las cuales atenderemos sobre todo al tratar sobre su espiritualidad—, se comprenderá no sólo cuál es su sentido, sino que se verá además

---

[176] DBW VI, 95.
[177] DBW VI, 99.

que la idea no puede ser simplemente desechada como un «resto» de «eurocentrismo» en Bonhoeffer.

Por otra parte, hay que enfatizar el enfoque moral desde el que Bonhoeffer escribe esto, pues es todo dicho contra quienes «se sacuden el peso del ayer mediante la glorificación del pasado remoto y evitan la tarea del mañana hablando sobre los próximos mil años»[178]. En esta gente el pasado directo no es integrado, el pasado remoto es glorificado, el futuro es objeto de especulación grandilocuente o utopía —un reino de mil años o al menos una reelección ilimitada—, y así «la pérdida del pasado y del futuro lleva a que la vida oscile entre el más brutal goce del presente y un aventurero juego de azar. [...] Nadie soporta tensiones serias ni necesarios tiempos interiores de espera. Esto se hace evidente tanto en el campo del trabajo como en el del erotismo»[179]. A la luz de esta relevancia moral que Bonhoeffer da a la esforzada y cuidadosa apropiación del pasado se puede comprender también su propio esfuerzo, al ingresar a prisión, por mantener la continuidad con su vida exterior: «Me escribes que vale tan poco el hecho de que el pasado haya sido bello y bueno, si es que ha pasado» —escribe a María. «También yo he luchado con esa idea durante el último año, especialmente al comienzo. Pero me he dado cuenta de que es una idea falsa y peligrosa, que no hay que darle cabida alguna. No podemos perder nuestro pasado. Nos pertenece y debe seguir formando parte de nosotros, de lo contrario caemos en el descontento o en la melancolía. Tenemos que hacer que nuestro ayer pase una y otra vez por la *purificación de la gratitud y del arrepentimiento*; así ganamos y conservamos el pasado. Ciertamente es pasado, pero es mi pasado y como tal permanece presente mediante la profunda, desinteresada gratitud por los dones de Dios y por el arrepentimiento por nuestro corrupto ser. [...] Sobre todo lo pasado está la bondad de Dios y su perdón»[180]. Viviendo de esa mentalidad puede escribir, tras un

---

[178] DBW VI, 120.
[179] DBW VI, 120-121.
[180] Bonhoeffer/von Wedemeyer (2004:176-177).

año en prisión, que «la continuidad con el propio pasado es un gran regalo»[181]. Eso es mayoría de edad.

4. Existencialismo, psicoterapia y conocimiento de sí mismo

A pesar de haber sido alumno de Harnack y de haber sido impactado por la obra de Barth, Bonhoeffer afirma no haber tenido jamás un maestro y ser «teológicamente huérfano». Se podría extender esta afirmación y calificarlo de filosóficamente huérfano. Tal cuestión a él sin duda le habría parecido mucho menos preocupante que la orfandad teológica, pero sirve para caracterizar su distancia respecto de muchas corrientes intelectuales de su época. Como seguidor de Barth, Bonhoeffer tiene muchas de las mismas fortalezas y debilidades que éste; y entre tales debilidades hay que contar ante todo una relación altamente improductiva con la filosofía. Pero a pesar de no tener, por decirlo así, ningún sustento filosófico, su formación general y su lucidez le bastaron para distanciarse de varias corrientes contemporáneas: ser huérfano no significa necesariamente estar desorientado. Como no se trata de su especialidad, no intenta aquí ofrecer análisis sutiles, sino que ofrece juicios categóricos y que pueden parecer a ratos simplemente gestos de desprecio por otros modos de pensar. Pero una mirada detenida muestra que hay algo sustancial tras muchas de sus afirmaciones.

Es por ejemplo poco, pero resuelto, lo que escribe sobre el marxismo: «Quien quiere explicar las grandes ideas de la historia a partir del hombre y a los grandes hombres a partir de la masa es sencillamente infantil»[182]. Más detenida es, por supuesto, la consideración de las ideas que están detrás del régimen nacionalsocialista. Así, Bonhoeffer se distancia de modo vigoroso de lo que designa como vitalismo. No se trata de los representantes más espléndidos de lo que suele ser calificado como vitalismo —como

---

[181] DBW VIII, 398.
[182] DBW VII, 173.

Dilthey, a quien lee con entusiasmo en prisión—, pero sí de distanciarse de la vida que quiere afirmarse, pero liberada de forma, como sola afirmación de la misma fuerza vital. Se trata naturalmente del componente de «darwinismo social» de la ideología nacionalsocialista: la supervivencia del más fuerte. Describiendo eso Bonhoeffer afirma que «el vitalismo acaba necesariamente en nihilismo, en derrumbe de todo lo natural»[183]. Así, a propósito de su discusión sobre la eutanasia —que costó la vida a cerca de 300.000 personas bajo el régimen nacionalsocialista—, escribe que lo que en ella está en cuestión es «el intento sobrehumano por liberar a la comunidad humana de la enfermedad aparentemente sin sentido. Se libra una lucha contra el destino o, como también podríamos decirlo, contra la esencia del mundo caído»[184]. De este modo la salud es proclamada como sumo bien por el que todos los restantes bienes deben ser sacrificados; y precisamente en nombre de este programa de «salud total» se acaba quitando el derecho a la vida y destruyendo toda comunidad. Con todo, llama la atención el hecho de que Bonhoeffer se dedicara relativamente poco a la discusión intelectual con las ideologías totalitarias de su época, y dedique más páginas a la crítica de corrientes que uno originalmente habría pensado como aliadas a él y enemigas del nacionalsocialismo: «existencialismo» y «psicoterapia».

Antes de referirnos a ello hay una advertencia importante que hacer. Salta a la vista que Bonhoeffer no está aquí criticando ninguna escuela ni autor en concreto: «filosofía de la existencia» y «psicoterapia» son simplemente términos bajo los que resume cierto modo de enfrentar a las personas. Son términos con los que evalúa críticamente no a algún determinado autor, sino un cierto clima intelectual. Ahora bien, puede parecer extraño que en boca de Bonhoeffer se encuentren críticas al existencialismo. Después de todo, cuando se intenta poner a nuestro autor en el contexto del pensamiento de su tiempo, muchos tienen la tendencia a ubicarlo como una variante teológica del existencialismo. El carácter «vital» de su obra sería lo

---

[183] DBW VI, 171.
[184] DBW VI, 191.

llamativo, como opuesto a una teología «intelectual». Si lo que busca una afirmación semejante es acentuar el carácter realista del pensamiento de Bonhoeffer, está plenamente justificada; pero si lo que busca es una conexión con el movimiento propiamente existencialista, debe ser tomada con cautela. Es verdad que en Bonhoeffer puede haber algunos elementos que apuntan en dicha dirección. Así tiene, por ejemplo, una cierta tendencia a la melancolía. Pero no se contenta con eso, ni se jacta de ello como si ésta constituyera prueba de alguna mayor «autenticidad». Sabe, por el contrario, que es algo contra lo cual luchar, y así afirma en su tratado sobre la tentación que «el cristiano conoce *momentos* de tentación, que se distinguen de los momentos de protección y resguardo tanto como el demonio se diferencia de Dios. La idea de que todo instante de la vida sea un momento de decisión no tiene para él en este grado de abstracción sentido alguno»[185]. Es verdad asimismo que critica la filosofía hegeliana por ser una «filosofía para ángeles»[186], y que ese tipo de expresiones las debe a Kierkegaard, respecto del cual obviamente siente gran cercanía. Pero Bonhoeffer está marcado no por el existencialismo del siglo XX, sino precisamente por los críticos culturales del siglo XIX que nutren dicho existencialismo, como son Kierkegaard o Spengler. Y en cuanto a su relación con los existencialistas del siglo XX, la actitud de Bonhoeffer es variada: cuando habla, por ejemplo, sobre Heidegger, lo hace presentándolo como una filosofía atea con la cual no se puede hacer nada de provecho para la teología[187]; por Jaspers, en cambio, sí se dejó inspirar positivamente[188]. Es verdad asimismo que en la *Ética* encontramos muchas críticas a «lo abstracto», «los principios», etc., y que les contrapone la decisión concreta en el instante,—contraposición que parece ser típicamente existencialista. Pero contra una conclusión apresurada a partir de este punto hay que notar dos indicaciones en sentido contrario. Por una parte, que lo que

---

[185] DBW XV, 373.

[186] DBW II, 35.

[187] DBW II, 66-67.

[188] Cf. por ejemplo las muchas referencias en la *Ética* a la obra de Jaspers *La situación espiritual de nuestro tiempo*. Pero también esta obra depende en último término de *La época presente*, de Kierkegaard.

Bonhoeffer califica de abstracto es lo que prescinda de Cristo: «Desde que Dios se hizo hombre en Cristo, todo pensar sobre el hombre que sea sin referencia a Cristo es abstracción que no da fruto»[189]; por otra parte, el hecho de que en ningún caso Bonhoeffer presenta como receta contra la abstracción el poner la voluntad por sobre la razón. De hecho afirma lo contrario: «La razón está más cerca de la realidad que la ciega voluntad, por mucho que ésta pretenda lo contrario»[190]. A partir de este conjunto de dispersas observaciones, lo menos que se puede decir es que Bonhoeffer tenía cierta independencia respecto del mundo intelectual que lo rodeaba.

A lo anterior hay que añadir que si en Bonhoeffer hay algo de tono existencialista, esto no es un «pesimismo» opuesto a un «optimismo». Esto se puede ver muy bien si contrastamos sus dos estadías en Estados Unidos, en 1930-1931 y 1939. Durante su primera estadía critica duramente el optimismo reinante aún entonces en la Universidad: profesores y alumnos se adhieren ciegamente al mito del progreso, al cual Bonhoeffer intenta oponer la teología de Barth. Cuando visita los mismos lugares casi una década después, todo ya ha cambiado: con la Segunda Guerra Mundial ya en el horizonte, el optimismo ha desaparecido y ha sido reemplazado por la tendencia contraria. Así Bonhoeffer escribe en un diario de vida que «he logrado notar el gran cambio que ha sufrido la teología norteamericana durante los últimos ocho años. Ha triunfado aquello que nosotros defendíamos en ese tiempo aparentemente sin esperanza alguna. Cómo han llegado a eso no me queda claro. ¿Sólo una crisis cultural? Se habla mucho del carácter perdido del hombre, de su "pecado", se ha acabado el evolucionismo optimista. Pero tengo la impresión de que simplemente han reemplazado una imagen optimista del hombre por otra pesimista»[191]. Esta sospecha se verá confirmada. Así una semana más tarde, tras haber leído una cantidad mayor de teología norteamericana del momento, escribe lapidariamente: «El giro

---

[189] DBW VI, 125.
[190] DBW VI, 177-178.
[191] DBW XV, 221.

decisivo hacia la Palabra no parece haberse dado, sino más bien un giro de la fe en el progreso al nihilismo, de la fascinación por la ética a la fascinación por la filosofía "contemporánea", "de la situación concreta"»[192]. Asimismo hace notar en otro momento que la teología de Barth, que había nacido como «teología de la palabra de Dios», estaba siendo vendida en Norteamérica como «teología de la crisis», para así apelar más claramente a ese ambiente cultural. Bonhoeffer se encuentra pues esforzado por superar no sólo el vano optimismo y progresismo, sino también las limitaciones de la filosofía existencialista. «¿A quién alcanza [el existencialismo]? A un pequeño grupo de intelectuales, de degenerados, de aquellos que se consideran lo más importante del mundo y que por lo tanto con gusto se ocupan de sí mismos»[193], ése es el lapidario juicio de Bonhoeffer sobre este clima intelectual en 1944. «El hombre sencillo, que pasa su vida en trabajo y familia y con toda clase de infidelidades no es alcanzado por estas ideas»[194].

Pero con ello aún no se ha visto el aspecto más interesante de su crítica al existencialismo. Para dar con él hay que atender al hecho de que en las cartas desde la prisión las referencias al existencialismo se dan siempre a una voz con referencias —igualmente lapidarias— a la «psicoterapia». «Mi fastidio en relación a toda psicología crece y cada vez se vuelve más fundamentado mi rechazo del análisis del alma»[195]. ¿Pero qué sería a los ojos de Bonhoeffer lo común entre el «existencialismo» y la «psicoterapia»? Una de sus cartas teológicas da cuenta de ello: «Aquí vienen las sucursales secularizadas de la teología cristiana, esto es, los filósofos de la existencia y los psicoterapeutas, y buscan mostrarle al hombre que se creía seguro, a gusto y feliz, que en realidad es infeliz, que está desesperado, que no quiere reconocer estar en una necesidad de la que en realidad no sabe nada y de la que sólo ellos lo podrían salvar. [...] Ponen todo su esfuerzo en llevar al hombre

---

[192] DBW XV, 224.
[193] DBW VIII, 478.
[194] DBW VIII, 478.
[195] DBW VIII, 235.

a desesperación interior, y si lo logran han ganado el juego»[196]. Lo relevante de este texto es que muestra que la crítica de Bonhoeffer al «existencialismo» y a la «psicoterapia» es en cierto sentido un subproducto de su crítica a la «religión»: los critica como variantes secularizadas de una mala apologética cristiana, que parte por intentar mostrar al hombre cuán débil es, para recién desde ahí intentar «ganar el juego». De esta crítica por supuesto se puede sacar también un resultado positivo: si el «existencialismo» y la «psicoterapia» criticados son variantes secularizadas de una *mala* apologética cristiana, por supuesto se puede imaginar que podrían desarrollarse psicologías o existencialismos alejados de estos vicios, al menos tanto como Bonhoeffer espera que pueda haber una buena apologética cristiana. Pero este carácter subordinado de la discusión sobre «existencialismo» y «psicoterapia» no debería llevarnos a minimizar su importancia[197], sino precisamente a ver cómo las ideas fundamentales de Bonhoeffer se expresan también en temas no teológicos. Veremos otro aspecto de eso cuando más adelante hablemos de la «filosofía de la sospecha» y del deseo de ver lo que está «detrás» de las apariencias.

Aquí en cambio dirigiremos una mirada a uno de los elementos paralelos, la crítica de la «interioridad» y del autoconocimiento. Escribiendo sobre lo que ha aprendido de sus apreciados novelistas del siglo XIX, Gotthelf y Stifter, Bonhoeffer afirma que «para mí lo grandioso en Stifter está en que renuncia a meterse en el interior de las personas, que respeta el ocultamiento y en cierto sentido sólo contempla al hombre cuidadosamente desde fuera, no desde dentro. Toda curiosidad le es completa-

---

[196] DBW VIII, 478. Las cartas del 08.06.1944, 30.06.1944 y 08.07.1944 contienen todas básicamente esta misma crítica.

[197] Green (1981:66-67) ha hecho notar con razón el hecho de que estas críticas al existencialismo y la psicoterapia son subordinadas a la crítica de Bonhoeffer a la religión. Pero eso lo lleva a minimizar la importancia de estas observaciones, buscando en último término acentuar sólo presuntos puntos de convergencia entre Bonhoeffer y Freud. Lejos de minimizar estas críticas, parece correcto ponerlas en contacto con la general crítica de la «filosofía de la sospecha» realizada por Bonhoeffer, mostrando así la coherencia de su pensamiento.

mente ajena»[198]. Sería un error si creyéramos que esto se limita a ser una crítica de la curiosidad respecto del interior de *otros*. Para Bonhoeffer está en cuestión aquí en el mismo sentido el conocimiento respecto de uno mismo: «Uno llega a conocerse cada vez menos, pero aprende también a no valorar dicho conocimiento. [...] Creo que por eso Stifter y Gotthelf se me han vuelto tan importantes. Lo que está en cuestión es más que conocimiento de sí mismo»[199]. Tal vez el más claro testimonio de esta actitud se encuentra en uno de los poemas escritos por Bonhoeffer en prisión, bajo el título «¿Quién soy?». A quien leyera el poema sin el pensamiento de Bonhoeffer como trasfondo le podría parecer que aquí él es más bien un caso de aquello que está criticando: un incesante preguntar respecto de la propia identidad. Así las primeras estrofas preguntan si acaso soy lo que ven los observadores externos: un hombre seguro, que habla con sus guardias de prisión como si fuera el jefe de los mismos, que lleva los días infelices con orgullo y alegría, como alguien que está acostumbrado a vencer. «¿Soy realmente esto que otros dicen sobre mí? ¿O sólo soy lo que yo mismo sé sobre mí?»[200]. Pero al final del poema se nos revela lo que Bonhoeffer realmente piensa sobre estas preguntas: «¿Quién soy? Este solitario preguntar se burla de mí. Sea quien sea, tú me conoces y tuyo soy, oh Dios».

Tras todo esto se encuentra también una observación bíblica: «El "corazón" en sentido bíblico no es el interior, sino el hombre completo, tal como se encuentra ante Dios»[201]. Así esta crítica de la «interioridad» y del conocimiento de sí mismo nos sirve para dar el paso a la pregunta por el mundo, donde veremos otro elemento de esta búsqueda del hombre completo.

---

[198] DBW VIII, 228.
[199] DBW VIII, 235.
[200] DBW VIII, 513.
[201] DBW VIII, 511.

5. El mundo y la fundamentación de la ética

El creyente y el mundo, lo último y lo penúltimo

Uno de los aspectos en los que el pensamiento de Bonhoeffer ha sido más elogiado por las generaciones posteriores es su valorización del mundo. En contraste con la idea de una iglesia encerrada en cuatro paredes esperando el fin del mundo para gozar de la eternidad, Bonhoeffer parece ser pionero de un redescubrimiento del valor «religioso» de este mundo, de las posibilidades de trabajar por el reino de Dios en esta tierra y más allá de las estructuras eclesiásticas. Se trata de un espíritu que hoy goza de cierta justificada reivindicación. Pero por lo mismo puede ser importante ver aquí detenidamente el pensamiento de Bonhoeffer, para evitar que esta valorización del mundo se convierta en eslogan que oculte conformidad con el mundo o incapacidad para ver más allá del mismo.

Algunos intérpretes de Bonhoeffer han enfatizado excesivamente la evolución del mismo en este tema. En un comienzo, nos dicen, tendríamos un Bonhoeffer aún «estrecho», que acentúa las exigencias del seguimiento de Cristo y por tanto de la renuncia al mundo, mientras que recién en el período final de la *Ética* encontraríamos la afirmación de que «no hay dos realidades, sino sólo una realidad, la que en Cristo se ha revelado como realidad de Dios en la realidad del mundo»[202]. ¿Pero se trata de una marcada evolución? ¿Se puede resumir el camino de Bonhoeffer como yendo «de la Iglesia al mundo»[203]? ¿O el descubrimiento del «mundo» no va más bien de la mano de un descubrimiento de la Iglesia? Bonhoeffer mismo define su posición de modo claro en un pasaje fundamental de la *Ética*: «Cuanto más exclusivamente reconocemos y confesamos a Cristo como nuestro Señor, tanto más se nos abre la vista a la amplitud de su reinado»[204].

---

[202] DBW VI, 43.
[203] «De la Iglesia al mundo» es el título de la interpretación marxista de Bonhoeffer por H. Mueller.
[204] DBW VI, 347.

Partamos por constatar que la afirmación del valor de esta tierra se encuentra ya, a más tardar, en *Creación y caída*. Es el llamado del relato bíblico a reproducirse y a someter la tierra el que da a Bonhoeffer ocasión de marcar este énfasis: «Esta bendición —sed fructíferos, multiplicaos, gobernad, someted la tierra— afirma al hombre precisamente en el mundo de los seres vivos en que ha sido puesto; es su existencia empírica la que aquí es bendecida, su carácter de criatura, su carácter mundanal, su carácter terrenal»[205]. Alrededor del mismo tiempo, en 1932, Bonhoeffer publicó una charla suya del año anterior, con el título «¡Venga a nosotros tu reino! La oración de la comunidad por el reino de Dios en la tierra». El ensayo parte con la clásica imagen cristiana del peregrinaje por esta tierra. Precisamente a partir de la idea de que somos peregrinos, Bonhoeffer se queja aquí por los dos extremos contrarios en los que acostumbramos caer: «O bien huimos ante el poder de la tierra, o bien nos aferramos firmemente a la misma. Pero no somos los caminantes que aman la tierra que los sostiene, pero que la aman tanto precisamente porque los lleva a la tierra extraña que aman por sobre todas las cosas»[206]. De este modo nos comportamos o como «transmundanos»[207] o somos «secularistas». «Pero "transmundanismo" y secularismo son las dos caras de una misma cosa: *que no se cree en el reino de Dios*»[208]. Como se puede ver, ya desde temprano Bonhoeffer acentúa la unidad de la realidad como realidad dada por Dios —acentuando al mismo tiempo que ello no es idéntico con una aceptación sin más del mundo, delimitándose de modo igualmente decisivo del transmundanismo y del secularismo o, como se expresará más adelante, del error «monacal» y del error del «protestantismo cultural»[209]. Precisamente la imagen del peregrinaje pone el acento sobre el hecho de que el cristiano en esta

---

[205] DBW III, 64.

[206] DBW XII, 264.

[207] El término «transmundanos» *(Hinterweltler)* fue acuñado por Nietzsche, a partir de la palabra *Hinterwäldler*, los que viven en el *Hinterwald*, más allá del bosque o en el lado de atrás del bosque. *Hinterweltler (Welt=*mundo) son así quienes viven más allá de esta tierra.

[208] DBW XII, 267.

[209] DBW VI, 291.

tierra vivirá siempre en una cierta tensión: ama la tierra, pero porque lo lleva a otra tierra; pide la venida de un reino que en cierto sentido ya está aquí, ya se ha acercado, pero por cuya venida hay que seguir orando.

Si bien podemos así ver que Bonhoeffer se distancia persistentemente de dos errores o extremos, en su obra tardía se acentuará sobre todo la crítica a un cristianismo puramente «trascendente», y se acentuará así su valoración del mundo. Así, cuando retoma en su comentario al Salmo 119 la imagen del peregrinaje, el acento caerá esta vez sólo sobre asumir plenamente la vida terrenal: somos peregrinos, «pero debo ser un huésped con todo lo que eso implica, no cerrando mi corazón a las tareas, dolores y alegrías de la tierra; esperando pacientemente el cumplimiento de la promesa divina, pero realmente esperando, no intentando apropiarme de ello en deseos o sueños»[210]. Las razones que llevan a este cambio de énfasis son bastante evidentes. Por una parte Bonhoeffer, que antes había escrito sobre todo obras de espiritualidad, ahora comienza a dedicarse a la redacción de su *Ética*, lo cual lo sitúa ante preguntas que están también más allá de las fronteras de la Iglesia. Por otra parte esto coincide con el tiempo en el que él mismo comienza a involucrarse en una actividad más propiamente política y, en conexión con ello, tiene que haber notado que el tipo de reflexiones éticas que había escrito hasta entonces, en el marco de sus obras de espiritualidad, sólo daban escasa orientación a personas con responsabilidad dentro del aparato estatal, como su cuñado Dohnanyi, que desde dentro del sistema político intentaban salvar algo del Estado de derecho. Darles orientación no podía consistir en llamarlos a salir de sus cargos, hacia un espacio más sagrado, sino que pasaba por una revaloración del mundo en el que vivían.

Es en la *Ética* donde esto se refleja más decididamente. Parte ahí por enfrentarse a un prejuicio que el cristiano promedio puede tener al respecto; y no sólo el cristiano promedio, sino —según Bonhoeffer— toda la tradición intelectual cristiana: «Cuando

---

[210] DBW XV, 530.

queremos avanzar por este camino, gran parte del pensamiento moral cristiano tradicional se atraviesa en él como un coloso que nos obstaculiza el paso. Desde los comienzos de la ética cristiana en el tiempo posterior al Nuevo Testamento la concepción básica del pensamiento moral, que consciente o inconscientemente lo determina todo, es la idea de dos espacios que limitan uno con otro, de los cuales uno es divino, santo, sobrenatural, cristiano, y el otro mundano, profano, natural, no cristiano»[211]. Al leer esta afirmación de Bonhoeffer resulta importante distinguir dos cosas: la primera es notar contra qué está hablando. Se trata aquí para él de no entender «Iglesia» y «mundo» como dos *espacios* distintos: «El mundo no está dividido entre Cristo y el diablo, sino que es completamente el mundo de Cristo, lo reconozca o no»[212]. Una cuestión paralela, no idéntica con esa pregunta, pero tampoco irrelevante para ella, es la crítica de Bonhoeffer a la tradición intelectual cristiana por haber caído en dicha dicotomía. Aquí uno puede preguntarse si Bonhoeffer realmente está siendo justo con el pasado cristiano, o si con fines pedagógicos está haciendo una generalización demasiado gruesa; si acaso en dicha misma tradición Bonhoeffer no habría podido encontrar mucho más apoyo para su propia posición que lo que a primera vista parece[213]. Pero dicha pregunta la podemos aquí dejar abierta, para concentrarnos en aquello que interesa a Bonhoeffer.

¿En qué consiste entonces la división en «espacios» contra la que Bonhoeffer está argumentando? Él la define como «una división del todo que es la realidad en dos partes, llevando a que el esfuerzo moral consista ante todo en una correcta relación entre ellas»[214]. Esto es, en efecto, una manera típica de pensar para muchos cristianos: el ver un conjunto de actividades como cristianas, un conjunto

---

[211] DBW VI, 41.

[212] DBW VI, 51.

[213] Es imposible decir en pocas líneas algo útil al respecto. Baste aquí por tanto con referir al clásico estudio de Markus (1967), en el que se puede ver un buen ejemplo de cómo un autor del tipo de san Agustín también se opone a una distinción en «espacios».

[214] DBW VI, 41.

de ellas como mundanas, intentando luego ver si dichas últimas son de plano incorrectas o bien neutrales. Es contra esto que Bonhoeffer opone eso de que «no hay dos realidades, sino sólo una realidad, la que en Cristo se ha revelado como realidad de Dios en la realidad del mundo»[215]. Y así puede añadir que «el querer ser "cristiano" sin ser a la vez "mundano" es una negación de la revelación de Dios en Cristo»[216], del hecho de que en Cristo Dios se compromete con el mundo. Con esto Bonhoeffer por supuesto no está negando que exista de hecho una distinción entre Iglesia y mundo; pero sí se trata de negar que dicha distinción sea la de distintos *espacios*: «Así como en Cristo la realidad de Dios entró en la realidad del mundo, asimismo lo cristiano sólo se da en lo mundano, lo "sobrenatural" sólo se da en lo natural, lo sagrado sólo en lo profano, la revelación sólo en lo racional»[217]. La concepción de la que Bonhoeffer así se distancia es pues la idea de que el mundo y la iglesia constituyan algo así como campos de acción esencialmente distintos y por tanto *claramente delimitables*: «Toda delimitación *estática* entre un campo perteneciente al diablo y otro campo perteneciente a Cristo niega la realidad de que en Cristo Dios ha reconciliado toda la realidad consigo»[218]. En medio de todo este énfasis en el valor de este mundo es importante no perder de vista el modo en que Bonhoeffer llega a esta convicción: la afirmación del mundo deriva para él totalmente de Cristo. El hecho de que el mundo esté mal no es la motivación principal para volcarnos a hacer algo bueno en él. Por el contrario, «de ahí se podría concluir con igual derecho lo contrario, el rechazo a trabajar en el mundo —si no fuera por un solo hecho que revela dicha renuncia como culpable, esto es, que Dios se hizo hombre»[219]. Para Bonhoeffer el elemento determinante, el único que podría ser determinante, para ser «mundano» es lisa y llanamente el hecho de que Dios haya venido al mundo.

---

[215] DBW VI, 43.
[216] DBW VI, 43.
[217] DBW VI, 44.
[218] DBW VI, 52.
[219] DBW XV, 113. Carta a Theodor Litt 22.01.1939.

Por otra parte, estas afirmaciones de Bonhoeffer tampoco deben ser entendidas como una «pacificación» de la relación entre Iglesia y mundo. Cuando habla sobre la unidad que forman, sobre la única realidad de Dios, Bonhoeffer está hablando de una realidad no estática: Iglesia y mundo, lo sobrenatural y lo natural forman una «unidad polémica», escribe, y «esta unidad sólo se conserva si se prohíben mutuamente todo tipo de emancipación estática la una de la otra, esto es, si se comportan polémicamente una respecto de la otra, dando así testimonio de la realidad que les es común, de su unidad en la realidad de Cristo»[220]. Esta «unidad polémica» puede manifestarse por ejemplo en el hecho de que la Iglesia se oponga precisamente a una sacralización del mundo: «La Iglesia no existe para quitarle al mundo un trozo de su territorio, sino para dar al mundo testimonio de que debe seguir siendo mundo, mundo amado por Dios y reconciliado con él»[221]. Precisamente porque el mundo debe seguir siendo mundo, Bonhoeffer afirma que «ningún hombre tiene la tarea de saltarse el mundo e intentar convertirlo en reino de Dios. [...] Por el contrario, el hombre es situado en una responsabilidad concreta, limitada, creada, que reconoce el mundo como amado, juzgado y reconciliado por Dios, y que a la luz de eso actúa en él»[222]. Cuando Bonhoeffer llama a descubrir «el mundo» no se trata pues de «dejar de mirar otros mundos y empezar a mirar éste»[223], no se trata, como lo formula él mismo, de «la chata y banal mundanidad *(Diesseitigkeit)* de los ilustrados, de los activistas, de los cómodos o de los lascivos, sino de la profunda mundanidad que está llena de disciplina y en la que siempre está presente el conocimiento de la muerte y de la resurrección»[224].

Podemos iluminar esta valoración del mundo desde una doble perspectiva: una estética y otra teológica. La estética está constituida por el hecho de que Bonhoeffer rechaza la distinción

---

[220] DBW VI, 45.
[221] DBW VI, 49.
[222] DBW VI, 266.
[223] Contra Cox (1965:2).
[224] DBW VIII, 541.

de Nietzsche entre una belleza apolínea y otra dionisíaca. Hay una belleza, nos dice, «que no es ni clásica ni demoníaca, sino simplemente terrenal, y que como tal tiene su derecho propio. Personalmente tengo que decir que sólo por esa belleza late mi corazón»[225]. La analogía de esta belleza en el campo teológico es el hecho de que Bonhoeffer descubre en prisión de modo particularmente fuerte el carácter «terrenal» del Antiguo Testamento. Durante toda su vida había sido asiduo lector y comentador del mismo, pero intentando leerlo de modo predominantemente cristológico, buscando prefiguraciones de Cristo en los Salmos o en la historia de Israel. Pero en prisión descubre lo que además es el Antiguo Testamento por sí mismo, todo lo que tiene de valoración de la tierra y de la ley. Pero esta referencia a Antiguo y Nuevo Testamento nos debe llevar a otra distinción de Bonhoeffer: si en él pierde importancia la distinción en el espacio, gana la distinción en el tiempo. En lugar de preocuparse en exceso por las esferas de acción del Estado o la Iglesia, centra su atención en «lo último» y «lo penúltimo».

La división espacial cede su lugar a una división temporal: ¿cómo se relaciona lo último, lo decisivo, que es nuestra justificación por la fe, con lo penúltimo, que constituye todo el resto de la vida humana? Bonhoeffer dedica un capítulo completo de la *Ética* a tratar sobre la relación entre estos dos términos. Describe ahí dos modos erróneos de entender la relación entre lo último y lo penúltimo, los cuales califica de «radicalismo» y «compromiso». El radicalismo consiste en la mirada puesta sólo en lo último, enfatizando sólo la ruptura con lo penúltimo. Se ve representado en la convicción de que «en vistas del final, para el cristiano sólo existe la palabra última y la actitud propia de lo último, lo que ocurra con el mundo no tiene peso alguno»[226]. Pero no es sólo el escapismo lo que caracteriza a esta posición. Dado que su nota distintiva es el desprecio del mundo, puede tomar la forma de huida del mismo, pero también la forma de optimización de éste, de hacer un mundo mejor que el que hay. El compromiso consiste, por el contrario,

---

[225] DBW VIII, 366-367.
[226] DBW VI, 144-145.

en separar lo penúltimo de lo último: declarar que lo penúltimo se mantiene en pie, sin amenaza ni iluminación por parte de lo último. «Lo último trasciende completamente lo cotidiano y sirve finalmente de justificación eterna para lo establecido»[227]. Así Bonhoeffer declara que ambas soluciones son extremas, «puesto que ponen lo último y lo penúltimo en oposición excluyente, en una ocasión destruyendo lo penúltimo por medio de lo último, en otra ocasión sacando a lo último del campo de lo penúltimo»[228]. Contra estas dos soluciones extremas Bonhoeffer opone una relación en que se reconozca la seriedad respectiva de ambos momentos. Pero para lograr eso afirma tener que invertir el orden en que normalmente se conciben: no es que vayamos sólo de lo penúltimo hacia lo último, sino que lo *penúltimo* es reconocido como tal recién desde lo último. «Así no hay nada que sea por sí mismo penúltimo, nada que pueda ser por sí mismo justificado en calidad de penúltimo, sino que sólo se llega a ser penúltimo mediante lo último, es decir, en aquel instante en que ya se ha dejado de estar vigente. Lo penúltimo no es pues condición de lo último, sino un juicio de lo último respecto de lo que lo precede»[229]. Con eso en mente nos dirigimos ahora precisamente a lo penúltimo, al mundo natural y la fundamentación de la ética.

La fundamentación de la ética y los «órdenes de la creación»

En conexión con su creciente interés por los problemas del mundo, Bonhoeffer se pregunta desde temprano por la manera en que se pueda fundamentar la ética. ¿Cuál es nuestra fuente a la hora de calificar algo de bueno o malo? Si tras la caída sigue existiendo algo semejante a una naturaleza humana y si esa naturaleza resulta además conocible, se puede tal vez suponer que en ese conocimiento hay una fuente de la moral. Así lo ha creído la mayor

[227] DBW VI, 145.
[228] DBW VI, 145.
[229] DBW VI, 151.

parte de la tradición cristiana y, en consecuencia, ha incorporado en su ética la noción de «ley natural». No sólo la tradición católica ha adoptado esta noción, sino que en un principio también lo hizo el protestantismo, de forma masiva al menos durante sus dos primeros siglos de existencia[230]. Sin embargo, al comenzar el siglo XX se había producido un cambio en dos direcciones: por una parte había nacido una crítica bastante radical de la idea de ley natural (por ejemplo, en Karl Barth), por otra parte había nacido un género de defensa de la misma, la «teología de los órdenes», que resultaría, en algunos de sus representantes, más fatal que la crítica. Veremos algo de estos dos fenómenos antes de volver la mirada a Bonhoeffer.

En primer lugar está el caso de autores como Barth, que rechazan toda noción de ley natural. Es importante notar aquí la motivación de Barth: no se trata de una crítica liberal a la noción de ley natural, sino que Barth la está rechazando precisamente como parte de su rechazo de todo el optimismo y fusión entre cristianismo y cultura que caracterizaba al protestantismo liberal del siglo XIX. Así, lo de Barth no es sólo un rechazo de la idea de ley natural, sino ante todo un rechazo de cualquier fuente de conocimiento moral distinta de la Biblia: el mismo vigor con que rechaza la idea de ley natural es el que despliega contra la razón, la experiencia o la tradición. Su posición se puede iluminar por la reacción de Reinhold Niebuhr tras haber tenido por alumno al hijo de Barth: «Marcus, el hijo de Karl Barth —escribe Niebuhr en una carta—, estuvo en mis lecciones y las encontró extremadamente heréticas. Es un sujeto muy agradable, pero 102% barthiano: *cree que si no existieran los diez mandamientos, nadie se habría jamás enterado de que es malo matar*. Esa clase de afirmaciones me tornan perdidamente liberal»[231]. Es decir, mientras que gran parte de los críticos

[230] Al respecto se podría citar una amplia bibliografía. Me limito aquí a Grabill (2006) y VanDrunen (2010) para la tradición reformada y al enfoque de Kruschwitz (2004) sobre la ley natural y las iglesias libres. Bonhoeffer comparte en esto la ignorancia de su propia generación, afirmando que «la enseñanza reformada siempre ha criticado esta doctrina de una ley natural» (DBW XII, 298).

[231] DBW XV, 216. Carta a Paul Lehmann. Mi cursiva. En otros sentidos Niebuhr tiene, por supuesto, razón al entenderse a sí mismo como liberal.

de la idea de ley natural que encontramos hoy la rechazan por ser presuntamente «conservadora», en el protestantismo de comienzos de siglo XX el defenderla llevaba a sentirse «liberal». Y dicho «liberalismo» consiste en reconocer que tenemos acceso al conocimiento moral por distintas vías. Es relevante atender al hecho de que Bonhoeffer recibe su formación teológica en un ambiente caracterizado por este generalizado estado de confusión. Eso explica también la indecisión con la que, como veremos, se aproxima a este tema.

Pero también es importante para el desarrollo de Bonhoeffer la otra vertiente de la teología moral de dicha época. Una corriente importante de la época, muchas veces llamada «neoluteranismo», también opositor de la tradición liberal, desarrolló la idea de «órdenes de la creación» como equivalente luterano a la idea de ley natural[232]. El contenido de la noción de «órdenes de la creación» es en buena medida el mismo que el de la noción de ley natural, si bien por supuesto no se trata en este caso de una noción filosófica. Ahora bien, como en Alemania varios de los representantes de tal teología adhirieron al régimen nacionalsocialista, ella se encuentra aún hoy en un estado de desprestigio que puede obstaculizar una evaluación apropiada de la misma. Lo primero que hay que hacer para evitar dicho obstáculo es reconocer que hay una importante variedad de teologías de los órdenes, y que tal vez sea inapropiado tratarlas como una unidad. Pues al mismo tiempo que teólogos como Hirsch o Althaus escribían en Alemania, en Suiza Emil Brunner desarrollaba una teología de los órdenes de intención y contenidos manifiestamente antitotalitarios, usando la misma terminología de «órdenes de la creación» que los alemanes, e integrando en este esquema muchas tradicionales enseñanzas cristianas sobre la justicia. Los comentarios de Bonhoeffer sobre este intento de Brunner son en su mayoría de carácter muy positivo[233]. En carta a su hermana y su cuñado, por ejemplo, afirma que en *El mandato y los órdenes* Brunner «dice cosas muy inteligentes sobre esta cuestión»[234]. La única crítica a la obra, y

---

[232] Al respecto cf., con matices, Pannenberg (1986:11-19).
[233] Cf. la revisión de la obra ante sus alumnos en DBW XII, 173-176.
[234] DBW XV, 297.

que puede parecer un tanto enigmática, es expresada por Bonhoeffer en carta a su amigo Erwin Sutz: en esta obra Brunner habría avanzado «demasiado rápido»[235]. Algo más adelante tendremos ocasión para intentar comprender esta crítica.

Tampoco entre Althaus y Hirsch hay, por otra parte, estricta coincidencia. Pero en ellos veremos el problema con el que se enfrenta Bonhoeffer. Bajo órdenes de la creación Althaus entiende muy sencillamente aquellos elementos necesarios de la vida humana «que sirvan para la creación y conservación de la vida»[236]. Bajo eso hay que entender tanto ciertas realidades institucionales, como ciertas normas por las que dichas realidades institucionales (familia, nación, etc.) se mantienen en pie. Algunos adversarios tempranos habían reclamado que con esta apelación a la creación como algo normativo se perdía de vista el pecado. Pero Althaus tiene clara conciencia de la caída, y trata detenidamente el hecho de que estos órdenes tienen ahora, tras la caída, un carácter ambivalente. Los problemas parecen ser de otro orden, a saber, cómo distinguir entre una realidad simplemente dada aquí y ahora, y algo que es, por decirlo así, parte de la «estructura» de la creación. En Althaus hay afirmaciones que indican cierta incapacidad para distinguir esto, por ejemplo cuando dice que es «en el derecho concreto de mi pueblo, y no en un derecho natural, donde debo honrar el orden divino del derecho»[237]. No es inocente escribir de ese modo en la Alemania de 1934. Esa identificación de lo presentemente dado con lo querido por Dios se encuentra presente también en temas críticos de dicho período, como es la discusión sobre las razas: «En la estructuración de la humanidad en distintos pueblos y razas reconocemos la riqueza creadora de Dios»[238]. Así, a la cuestión respecto de cómo reconocer lo que es justo, qué constituye efectivamente un orden de la creación, podía responder que esto es reconocible «en la obediencia concreta al derecho *actual* de mi pueblo»[239].

---

[235] DBW XI, 89.
[236] Althaus (1934:9).
[237] Althaus (1934:14).
[238] Althaus (1934:25).
[239] Althaus (1934:14). Mi cursiva.

Este mismo tipo de problemas, pero de modo muy acentuado, es lo que encontramos en Hirsch.

En efecto, en el otro gran representante de la teología de los órdenes, Emanuel Hirsch, encontramos a alguien que no sólo tuvo algún pasajero entusiasmo por el nacionalsocialismo, sino a alguien que en ciertos sentidos podría ser considerado el teólogo oficial de los cristianos-alemanes. Pero más que su actuación política concreta, aquí nos debe preocupar qué elementos de su modo de pensar son los que lo llevaron a tal actuación. Y al respecto hay que mencionar, además de lo que ya hemos visto en Althaus, el influjo que cierto «romanticismo político» tuvo sobre Hirsch. Si los textos de Althaus que hemos citado presentan ecos de quienes veían en la toma nacionalsocialista del poder una suerte de «revelación», un «giro», una «hora alemana» en la que se revela «el destino de un pueblo», en Hirsch ya no se trata de meros «ecos», sino que expresamente hace suyo este vocabulario. Así, cuando en Hirsch somos remitidos a ciertos órdenes, más que órdenes se trata de «fuerzas históricas», una «hora dada»; se trata de sumarse a un «destino histórico», y esto a través de un «acechar» o de un «atrevimiento»[240]. Lo que se plegó al nacionalsocialismo y a los cristianos-alemanes no es, pues, una teología de los órdenes, a secas, sino una variante seriamente perturbada de dicha teología; perturbada no sólo por la patética fe en el destino propia de gran parte de dicha generación, sino también por una exaltación de la voluntad, de la *decisión* de unirse a la «comunidad de destino» de todo el pueblo, perturbada por el afán «decisionista» o carismático-populista por identificar un momento preciso en el que está en juego todo el destino, o la identificación de los órdenes de la creación con ciertas «fuerzas históricas» que se manifiestan con especial claridad. Es llamativo que cuando Bonhoeffer en su obra más madura vuelve sobre el problema de los órdenes, el tópico que más marcadamente es objeto de crítica es la idea de que tales «fuerzas históricas» deban cumplir algún papel en la orientación moral de nuestra vida[241].

---

[240] Hirsch (1934:116).
[241] DBW VI, 392-394.

La apelación *directa* a la creación o a lo inmediatamente dado sería también usada por los cristianos-alemanes para afirmar que hay un *nomos* (ley, tradición) alemán que se encuentra ante el evangelio en la misma relación que el *nomos* judío; es decir, que así como los profetas son preparación para Cristo entre los judíos, los restantes pueblos tienen su propia preparación, consistente en sus propias tradiciones. Es con ese tipo de ideas que Bonhoeffer tiene que lidiar en su primer período como docente, intentando convencer a sus alumnos de que sí hay una primacía de la ley judía: «Los profetas siempre llamaron a reconocer un nomos crítico, no a realizar el nomos dado de su pueblo. [...] *No se trata pues de afirmar lo dado en cada pueblo*, sino de dejarse juzgar por el nomos divino. Es así como el nomos israelita tiene una primacía por sobre el alemán, porque verdaderamente ve el significado del nomos crítico»[242] —así reza un apunte de clase tomado por uno de sus alumnos a comienzos de la década de los 30. Aquí Bonhoeffer no ha llegado aún a expresarse de un modo claro, pero sí es evidente lo que busca: un modo de comprender estos temas que no convierta la apelación a la ley —a la ley natural o al orden de la creación— en conformidad con la situación presente, un «afirmar lo dado», sino que muy por el contrario sea un modo de tomar distancia, una herramienta de evaluación crítica del presente, de las instituciones actuales de un país o de las inclinaciones actuales de una persona. Con ello, aunque en ese momento aún no lo supiera, de hecho estaba entroncando con gran parte de la tradición de reflexión cristiana sobre el tema[243]. Da pues la impresión de que —contrariamente a una versión común en la literatura secundaria[244]— Bonhoeffer no es un enemigo acérrimo de toda teología de los órdenes, sino que está en cuestión algún punto más sutil. Con eso en mente nos dirigimos a sus propias reflexiones.

---

[242] DBW XII, 173. Apunte de sus alumnos en medio de la revisión conjunta de una obra cristiano-alemana. Mi cursiva.

[243] Véase, a modo de ejemplo, el elocuente título de MacIntyre (2006).

[244] Muy pronunciada, por ejemplo, en Rasmussen (2005).

Bonhoeffer: los órdenes y la inmediatez

El rechazo de una teología de «órdenes de la creación» al estilo de Althaus y de Hirsch es un hilo conductor en toda la obra de Bonhoeffer. Pero la rechazó no dejando caer el tema, sino precisamente buscando una forma adecuada de hablar sobre el tópico sin quedar expuesto al abuso nacionalsocialista. Así ya en *Acto y ser* sugiere que toda antropología cristiana deberá referirse al hombre siempre en cuanto «ser en Adán» o en cuanto «ser en Cristo», y que por tanto «en la teología no hay categorías primariamente ontológicas conformes a la creación»[245], sino siempre con una orientación «adánica» o «cristológica». En su tercera publicación, en tanto, *Creación y caída*, seguirá esta línea afirmando que «en la Iglesia el relato de la creación sólo se lee desde Cristo, y luego también en dirección a Él»[246]. Es este modo de pensar, que también apunta a la creación, pero a través de Cristo, el que lo llevará a no hablar de «órdenes de la *creación*» *(Schöpfungsordnungen)*, sino de «órdenes de *conservación*» *(Erhaltungsordnungen)*[247]. ¿Qué se busca expresar con esta distinción? La diferencia sería que mientras que los órdenes de la creación pueden ser considerados como de una bondad intrínseca, los órdenes de conservación no son mantenidos por su propia bondad, sino en cuanto son estructuras que mantienen abierto el espacio para Cristo: «Son mantenidos por Dios sólo a causa de su apertura al evangelio, por la esperanza de la nueva creación»[248]. Pero en esta respuesta parece haber una problemática omisión o falta de distinción. Porque es correcto decir que todo —incluidos estos órdenes de la creación— existe por causa de Cristo, «por el cual y para el cual» (Col. 1:16) todo fue creado, pero de ahí no se sigue de ningún modo que todo exista, que todo se mantenga en pie, sólo por causa de la redención: pues Cristo es mediador tanto respecto de la creación como respecto de la redención.

---

[245] DBW II, 26.

[246] DBW III, 22.

[247] Véase, por ejemplo, DBW XI, 237.

[248] DBW XI, 237.

Perfectamente se podría entonces hablar de estos órdenes como existiendo por Cristo y, sin embargo, entenderlos estrictamente como órdenes de la creación. Cuando esa alternativa no es mantenida en pie, la redención aparece como algo que en cierto sentido «devora» a los otros momentos como la creación[249]. En cualquier caso, durante mucho tiempo ésta fue la posición de Bonhoeffer: crítica de las doctrinas de órdenes de la creación y defensa de la idea de órdenes de conservación. En cuanto a los contenidos de estos órdenes no hay ninguna diferencia entre las dos teorías en cuestión, sino sólo en cuanto al modo de conocer los «órdenes» y en cuanto a la bondad que se reconoce en ellos. Pero las desventajas de esta posición de Bonhoeffer parecen ser tantas como sus ventajas. Pues por una parte logra poner un límite a las versiones más peligrosas de una teología de los órdenes, como la de Hirsch, pero no logra eso a través de una mayor precisión teórica, sino en cierto sentido mediante el simple recurso de «desinflar» los órdenes: quitándoles su valor propio, viéndolos como algo instrumental. «No hay órdenes que sean en sí mismos sagrados. Sólo por su apertura a Cristo y a la nueva creación un orden es "bueno"»[250] —así se expresa Bonhoeffer en 1932. ¿Serviría esta posición para responder a la trasgresión de todo orden bajo el nacionalsocialismo?

Bonhoeffer parece reconocer que no. Y esta insuficiencia explica que, sin rechazar del todo ésta, su primera posición, Bonhoeffer desde temprano comenzara a desarrollar una crítica distinta a los órdenes de la creación[251]. La versión más madura de esta segunda crítica se encuentra en *El discipulado*, en el capítulo sobre «El discipulado y el individuo». Aquí Bonhoeffer parte de las palabras de Jesús en Lucas 14:26, con su advertencia contra el que viene a

---

[249] VanDrunen (2010:316-347) no aborda el caso de Bonhoeffer, pero presenta un fino análisis de cómo esto le ocurre a Karl Barth. Yo sostendría que si bien a Bonhoeffer —como indican los textos que aquí comentamos— le podría haber ocurrido lo mismo, es un riesgo del que se irá alejando cada vez más.

[250] DBW XI, 345.

[251] El giro se da en el verano de 1933; desde entonces Bonhoeffer no vuelve a utilizar la expresión «órdenes de conservación».

Él y no odia a su padre, madre, hermanos y hasta su propia vida. A partir de estas palabras Bonhoeffer busca exponer el choque entre el llamado de Jesús y lo naturalmente dado. Pues en este texto lo natural parece radicalmente puesto en duda, parecemos llamados a romper precisamente con «lo natural», con un «orden de la creación», como lo es el honrar a los padres o el conservar la propia vida. Pero la lectura atenta de este capítulo de *El discipulado* muestra que Bonhoeffer ha llegado aquí a consolidar una posición que ya esbozaba unos años antes. Lo que le interesa criticar no es la noción de órdenes de creación de modo radical, sino su comprensión como algo inmediatamente dado. «Lo inmediato»: ésa es la categoría más duramente criticada de este capítulo. «El que ha sido llamado por Cristo aprende que en su relación con el mundo ha vivido en un engaño. Este engaño se llama *inmediatez*»[252]. «"Realidades dadas por Dios" sólo hay para el discípulo de Jesús a través de Jesucristo»[253]. Lo natural, lo dado por Dios en la creación, los órdenes de la creación, todo esto es pues valorado positivamente por Bonhoeffer, pero quiere tomar distancia de la valoración *inmediata*, pasarlo por el filtro, por la mediación de Cristo, para así poder volver a mirarlo y recuperarlo. Y así toma precisamente esos elementos que exaltaban los «cristianos alemanes», la familia, la historia, el pueblo, etc., y afirma que «no puede haber genuina gratitud por pueblo, familia, historia y naturaleza sin profunda penitencia, que dé a Cristo la honra por sobre todo esto»[254]. Esto nos permite tal vez entender la enigmática crítica a Brunner que hemos citado antes: cuando Bonhoeffer le achaca un avanzar «demasiado rápido» lo que está en cuestión seguramente no es la velocidad a la que escribe Brunner, sino el descuidar esta necesidad de mediación, esta toma de distancia respecto de lo inmediato, toma de distancia que efectivamente es un andar algo más lento.

Si se quiere comprender esta crítica de lo inmediato en torno a un punto concreto, lo más sencillo es apuntar a la amistad, al

---

[252] DBW IV, 89.
[253] DBW IV, 91.
[254] DBW IV, 91-92.

encuentro entre dos personas. Ésta puede ser considerada como un «orden de la creación» o como un «bien natural». Y naturalmente Bonhoeffer no tiene sino palabras de elogio para el encuentro entre dos hombres. Pero rechaza la idea de que esto sea posible —o de ser posible, que sea deseable— de un modo directo: «No hay camino que conduzca de un hombre a otro. Ni el más amable identificarse con el otro, ni la más elaborada psicología, ni la más natural apertura logra llegar a la otra persona; no existe un contacto inmediato de las almas»[255]. También aquí tiene que ser introducido Cristo como *mediador* para que aquello que creíamos *inmediato* pueda ser alcanzado: «Él es el mediador, no sólo entre Dios y hombre, sino también entre hombre y hombre, *entre el hombre y la realidad*»[256]. Ésta es la idea central cuando Bonhoeffer habla de mediación: que Cristo no sólo es el mediador que nos abre el camino hacia Dios, sino que es el mediador que nos abre el camino de un hombre a otro; y por este mediador entre hombre y hombre, entre hombre y realidad, podemos valorar el mundo natural y la fraternidad entre los hombres. Así Bonhoeffer se libra de los problemas de un mero reemplazo de «órdenes de la creación» por «órdenes de conservación»: ahora se reconoce un valor intrínseco a los órdenes, pero se limitan porque ese valor no es alcanzable directamente, sino sólo por la mediación de Cristo. Se trata pues de algo análogo a lo que ya hemos visto a propósito de la apropiación del pasado precristiano, y encontraremos más adelante algunos interesantes ecos de esta idea de lo «no inmediato» en otros aspectos de su pensamiento. Pero primero hay que reforzar lo que Bonhoeffer ha logrado con esta concepción.

Esto es central si se quiere comprender a Bonhoeffer. La mayoría de sus intérpretes —incluyendo a los más serios— acentúan unilateralmente la crítica de los órdenes, dando a entender que Bonhoeffer se distanciaría radicalmente de este tipo de concepción moral, inclinándose así a otros modelos, como una ética de la responsabilidad, dejando de lado toda idea de un orden fijado por Dios en

---

[255] DBW IV, 91.
[256] DBW IV, 88. Mi cursiva.

la creación[257]. Pero la cuestión es más compleja. Lo que Bonhoeffer critica es ante todo la idea de un acceso *inmediato* a la creación. La referencia a Cristo no elimina la referencia a la creación, sino, como lo afirma en *Creación y caída*, nos obliga a ver la creación desde Cristo. Que tiene que haber algo semejante a una teología de los órdenes es algo para él tan obvio como para cualquiera; y que ella tiene que tener algo que ver con el fin puesto por Dios para los hombres en la creación, es igualmente evidente[258]. De hecho, Bonhoeffer rechaza expresamente lo que califica como «radicalismo cristiano» —que hoy llamaríamos más bien progresismo—, afirmando que éste nace del «odio por la creación[259]. Tal afirmación tal vez requiera ser moderada, pero deja al menos claro cómo Bonhoeffer *no* quería ser comprendido.

¿Qué importancia tiene que Bonhoeffer rechace una identificación entre lo natural y lo inmediatamente dado? Toda la importancia del mundo, pues gracias a ello se alcanza lo que al final de la sección precedente identificamos como el objeto de su búsqueda: un «*nomos* crítico». Para entenderlo conviene tener un punto de comparación, y el más sencillo es Maquiavelo. En el capítulo 3 de *El príncipe* éste escribe que «el deseo de adquirir es, verdaderamente, algo muy natural»[260]. Al expresarse así Maquiavelo estaba identificando «lo natural» con una inclinación inmediatamente presente

---

[257] Así por ejemplo Strohm (1989:111) habla de su «rechazo fundamental de todo tipo de teología de los órdenes», y Feil (1971:182) afirma que con estas frases de *El discipulado* «el rechazo del orden de la creación está fundado en el seguimiento de Cristo». El error contrario es el de Huntemann, quien en lugar de enfatizar la mediación, insiste en sólo presentar a Bonhoeffer como un hombre de «law and order», como patéticamente repite (1989:207-210).

[258] Incluso en la *Ética*, donde expresamente rechaza hablar de «órdenes», afirma que «rectamente comprendido» también el concepto de órdenes permitiría expresar lo que ahí designa como «mandatos» (DBW VI, 393).

[259] DBW VI, 146.

[260] Maquiavelo, *El príncipe*, cap. 3. Utilizaré a Maquiavelo para contrastes en más de una ocasión a lo largo de este libro. Hay una justificación interna para ese proceder, que es el sencillo hecho de prestarse Maquiavelo para tales comparaciones. Pero hay también una justificación externa, que es la lectura de un libro sobre Maquiavelo por parte de Bonhoeffer tras 1940: *Machtstaat und Utopie* de Gerhard Ritter.

en los hombres. Y frecuentemente nos encontramos con el término «natural» usado de ese modo, como cuando alguien nos dice que «la codicia es algo natural». Quien habla así, está usando la palabra «natural» de un modo que hace imposible la evaluación moral de dicha inclinación. Pues la medida con la que evaluamos algo tiene que ser distinta de aquello que medimos: de lo contrario es imposible medir. Para Maquiavelo esto no representa ningún problema, precisamente porque no quiere que las acciones políticas sean objeto de una evaluación moral. Pero Bonhoeffer ve con claridad que la misma manera de argumentar se había introducido entre teólogos cristianos que ahora identificaban la condición inmediatamente dada en su pueblo con cierto orden de la creación, y que este modo de ver la realidad estaba impidiendo a muchos cristianos de Alemania someter a su Gobierno a una evaluación moral.

Por otra parte, es interesante la comparación que se puede hacer a este respecto con otro pensador luterano, cuatro siglos anterior. Felipe Melanchthon, el principal colaborador de Lutero en Wittenberg, es de todos los reformadores protestantes el que más frecuentemente usa la expresión «ley natural» e intenta desarrollar una ética que le dé a esta noción un papel importante. Lo que es muy significativo, es que esto fuera dirigido no sólo (tal vez ni en lo más mínimo) contra concepciones relativistas. El adversario de Melanchthon cuando hablaba de ley natural eran más bien concepciones demasiado entusiastas: a saber, quienes en la discusión de problemas políticos apelaban *directamente* a la ley divina. Es decir, quienes mediante tal apelación a la ley divina, sustraían sus posiciones políticas a la evaluación moral racional[261]. No es muy distinto de eso lo que Bonhoeffer enfrentó. Cuando alguien sugiere que el «destino de un pueblo» es algo que permite reconocer los órdenes de la creación, está precisamente sustrayendo la situación de su pueblo a la evaluación, y es el mismo tipo de irreflexivo entusiasmo el que está presente en uno y otro caso. La apelación a la ley natural se revela así, como en muchos otros períodos de la historia, como algo necesario para hacer frente no sólo al relativismo sino también al fundamentalismo (en el sentido que hoy damos a este término). Pero con

---

[261] He desarrollado eso más ampliamente en Svensson (2008).

esto ya hemos dejado la terminología de los órdenes de la creación y abordamos ya propiamente la ley natural.

Lo natural

Aunque lo que está en cuestión son preguntas éticas, lo que hemos presentado hasta aquí son ideas que Bonhoeffer presenta en sus libros de carácter edificante y en pequeños tratados teológicos. Pero cuando en sus últimos años decidió escribir una *Ética*, tuvo que ocuparse más detenidamente del problema en cuestión. En consecuencia ahí se fundirían estas ideas con una recuperación del término «natural», un término respecto del cual, como cercano a Karl Barth, antes se había manifestado reacio[262]. Esta recuperación de lo natural es algo que en ese momento se da no sólo en Bonhoeffer, sino que representantes de las más variadas disciplinas, juristas, políticos y teólogos que hasta ese momento habían tenido objeciones contra la idea de una ley natural, comenzaron, gracias a la opresión, a redescubrirla[263]. En el caso de Bonhoeffer esto se puede ver en un capítulo sobre «La vida natural» en la *Ética*, donde se queja abiertamente por cómo esta noción se había perdido por parte de la teología protestante: «El concepto de lo natural ha caído en descrédito en la ética evangélica. En algunos autores se ha perdido en la noche oscura de la pecaminosidad omniabarcante, en otros en cambio se ha identificado con el resplandor de la creación primigenia. Ambas tendencias constituyen un perverso abuso, a causa del cual el concepto de lo natural ha desaparecido del todo de la ética evangélica, dejándolo únicamente en manos de la ética católica»[264]. Este contraste con los manuales católicos de teología moral tiene un origen

---

[262] La carta del 07.03.1940 (DBW XV, 296-300) muestra sin embargo cuán poco sabía. Sólo está enterado del tema a través de la teología contemporánea, ignora la discusión filosófica, y así muchas veces hace juicios infundados. En DBW XVI, 520 se puede ver a la insensatez que llega en los momentos en que tiende a rechazar la noción de ley natural: las autoridades paganas habrían conocido los mandamientos «por una coincidencia providencial».

[263] Para el redescubrimiento de la idea de ley natural entre los opositores al nacionalsocialismo cf. Klemperer (1992).

[264] DBW VI, 163.

concreto: como Bonhoeffer trabajaba en su *Ética* en el monasterio de Ettal, pudo tener a su disposición numerosas obras de teología moral católica que normalmente no habría considerado. De hecho, el capítulo sobre «La vida natural» es redactado en Ettal. Iluminadora es una carta que envía desde dicho lugar a Bethge: «Encuentro que de las éticas católicas en muchos sentidos se aprende más y que son más prácticas que las nuestras. Estamos acostumbrados a echarles en cara la "casuística", pero hoy podemos estar agradecidos por muchas cosas»[265]. Si era común (y ocasionalmente justificado) enrostrar a las éticas católicas una posición «casuística», ahora, en una situación de crisis, muchos de esos elementos criticados parecían una tabla de salvación. Y para Bonhoeffer no se trata simplemente de que haya habido una pérdida teórica, sino de que con ello se ha perdido incluso la capacidad de abordar muchos temas: «Esto implica una gran pérdida de fondo para el pensamiento evangélico, pues hemos quedado desorientados ante muchas preguntas prácticas de la vida natural. El significado de lo natural para el evangelio se ha oscurecido y la iglesia evangélica no ha podido encontrar una palabra orientadora en las preguntas quemantes de la vida natural»[266].

¿Pero qué es lo natural? Lo típico del pensamiento protestante ha sido distinguir exclusivamente lo natural de lo sobrenatural. Así «el hombre natural» es el término con que normalmente se señala a quien no está viviendo bajo la gracia. Pero de este modo lo natural sólo es especificado en una dirección: queda contrastado sólo con lo *sobre*natural, pero no con lo *anti*natural. Es ante eso que protesta Bonhoeffer: «Lo natural y lo antinatural han quedado así ante la misma condena bajo la palabra de Dios. Esto implica una disolución total en el campo de la vida natural»[267]. Lo que él intenta es pues recuperar para el mundo protestante una noción de lo natural que se distinga tanto de lo sobrenatural como de lo antinatural, y que no se identifique tampoco con el estado primigenio

---

[265] DBW XVI, 114.
[266] DBW VI, 164.
[267] DBW VI, 165.

de la creación no caída. Y esto se orienta en la misma dirección que sus ideas en torno a los «órdenes de conservación»: «Lo natural es lo que tras la caída está orientado a Cristo; lo antinatural es lo que tras la caída se cierra a Cristo»[268]. Aquí Bonhoeffer define lo natural como lo orientado o abierto a Cristo. En otros casos prescinde de tal orientación, y define lo natural como la forma que la vida requiere para subsistir. «La vida natural es la vida con forma. Lo natural es la forma que reside en la vida y la sirve»[269]. A la luz de su insistencia sobre esta idea, es difícil comprender que alguien haya considerado plausible considerar a Bonhoeffer como paladín de una «ética de la situación» o de una «ética contextual»[270]. Lejos de ser tal, Bonhoeffer representa aquí convicciones bastante tradicionales: que si bien en materia moral hay muchas cuestiones que varían caso a caso, hay un pequeño grupo de acciones siempre malas, en las que siempre se atenta contra la naturaleza humana, que hay cierta forma que tiene que conservarse para que se conserve la vida.

Asimismo se encuentra en él un consecuente optimismo, porque las formas degeneradas de vida no subsisten en el largo plazo, sino que «subsiste lo natural y se impone por su propio peso; pues la vida misma está del lado de lo natural. Ciertamente se puede pasar por fuertes pruebas y por estremecimientos de la forma externa de la vida. Pero mientras que la vida se mantenga, lo natural vuelve a abrirse camino»[271]. También en otros textos se encuentra este vínculo entre las grandes crisis y el redescubrimiento de lo natural. Así, en un breve comentario a los tres primeros mandamientos, escrito por Bonhoeffer a mediados de 1944 en prisión, afirma que «los hombres siempre se han hecho preguntas sobre los órdenes fundamentales de la vida, y es un hecho llamativo el que los resultados coinciden mayormente entre sí y con el decálogo. Siempre que las condiciones

---

[268] DBW VI, 165.
[269] DBW VI, 171.
[270] Contra Rasmussen (1987), quien reconoce que hay un elemento de «mandamiento» en la ética de Bonhoeffer, pero que lo presenta como subordinado a todas las afirmaciones aparentemente «contextualistas».
[271] DBW VI, 170.

de vida de los hombres se ven fuertemente remecidas por factores externos o internos, aquellos hombres que son capaces de conservar la claridad y la moderación del juicio notan que la convivencia humana no es posible sin temor de Dios, sin honra dada a los padres, sin la defensa de la vida, de la propiedad y del honor, sea como sea que estén articulados estos bienes. Para reconocer esto el hombre no necesita ser cristiano, sino que le basta seguir la experiencia y una razón sana. Y el cristiano se alegra de lo que tiene en común con el resto de los hombres en materias tan importantes»[272].

El detalle de sus afirmaciones en este campo es menos interesante que la dirección general de su pensamiento. Lo que Bonhoeffer escribe sobre el respeto a la vida, no sólo como respuesta a las amenazas contra el pueblo judío, sino en discusión sobre la eutanasia o el aborto, nos puede parecer insuficiente a la luz de una discusión que hoy tiene muchas más aristas. Ni es Bonhoeffer un gran teórico (¡ni siquiera un pequeño teórico!) de la ley natural en lo que respecta a sus fundamentos filosóficos[273]. Pero su caso es de singular importancia como testimonio de la inevitabilidad de la noción de ley natural, y sobre cómo ésta, en una situación de crisis, se abre paso en una mente bien dispuesta.

Responsabilidad y realismo

La contraparte de lo dicho en la sección anterior es el extenso capítulo que Bonhoeffer dedica en su *Ética* a la responsabilidad. Si los textos que hemos comentado hasta aquí resaltan que tenemos algo a lo cual aferrarnos, una ley natural, un mandamiento divino, un orden de la creación, en el tratamiento de la responsabilidad, en cambio, nos topamos con frecuencia con la idea de que no tenemos a qué aferrarnos, que todo depende de la situación: «Hay

---

[272] DBW XVI, 659.

[273] En este sentido es importante considerar que sus reflexiones se encuentran dentro del marco de su dialéctica entre «lo último y lo penúltimo» y que se concentra en recuperar «el concepto de lo natural desde el evangelio» (DBW VI, 165), intentando evitar que «la vida natural sea así comprendida como etapa previa a la vida con Cristo» (ídem, 166).

que entrar en el campo de las relatividades, en el claroscuro que la historia vierte sobre el bien y el mal»[274]. Si hay algún texto bíblico que ilumina este lado de Bonhoeffer es II de Crónicas 20:12: «No sabemos qué hacer; pero nuestros ojos están vueltos hacia ti». Aferrado a este texto muestra su rechazo a todos los discursos programáticos que quieren ocultar nuestra ignorancia. Así, en un sermón sobre II de Crónicas, llama la atención sobre el hecho de que estas palabras son dichas por un general antes de la batalla, precisamente en el momento en que uno espera el discurso contrario, el discurso del que dice saber lo que hay que hacer, del que tiene «planes, programas y decisión» —precisamente ahí, en lugar de dar un discurso programático, su discurso se transforma en oración: no sabemos qué hacer, pero nuestros ojos están vueltos hacia ti. Nosotros, por el contrario, acostumbramos transformar «las oraciones en programas, las súplicas en órdenes», no excluimos a Dios, pero le decimos «sabemos qué hacer, pero *además* nuestros ojos están vueltos hacia ti»[275].

Junto a esto hay que tener en mente un hecho biográfico: mientras Bonhoeffer escribe esta parte de la *Ética*, está colaborando en la planificación de un golpe de Estado contra Hitler, lo que indudablemente acentúa en este momento su sensibilidad ante las situaciones de excepción. «Hay situaciones de excepción —escribe—, no puede haber duda alguna respecto del hecho de que tales situaciones existen»[276]. Bonhoeffer lo recalca, porque se ve enfrentado de modo masivo a una mentalidad acostumbrada a ver la vida moral como mero cumplir con el propio deber. En concreto, los grupos militares, que eran los únicos capaces de realizar el golpe de Estado contra Hitler, dudaban sobre si esto no constituiría una violación de sus deberes profesionales. Contra esta mentalidad Bonhoeffer escribe que sólo realizará lo debido el que «no tiene a su razón, a sus principios, a su conciencia, a su libertad o a su virtud por último parámetro, sino que está dispuesto a sacrificar todo esto cuando en fe y en sola dependencia de Dios es llamado a un acto obediente y responsable; el responsable, cuya vida no es nada

---

[274] DBW VI, 220-221.
[275] DBW XI, 417-418.
[276] DBW VI, 273.

sino una respuesta a la pregunta y al llamado de Dios. ¿Dónde están estos responsables?»[277]. En este tipo de textos es la respuesta ante la situación de excepción más que ante los deberes comunes y corrientes lo que domina las reflexiones de Bonhoeffer sobre la responsabilidad.

Pero también aquí Bonhoeffer intenta delimitarse respecto de corrientes extremas en distintas direcciones. Se trata ante todo de alejarse de versiones maximalistas y minimalistas de la responsabilidad. Podríamos sintetizarlo muy brevemente diciendo que las versiones maximalistas de la responsabilidad intentan atribuirnos una suerte de responsabilidad total por el futuro de la humanidad, lo que teológicamente se podría expresar diciendo que debemos construir el reino de Dios en esta tierra; las versiones minimalistas, en tanto, nos harían responsables sólo por lo que técnicamente es de nuestra competencia o lo que queda dentro de nuestra esfera profesional. Bonhoeffer pone el ejemplo de pastores que no alzaban la voz ante el régimen nacionalsocialista hasta que no fuera afectada su propia iglesia local: no callaban por miedo —pues una vez afectada su iglesia se mostraban como tremendamente valientes—, sino por una comprensión estrecha de la responsabilidad. Ante ambas tendencias Bonhoeffer se pregunta: «¿Debo levantarme en entusiasmo impotente contra toda la injusticia y miseria del mundo, o puedo cobijarme en mi espacio seguro, dejando que el perverso mundo siga su curso, habiendo hecho mi parte y no pudiendo hacer nada más?»[278]. Su punto de partida al responder a estas preguntas es oponerse en primer lugar a las versiones maximalistas de la responsabilidad: «La responsabilidad es limitada. Nadie tiene la responsabilidad de convertir el mundo en reino de Dios. [...] Toda vulneración de este límite conduce a la catástrofe»[279]. De este modo, a la acción responsable no siempre se le puede pedir el último paso, sino que tiene que ir paso a paso, «preguntando por lo posible y dejando así el último paso y la última responsabilidad en las manos de otro»[280].

---

277 DBW VIII, 23.
278 DBW VI, 289.
279 DBW VI, 224.
280 DBW VI, 224.

La acción responsable es pues una acción limitada en su alcance. Bonhoeffer la llama en consecuencia «un actuar conforme con la realidad». Pero también aquí es necesaria una precisión. Pues bajo el título de «realismo» circulan en el mercado mercancías muy distintas. Bonhoeffer se cuida aquí de distanciarse de lo que llama el «falso realismo» de la política moderna. Es fácil comprender qué entiende bajo eso, pues él mismo se refiere a la teoría moderna del Estado tal como se ha desarrollado desde Maquiavelo. «Bajo la excusa de un sobrio reconocimiento de la realidad aquí se pone como esencia y meta de todo actuar político en la historia la autoafirmación, a la cual se debe subordinar todo»[281]. Una vez más será útil para la comprensión el detenernos en algunas palabras concretas de *El príncipe*. En el capítulo 15 de la obra, Maquiavelo da origen al «realismo» que aquí está criticando Bonhoeffer. «Hay tanta diferencia —escribe Maquiavelo— de cómo se vive a cómo se debe vivir, que quien deja lo que se hace por lo que se debería hacer, aprende más bien su ruina que su salvación»[282]. Este «realismo» consiste simplemente en aceptar que los hombres son malos, no preguntarnos cómo deberían ser, simplemente desarrollar estrategias para tener éxito en medio de eso (y la principal de dichas estrategias es ser capaz de ser malo uno mismo). Bonhoeffer se aleja de esto declarándolo como algo «doctrinario y en verdad profundamente ajeno a la realidad»[283]. El realismo del que actúa responsablemente no es el realismo consistente en rendirse ante la realidad con ese tipo de «reconocimiento» del egoísmo como único motor de la vida humana. «Reconocimiento de lo fáctico y oposición a lo fáctico se encuentran indisolublemente unidos en el genuino actuar conforme a la realidad»[284]. Reconocimiento de lo fáctico y resistencia ante ello... es una especie de divisa de Bonhoeffer, que es lo que llevaría a su editor a titular la obra póstuma *Resistencia y sumisión*. Ya una década antes Bonhoeffer usa la pareja de términos en un

---

[281] DBW VI, 238.
[282] Maquiavelo, *El príncipe* cap. 15.
[283] DBW VI, 238.
[284] DBW VI, 261.

comentario a las tentaciones de Jesús: «En la tentación concreta del cristiano siempre se trata de distinguir la mano de Dios y la mano del diablo, para poder practicar resistencia y sumisión en el lugar correcto»[285].

Pero junto al hecho de que «el actuar conforme con la realidad está limitado por nuestro carácter de criaturas»[286], Bonhoeffer acentúa que hay otros sentidos en que no es limitado. No es limitado en el sentido de que no debe involucrar sólo una parte de nuestro ser, ni se apoya en el conocimiento de sólo una parte de la realidad: «Dentro de estos límites la responsabilidad abarca la totalidad de la realidad. No pregunta sólo por la buena voluntad, sino también por el buen resultado de la acción; no pregunta sólo por el motivo, sino también por el objeto, y así busca conocer la totalidad de la realidad dada en su origen, su esencia y su meta»[287]. Esta misma conciencia de que «existe tanto una falsa y una correcta limitación como una falsa y una correcta ampliación de la responsabilidad»[288] la veremos en las reflexiones de Bonhoeffer en torno al lugar de la responsabilidad: el propio trabajo.

El luteranismo tradicionalmente ha asignado un valor casi religioso al propio trabajo: la vocación, el llamado, son términos que se aplican no sólo a tareas espirituales, sino al propio oficio en el mundo, conforme a eso de que «cada uno permanezca en la condición en que fue llamado» (I Co. 7:20). Pero Bonhoeffer no se concentra en cómo esto era comprendido por la generación de los reformadores protestantes, sino en la forma que había adoptado en el protestantismo liberal del siglo XIX, para el cual —al menos según la descripción de Bonhoeffer— el llamado, la vocación, la responsabilidad, *se agotan* precisamente en el cumplimiento de los propios deberes profesionales. Lo que Bonhoeffer afirma contra eso es simplemente el hecho de que el llamado de Cristo ciertamente incluye eso, pero no se agota ahí: «No es en el fiel cum-

---

[285] DBW XV, 390-391.
[286] DBW VI, 267.
[287] DBW VI, 267.
[288] DBW VI, 294-295.

plimiento de sus deberes terrenales como ciudadano, trabajador o padre de familia que el hombre cumple con la responsabilidad que le ha sido impuesta, sino en el oír el llamado de Cristo, que ciertamente lo conduce a estos deberes, pero que jamás se agota en ellos»[289]. «Dos errores cargados de consecuencias son así descartados: el error monacal y el del protestantismo cultural. [...] De este modo la tarea que me impone mi trabajo es limitada, pero al mismo tiempo la responsabilidad ante el llamado de Jesucristo rompe todos los límites»[290]. ¿Pero qué significa esto en concreto? ¿Significa que el llamado de Cristo siempre me llevará a romper los límites del propio trabajo para hablar sobre cosas respecto de las que no tengo competencia? Bonhoeffer se resiste a dar una respuesta categórica a ese tipo de preguntas. Lo que le interesa es mantener abierto el límite contra una falsa limitación.

Corresponde hacer una observación final sobre el lugar que cabe a la responsabilidad. Desde luego es natural que el llamado a la responsabilidad constituya una parte importante de la exhortación moral concreta: que esperemos que un hombre responda por sus actos. Pero eso es muy distinto a suponer que la responsabilidad sea uno de los elementos fundacionales de la moralidad. Tal idea parece más bien cercana a la tendencia a querer subsumir toda la vida moral bajo las condiciones de la «situación de excepción», haciéndonos creer que en ningún campo tenemos algo a qué aferrarnos, que siempre queda sólo un obrar desde la «responsabilidad». Pero con todo su énfasis en que hay situaciones de excepción, Bonhoeffer se opone asimismo al intento por regularlas, convirtiéndolas así en norma: precisamente porque son de excepción «no pueden ser abarcadas por ninguna ley ni pueden llegar jamás a constituir ley»[291]. Visto este lado de su pensamiento moral, y vistas antes sus reflexiones sobre la ley, conviene ahora preguntarnos de qué modo se encuentra esto unificado.

---

[289] DBW VI, 291.
[290] DBW VI, 291-292.
[291] DBW VI, 273.

La mirada moral: prudencia y sencillez

En algunas (pocas) exposiciones del pensamiento moral de Bonhoeffer predomina la idea de que él sería ante todo un predicador de la ley y el orden[292], mientras que (numerosas) otras quieren hacer girar su pensamiento ético sólo en torno a la noción de responsabilidad[293]. Esto es en parte explicable por tensiones no del todo resueltas en su *Ética*. Clifford Green ha resumido esto en el hecho de que la *Ética* estaría guiada por una doble tendencia: por una parte sería una «ética del tiranicidio» (principal excepción a la que se enfrenta Bonhoeffer) y por otra una «ética de la vida diaria»[294]. Esto me parece una correcta descripción de los dos enfoques dominantes de la *Ética*. Pero tal aproximación tiende a generar la impresión de que se trata de dos modos distintos de aproximarse a la realidad, que necesitaríamos un tipo de principios para regir nuestra vida en situaciones normales y otro tipo de principios para lidiar con situaciones extremas. ¿Es así? ¿No es posible que de una misma raíz salga tanto la «vida diaria» como el «tiranicidio»? Para mostrar cómo puede haber unidad personal en esa tensión conviene preguntarnos qué es lo que Bonhoeffer ve como lo propio de la mirada moral.

Calificar a tal o cual hombre de malo, calificar a tal otro de bueno: hacer eso es algo difícil en el protestantismo, pues parecería una negación del hecho de que *todos somos malos*. Pero es contra este tipo de generalización que en gran medida reclama la *Ética* de Bonhoeffer: «Sobre la conversión de un hombre bueno a Cristo ya no sabemos decir nada», se queja[295]. Bonhoeffer incluso se atreve a hacer una generalización histórica bastante osada: «Otros tiempos han experimentado que los malos se dirigían a Cristo mientras que los buenos lo abandonaban. Nosotros en cambio vivimos en tiempos en que los buenos lo vuelven a encontrar mientras que

---

[292] Es el recurrente discurso en Huntemann (1989).
[293] Al respecto véase los textos citados en la introducción.
[294] Green (2002).
[295] DBW VI, 351. También se encuentran textos en sentido distinto, pero me parece que son sobredimensionados por Green como único eje.

los malos se cierran a él»[296]. Pero esta manera de hablar supone que seamos capaces de hablar del bien, de calificar a alguien de bueno, también cuando reconocemos nuestra total precariedad ante Dios. Bonhoeffer habla así de recuperar la sensibilidad por las «diferencias relativas» dentro de la general y aparentemente uniforme «noche del pecado»: «Como ante la luz de la gracia todo lo humano-natural se hunde en la noche del pecado, ya no nos hemos atrevido a atender a las diferencias relativas dentro de lo humano-natural, por miedo a que así la gracia deje de parecer gracia»[297]. Al resultado de esa predicación de la gracia Bonhoeffer lo llama «predicación *estática* de la gracia». Una predicación de la gracia que no sea estática sólo se encuentra donde se ha vuelto a atender a las «diferencias relativas» de bondad y maldad entre los hombres.

¿Pero dónde radica la importancia de estas «diferencias relativas»? Bonhoeffer afirma que «donde ya no se distingue más entre "bien" y "mal", ahí se añade un obstáculo ulterior a la venida de Cristo, además de la ya existente pecaminosidad y perdición del mundo»[298]. ¿Qué puede querer decir esto? Hay algunos textos similares en que Bonhoeffer habla también sobre obstáculos a la venida de Cristo: «Existe una profundidad de la esclavitud humana, de la pobreza humana, de la ignorancia humana, que obstaculiza la venida de Cristo en gracia»[299]. No le parece pues indiferente a Bonhoeffer en qué estado nos encuentra la gracia: «Al que está en extrema vergüenza, abandono, pobreza, desamparo, le será difícil creer en la justicia y bondad de Dios; será difícil oír con fe los mandamientos divinos al que vive en desorden e indisciplina; le será difícil a los saciados y poderosos comprender la gracia divina»[300]. Conviene detenerse en este punto, para entender bien lo que Bonhoeffer intenta decir. Que nuestra maldad pueda constituir un obstáculo a la venida de Cristo puede sonar extraño, ya que en principio uno

---

[296] DBW VI, 350.
[297] DBW VI, 164.
[298] DBW VI, 158.
[299] DBW VI, 153.
[300] DBW VI, 155.

esperaría lo contrario: vino porque somos malos, y los hombres particularmente malos parecen ser quienes a veces con mayor facilidad lo reciben. Pero el punto que Bonhoeffer intenta recalcar como contraparte de eso es igualmente relevante: un *hombre*, relativamente malo o muy malo, bien puede recibir a Cristo; pero si el hombre es degradado en máquina, en objeto, en mercancía, ahí esto ya no es tan fácil. Casi hay que volver a convertirlo en hombre, aunque sea en hombre malo, para que desde ahí pueda dirigirse a Cristo. Tiene pues sentido atender a las diferencias relativas dentro de la humanidad caída: tiene sentido hablar de «humanidad» y «bondad».

Esto explica la constante preocupación de Bonhoeffer por la actitud de masa. Ya hemos visto algo de eso en su novela. Es en gran medida ante ese trasfondo que hay que ver algunas observaciones de la *Ética* sobre la importancia de la racionalidad práctica o prudencia. «Sólo puede mantenerse en pie quien logra unir la sencillez *(Einfalt, candidez, ingenuidad)* a la prudencia. ¿Pero qué es la sencillez? ¿Qué es la prudencia? ¿Cómo se unen? Sencillo es quien en medio de la distorsión, de la confusión y de la tergiversación de todos los conceptos mantiene la mirada en la sencilla verdad de Dios, quien no es un *dipsychos*, un hombre de dos almas (Stg. 1:8)»[301]. Asimismo Bonhoeffer puede escribir en *Resistencia y sumisión* que ha llegado a comprender por qué la ética aristotélico-tomista tiene a la prudencia por una de las virtudes cardinales, «pues prudencia y estupidez no son éticamente indiferentes»[302]. Bonhoeffer contrasta esto con numerosos otros modelos éticos. No tanto con otras filosofías morales, sino con actitudes morales características: así por ejemplo la de quienes son ante todo cumplidores del deber, pero que al final «acaban cumpliendo su deber también para con el diablo», la de una virtuosidad privada que busca no mancharse con el mundo, la de la mera apelación a la propia conciencia o a la propia libertad, o la del fanatismo moral, que Bonhoeffer caracteriza no por la radicalidad de sus convicciones, sino

---

[301] DBW VI, 67.
[302] DBW VIII, 29.

por perder de vista el todo del mal, ocuparse de lo no esencial, y así, cual toro, dar en el paño rojo en lugar de al torero, cayendo en la trampa del más astuto enemigo[303]. Contra todo eso es que Bonhoeffer opone que «sólo un sencillo estar en la verdad de Dios y una mirada que en relación a esta verdad se ha vuelto prudente e ingenua, sólo eso permite experimentar y conocer la realidad ética»[304]. Las actitudes de radicalismo o compromiso que hemos discutido antes son simplemente la negación de esto: «El radicalismo odia la prudencia, el compromiso odia la sencillez»[305].

Cuando Bonhoeffer mismo dice que lo propio de una mirada moral es la conjunción de «prudencia» y «sencillez», tenemos en ello un buen centro desde el cual unir el énfasis respectivo de las dos tendencias que nombrábamos al comenzar esta sección, la ética de la vida diaria y la de situaciones extremas. Veremos a continuación cómo en distintos problemas concretos se expresa todo este espíritu de «prudencia y sencillez», de «resistencia y sumisión», de aceptación de la realidad sin que eso constituya mera resignación, de actuación conforme a la creación divina pero orientada hacia el futuro.

---

[303] DBW VI, 64-65; de modo casi idéntico en DBW VIII, 21-22.
[304] DBW VI, 64.
[305] DBW VI, 148.

El mundo de Bonhoeffer

Al entrar en este capítulo mantenemos cierta continuidad con las ideas del anterior. Pero lo que ahí discutíamos en un plano más general, aquí se concreta en torno a algunos problemas prácticos. En primer lugar nos detendremos ante lo que Bonhoeffer llama «mandatos» (1). Bajo este tópico veremos sus observaciones sobre el matrimonio (1a), el trabajo (1b) y el lenguaje (1c). En relación a esto también será conveniente ver qué piensa Bonhoeffer sobre la autonomía de las distintas áreas de la vida (1d). Vistos dichos temas nos podremos concentrar más directamente en la estructura de la sociedad tal como la veía Bonhoeffer (2). Esto lo haremos en varios pasos. Así partiremos por la idea de una nueva élite (2a), para dirigir luego la mirada a la filosofía de la sospecha (2b) y a algunas observaciones sobre el poder (2c). Tras tratar brevemente sobre la libertad (2d), acabaremos esta sección tratando sobre el pacifismo y la vinculación de Bonhoeffer con la conspiración (2e). Dados estos pasos podremos dirigir nuestra mirada al punto en que todo esto se vuelve más agudo: la relación del cristianismo con la política (3). Aquí atenderemos en primer lugar a la idea de política cristiana (3a), luego a la idea de dos reinos (3b), a la distinción entre ley y evangelio (3c) y finalmente a la inquietud de Bonhoeffer por un mandamiento concreto (3d).

1. Los «mandatos»

Hemos visto que Bonhoeffer busca distanciarse en ciertos puntos de algunas teologías de los órdenes de la creación, por ejemplo a través de su temprana fórmula sobre «órdenes de conservación con miras a Cristo». Pero al mismo tiempo hemos visto que conserva elementos de una teología de los órdenes. En su *Ética* volverá a clarificar su posición, y nuevamente mediante un cambio terminológico: hablará ahora no ya de «órdenes», sino de «mandatos». El siguiente texto de Lutero sobre los tres órdenes, gobiernos o estamentos nos servirá para introducir la materia:

> El primer gobierno es el del hogar, que es de donde viene la gente. El segundo es el del Estado, esto es, el país, el pueblo, los príncipes y señores, aquello que llamamos gobierno temporal. Entre estos dos gobiernos está abarcado todo: hijos, propiedad, dinero, animales, etc. *El hogar debe producir; la ciudad, en tanto, tiene que guardar, proteger y defender.* Tras eso sigue lo tercero, el hogar y ciudad del mismo Dios, la Iglesia, que recibe gente del hogar, y que debe recibir protección de parte del Estado. Estas son las tres jerarquías ordenadas por Dios. [...] Estos son los tres elevados gobiernos divinos, las tres leyes divinas, naturales y temporales de Dios[306].

Lutero, aquí y también en otros textos, usa una serie de términos distintos para referirse a estas realidades: las califica como «órdenes», «jerarquías», «estados», etc. Y con estas clasificaciones no está siendo radicalmente innovador, sino retomando (y en parte modificando) la tradición medieval de dividir la ética en individual («monástica»), familiar («economía») y política[307]. Lo que Bonhoeffer escribe sobre los mandatos en gran medida puede ser entendido como una simple reformulación de este conjunto de sobrepuestas tradiciones. Así, él mismo remite a términos como «órdenes» *(Ordnungen)*, «estamentos» *(Stände)* y «oficios» *(Ämter)* como conceptos equivalentes de lo que va a tratar como mandatos[308]. No los usa, porque considera que en la teología de sus contemporáneos tienen una carga que puede llevar a diversas interpretaciones erróneas; pero

---

[306] Lutero, WA 50, 652. Mi cursiva.

[307] Véase, por ejemplo, Tomás de Aquino, *S. Th.* II-II, q.47, a.11.

[308] La traducción de estos términos, salvo el caso de los estamentos, presenta ciertas dificultades. «Ordenación» es también una buena traducción de *Ordnung*, y *Amt* podría ser traducido también como «función», «cargo» o «ministerio».

no está rompiendo con lo que la tradición ha designado con dichos términos, sino buscando «mediante una aclaración de la materia, contribuir a una renovación y recuperación de los antiguos conceptos de orden, estamento y oficio»[309].

¿Qué enseña específicamente Bonhoeffer sobre esta materia? Es relevante no confundir «mandatos» *(Mandate)* con «mandamientos» *(Gebote)*, ya que con «mandatos» Bonhoeffer designa no sólo algo por hacer, sino estructuras institucionales. Por otra parte, lo que quiere expresar con este cambio terminológico de «orden» a «mandato» es el carácter de tarea que tienen estos órdenes o estructuras institucionales. Además se puede notar un cambio en los contenidos respecto de textos más tempranos: si antes incluía al propio pueblo en la enumeración de estos mandatos, ahora resultan estrictamente reducidos a cuatro: matrimonio, trabajo, iglesia y autoridad política[310]. Y la polémica contra los que buscan identificar el mandato divino a partir de una determinada «hora» o «destino» de un pueblo continúa también en la *Ética*: los mandatos, escribe, no son «fuerzas históricas»[311], «no han nacido de la historia, no son poderes terrenales»[312]. Sobre dos de estos mandatos, Iglesia y Estado, trataremos más adelante. Aquí corresponde concentrarnos en los otros dos, matrimonio y trabajo, bajo los cuales cabe lo que se suele designar como la sociedad civil.

La importancia conjunta de dichos dos mandatos puede ser comprendida si situamos las ideas de Bonhoeffer en el contexto más amplio de la reflexión social de las distintas tradiciones cristianas en respuesta a los desafíos de la modernidad. Pues el énfasis puesto en la autonomía de la familia y del trabajo, en su condición de mandatos divinos con un valor independiente del que les pueda conferir el Estado, pretende por supuesto ser una respuesta tanto al individualismo como al colectivismo. Lo que está

---

[309] DBW VI, 394.
[310] En la *Ética* ver especialmente DBW VI, 54-60 y 392-397; también el estudio sobre ethos material y personal en DBW XVI, 524-526.
[311] DBW VI, 392.
[312] DBW VI, 394.

en cuestión es pues el reconocimiento de que hay, dentro de la vida política, ciertas realidades inviolables: con «mandato», escribe Bonhoeffer, se designa «la concesión de autoridad divina a una instancia terrenal»[313]. Así, aunque la autoridad del gobernante venga de Dios, también la autoridad de los padres, por ejemplo, viene del mismo Dios; y es por tanto con justicia que defienden su campo de la intromisión de la autoridad política. Este género de reflexión, no sólo respecto de la familia, sino respecto de todos los cuerpos intermedios que se encuentran entre ella y el Estado, por supuesto no es exclusiva de Bonhoeffer, sino algo que simultáneamente se encuentra en diversas tradiciones cristianas. La doctrina social de la Iglesia Católica se hace cargo de este mismo problema al tratar sobre el valor de los cuerpos intermedios y el principio de subsidiariedad[314]. Y también el movimiento conocido como «neocalvinismo» persigue este fin al hablar sobre una «soberanía de las esferas»[315]. Naturalmente se trata en gran medida de un argumento antitotalitario: se trata del reconocimiento de áreas de la vida no sujetas a la acción directa de la autoridad política. Es en estas áreas donde se despliega la «subjetividad creativa del ciudadano», por ponerlo en palabras de Juan Pablo II[316]. Es el hogar, escribe Lutero en el mismo sentido, el que debe producir; «la ciudad, en tanto, tiene que guardar, proteger y defender». La autoridad política no tiene pues una tarea creativa que desempeñar en los cuerpos intermedios, sino la tarea de reconocer algo dado de antemano por Dios y desarrollado creativamente por las personas; la autoridad —volviendo ahora a palabras de Bonhoeffer— tiene respecto de los otros mandatos «algo que reconocer, no algo que fundar»[317].

---

[313] DBW VI, 393.

[314] Véase el *Compendio de la doctrina social de la Iglesia*, cap. 4. Los paralelos que aquí establezco entre Bonhoeffer, el neocalvinismo y la doctrina social católica son tentativos. Supongo que un estudio detenido sacaría a la luz algunas diferencias, pero también muchos otros puntos importantes de contacto.

[315] Véase, por ejemplo, Kuyper (1998:461-490). Para una comparación entre Kuyper y Bonhoeffer —que se podría hacer extensiva a otros puntos—, cf. Dekker y Harinck (2007).

[316] *Compendio de la doctrina social de la Iglesia*, p. 185.

[317] DBW 16, 525.

No es pues de extrañar que, aunque sean cuatro los mandatos considerados por Bonhoeffer, trate de modo distinto los dos de los que aquí nos ocuparemos. Es respecto de ellos, trabajo y matrimonio, que afirma que la autoridad «encuentra, en el mundo que le toca gobernar, los *dos* mandatos por los que el Creador ejerce su poder y a los que ella por lo mismo está necesariamente orientada. La autoridad no está ella misma llamada a crear vida o valores, no es creativa [*schöpferisch*, creadora], sino que mantiene lo creado en el orden que le es propio por mandato divino, lo protege, en la medida en que genera derecho en reconocimiento de los mandatos divinos»[318]. ¿Pero por qué escoge Bonhoeffer precisamente «matrimonio» y «trabajo» de todas las realidades humanas que podría haber escogido? No se trata con ello de una reducción, sino de una concentración: bajo «matrimonio» trata también su consecuencia, la vida; y bajo «trabajo» abarca en realidad la totalidad de la vida de los cuerpos intermedios, la totalidad de la vida económica, científica, artística, etc.[319] En otros textos, en efecto, usa el término «cultura» para designar lo que aquí llama «trabajo». Aquí sí corresponde la «creatividad»: la creación de nueva vida en el caso del matrimonio, la creación de vida intelectual o económica en las distintas formas de trabajo; o, en la terminología que usa Bonhoeffer, «la creación de nueva vida en el matrimonio y la creación de nuevos valores en el trabajo»[320]. Así, es a la totalidad de estos campos que se debe aplicar la idea de que la autoridad política posee una importancia regulativa, pero no constitutiva, y la convicción de que «si bien estos campos se encuentran bajo la vigilancia y en ciertos límites bajo la dirección de la autoridad, ella jamás debe ser el sujeto de estos campos de trabajo»[321]. Con ello Bonhoeffer no

---

[318] DBW VI, 58-59.

[319] El párrafo correspondiente de la *Ética*, DBW VI, 59, no permite ver esto, pues simplemente se refiere al trabajo, sin indicar todo lo que sintetiza bajo este término. En el "Informe teológico sobre Iglesia y Estado", DBW XVI, 526, afirma en cambio que «bajo trabajo se entiende todo el campo desde la agricultura hasta la economía y desde la ciencia hasta el arte».

[320] DBW XVI, 526. De ningún modo se puede entender esto como la creación de nuevos «valores morales», pues tal creación no sólo estaría en contradicción con el pensamiento de Bonhoeffer, sino también con su lenguaje, en el que la palabra «valores» jamás aparece asociada a la moralidad.

[321] DBW XVI, 526.

sólo reacciona ante un mal de su propio tiempo. Es una característica de los tiempos de Bonhoeffer, tanto como de los nuestros, el que se espere de los gobiernos «creatividad». Se ve en la misión de los mismos no tanto el resguardo de ciertas libertades laboriosamente adquiridas, sino la creación de un «hombre nuevo» o de una sociedad nueva. Rara vez se ve el peligroso potencial de este deseo; pero Bonhoeffer, puesto ante una forma extrema de esta tendencia, pudo verlo. Así es como en numerosas referencias al papel del gobierno utiliza una fórmula muy sencilla: «La autoridad conserva lo creado en su orden, pero no genera ella misma vida»[322]. Lejos de sumir todas las esferas de la vida humana bajo su control, para así crear algo nuevo, lo que corresponde a la autoridad es una cuidadosa actitud de preservación. ¿Preservación de qué? A dichos órdenes nos dirigimos a continuación.

El matrimonio

«En los últimos años he tenido que escribir cartas por la boda de uno que otro de nuestros hermanos, y también he tenido que predicar en algunas de esas ocasiones. Para mí lo central en esos momentos siempre fue que alguien se estuviera atreviendo, en estos "últimos tiempos" (no crea que lo pienso tan apocalípticamente), a dar un paso de semejante afirmación de la tierra y del futuro de la misma. En esos momentos para mí siempre se tornó evidente que como cristiano sólo se puede dar ese paso con una fe muy firme y con la mirada puesta en la gracia. En medio del hundimiento de todas las cosas se busca construir, en medio de la vida, hora a hora, día a día. Se busca un futuro precisamente cuando estamos siendo expulsados de la tierra; se busca un espacio en medio de la miseria general —se busca algo de felicidad. ¡Y que Dios diga que sí a este curioso deseo nuestro, que su voluntad se una a la nuestra, cuando parece que debiera ser al revés! Así el matrimonio se convierte para nosotros en algo completamente nuevo, enorme, glorioso —para nosotros que queremos ser cristianos en Alemania»[323]. Así escribe

---

[322] DBW XVI, 524.
[323] DBW XVI, 206-207. Carta del 21.09.1941.

Bonhoeffer en 1941 a su amigo suizo Erwin Sutz. El matrimonio, un camino de vida que parecía convencional, «conservador», se manifiesta así en la situación límite como lo más revolucionario. En cierto sentido se podría hacer un paralelo con el surgimiento del movimiento monacal, que en su momento fue una corriente contracultural: bajo condiciones actuales es el matrimonio el que va contra la corriente, el que, vivido íntegramente, constituye una ruptura con el mundo tan notoria como en otro tiempo lo fue el retirarse hacia la vida monacal.

También en carta de Bonhoeffer a su novia hemos visto un eco de esto, que «nuestro matrimonio tiene que ser un sí a la tierra de Dios»[324]. En *Creación y caída*, en tanto, veía precisamente el mandato de multiplicarnos como la afirmación divina del valor de lo terrenal. Así no extrañará que Bonhoeffer, precisamente desde su valoración de la «mundanidad», considere el matrimonio entre los «mandatos». ¿Pero qué implica esto? En respuesta a la política nacionalsocialista contra los matrimonios racialmente mixtos Bonhoeffer trata por ejemplo con especial extensión el derecho a elegir el propio cónyuge[325]. Bonhoeffer fundamenta su oposición en que el matrimonio es anterior a los restantes órdenes humanos, anterior a su división en distintas religiones o distintas razas: como «el matrimonio es el más antiguo de todos los órdenes humanos, no puede ser condicionado por los restantes»[326]. Así su polémica se extiende no sólo contra la prohibición de matrimonios mixtos por motivos raciales, sino también a la prohibición de los matrimonios mixtos por motivos religiosos. Este punto puede servir para constatar lo propio de su posición. Pues hoy el énfasis en el derecho a elegir el propio cónyuge es vinculado más bien a una comprensión del matrimonio como fundado y sostenido por el amor, o como algo que sólo se mantiene en pie en tanto se mantiene en pie el amor. Pero Bonhoeffer no está pensando en estos términos, sino justamente en términos de defensa de las instituciones, de la

---

[324] Bonhoeffer/von Wedemeyer (2004:38).
[325] DBW VI, 200-201.
[326] DBW VI, 201.

institución que mantiene en pie al amor. El más elocuente texto al respecto se encuentra en *Resistencia y sumisión*, en un sermón enviado clandestinamente desde la cárcel para la boda de su amigo Eberhard Bethge. En medio del mismo encontramos la afirmación de que «el matrimonio es más que vuestro amor mutuo. Tiene una dignidad y un poder más alto; pues es una santa institución de Dios, por la que quiere conservar a los hombres hasta el fin de los días»[327]. Y, casi como si estuviera respondiendo directamente a la mentalidad antiinstitucional, prosigue afirmando que «tal como Dios es más elevado que el hombre, en la misma medida la santidad, el derecho y la promesa del matrimonio son más elevados que la santidad, el derecho y la promesa del amor. *No es vuestro amor el que mantiene en pie vuestro matrimonio, sino el matrimonio el que mantiene en pie vuestro amor*»[328]. Bonhoeffer expresa en esta frase como en ninguna otra el valor de lo que entiende por «mandatos». No es la autonomía de un amor romántico lo que levanta contra el totalitarismo, sino una vigorosa vida institucional. Se podría extender la analogía que hicimos líneas atrás, y decir que, tal como la vida monacal, el matrimonio no subsistirá por entusiasmo romántico, sino por una creativa combinación de disciplina, servicio, renuncia y discipulado. Y si eso vale para algo aparentemente tan «privado» como la defensa del matrimonio, hay que imaginar cuánto más vale para otras áreas de la vida humana.

Pero esta defensa de lo institucional, del mandato, puede parecer inquietante para algunos —y con toda razón. Al hablar sobre los mandatos mencionábamos que Bonhoeffer escoge este término para enfatizar el carácter de tarea de los órdenes. Sería pues erróneo entender esta defensa de lo institucional como mera defensa estática de los aspectos formales de una institución. Es más, lo entenderíamos de un modo fatalmente erróneo si llegásemos a pensar que con tal de estar en una de estas instituciones, dentro de uno de estos órdenes, ya estamos por buen camino. Lo que Bonhoeffer piensa al respecto queda claro en uno de sus comentarios

---

[327] DBW VIII, 75.
[328] DBW VIII, 75. Mi cursiva.

sobre la castidad: «Lo esencial en la castidad no es la renuncia al placer, sino la orientación completa de la vida en dirección a una meta. Donde esto falta, la castidad necesariamente se vuelve motivo de risa»[329]. Bonhoeffer escribe una vigorosa defensa del matrimonio, pero no es una defensa de este género de vida como isla que nos permita mantenernos a salvo, sino una defensa del matrimonio como una escuela de servicio en dirección a una meta; o, en palabras que nos permitan vincularlo con el resto de su pensamiento, el matrimonio como un modo de ser discípulos, con toda la entrega y renuncia que eso implica.

El trabajo

Bonhoeffer usa el término «trabajo» de modo coextensivo con «cultura»: ni reduce el «trabajo» al trabajo industrial o agrícola, ni reduce «cultura» a las bellas artes, sino que abarca la totalidad de esas actividades con cualquiera de los dos términos[330]. Son éstos los términos de los que se sirve para designar todo el actuar creativo del hombre: es eso lo que Bonhoeffer considera como un «mandato» específico, respecto del cual el Estado debe tener generalmente una tarea de mera conservación. ¿Qué aspectos de la vida humana son los que florecen mediante este tipo de actuar?

En *Vida en comunidad* Bonhoeffer resaltará del trabajo el hecho de que nos da objetividad. Se trata de un singular argumento: «El trabajo nos coloca en medio del mundo de las cosas»[331]. Esto podría ser entendido como algo negativo, como la afirmación de que el trabajo nos deshumaniza. Pero en cierto sentido es precisamente ahí que Bonhoeffer ve su virtud: «El trabajo pide de nosotros una obra. El cristiano es sacado del mundo de la comunión fraternal y puesto en el mundo de las cosas impersonales, del "ello", y este nuevo

---

[329] DBW VIII, 551.
[330] En DBW VI, 54-60, la primera explicación de los cuatro mandatos, lo llama «trabajo»; en la segunda explicación (DBW VI, 392-397) cambia por «cultura»; en *Resistencia y sumisión* (DBW VIII, 290-291) volverá a «trabajo».
[331] DBW V, 59

encuentro *lo libera para la objetividad*»[332]. «Objetividad» *(Sachlichkeit)* debe ser entendido aquí literalmente como una entrada al mundo de los objetos. Precisamente en esa aparente deshumanización del trabajo mecánico, de la regularidad, del dominio de una herramienta o de un arte, se produce una limitación del hombre por un objeto, y esa limitación nos humaniza: «La obra en el mundo sólo puede ser completada donde el hombre se olvida de sí mismo, donde se pierde en la cosa, en la realidad, en la tarea, en el "ello". En el trabajo el cristiano aprende a recibir un límite»[333]. Esta profunda relevancia moral del trabajo, que no sin motivo Bonhoeffer comenta precisamente en un tratado de espiritualidad, puede servir de trasfondo para comprender la importancia que da al mismo.

Con todo, también en Bonhoeffer hay advertencias en sentido contrario. Al comentar en prisión los primeros tres mandamientos escribe que «el decálogo no contiene ningún mandato de trabajar, y sí el mandato de descansar del trabajo»[334], y hace notar cuán difícil nos es entender que el día de reposo sea no sólo algo agradable, sino algo tras lo cual esté la seriedad del mandato divino: «Pero Dios sabe que la obra del hombre adquiere tal poder sobre él que no la puede soltar, que ve en ella tales promesas que olvida a Dios»[335]; difícilmente se podría negar que esta advertencia de Bonhoeffer es tan actual como en su tiempo.

Por otra parte, éste es un tema en el que —aunque sea por única vez en el presente libro— puede tener sentido realizar un contraste con la biografía de Hitler. Pues precisamente una de las cosas que éste rechazó desde un comienzo de su vida, fue la idea de tener que realizar algún normal trabajo burgués. Decidido a «dedicar mi vida completa al arte», rechazaba con desdén un oficio para ganar el pan. Y precisamente en esa incapacidad para el trabajo sistemático, en ese mundo de fantasías, de sueño con una existencia artística, es que se pierde la autolimitación que Bonhoeffer alaba en el trabajo. El

---

[332] DBW V, 59.
[333] DBW V, 60.
[334] DBW XVI, 670.
[335] DBW XVI, 670.

principal biógrafo de Hitler ve con claridad el nexo con lo que seguiría en su vida: «Sin ocupación, se ocupaba en realidad de todo; "el mundo —así aseguraba Hitler— tiene que ser transformado de principio a fin"»[336]. De la pérdida de una ocupación se sigue la idea de que respecto del mundo se tiene no una responsabilidad de conservación, sino una tarea creativa.

Flexibilidad y dureza de los mandatos: el ejemplo del lenguaje

Los «mandatos» nos han mostrado un Bonhoeffer que para algunos resulta tal vez demasiado estricto. Puede constituir así un alivio notar que, a pesar de todo el énfasis que pone en muchos de sus trabajos sobre estos mandatos, esto no constituye para él una teoría moral perfectamente acabada, sobre todo en lo que a su carácter sistemático se refiere, sino que en *Resistencia y sumisión* se plantea aún preguntas sobre la idea de los mandatos, por ejemplo en cuanto al mandato bajo el que cabría entender la amistad o la cultura: «No corresponden al campo de la obediencia, sino al campo de juego de la libertad, que rodea los tres campos de los mandatos divinos. Quien no sabe nada de este campo del juego puede ser un buen padre, un buen ciudadano y un buen trabajador, y seguramente también un cristiano; pero si acaso puede ser un hombre en sentido cabal (y así también un cristiano en sentido cabal), me parece cuestionable»[337]. Esto puede ser visto como algo típico de sus últimas cartas, que parecen respirar en todos los temas un aire de mayor libertad que el de sus escritos anteriores. Pero tal contraposición entre la «rigidez» temprana y la «libertad» del último tiempo sería también en este caso un engaño. Pues bien podría hablarse de una libertad que Bonhoeffer gana precisamente gracias a la rigidez de su visión de los mandatos.

Esto es particularmente notorio en su breve ensayo "¿Qué significa decir la verdad?" Tendremos ocasión más adelante de ver

---

[336] Fest (2007:55).
[337] DBW VIII, 291.

otros aspectos de este ensayo. Baste aquí con notar la siguiente observación de Bonhoeffer: que precisamente el contexto en el que aprendemos a decir la verdad, esto es, la familia, en la que esto nos es inicialmente inculcado, muestra cuánto depende el significado del precepto del lugar en el que estamos ubicados dentro de la realidad. Pues la veracidad del niño ante sus padres es esencialmente distinta de la que los padres deben tener ante él: «Mientras que el hablar del niño pone al descubierto todo lo secreto y oculto, no se puede sugerir nada semejante respecto de los padres»[338]. Porque los padres ciertamente tienen el deber de ser veraces con los hijos, pero dicha veracidad no consiste en poner todo al descubierto, no consiste en que sus vidas sean un libro abierto para los niños. Este énfasis de Bonhoeffer en respetar la realidad y en que, por tanto, decir la verdad no es poner siempre todo al descubierto, se vincula así directamente con su teoría de los mandatos, pues son ante todo éstos los que le sirven para explicar cómo está estructurada la realidad. Bonhoeffer discute como ejemplo principal el caso de un niño interrogado por su profesor ante la clase respecto de si su padre es alcohólico. Al niño le falta la experiencia necesaria para eludir la pregunta, y así muy probablemente responderá que no. «Con ello es verdad que su respuesta será falsa, pero al mismo tiempo expresará que la familia es un orden de naturaleza propia, en la que el profesor no estaba autorizado a entrometerse»[339]. Tales reflexiones, nacidas del hecho de que Bonhoeffer estaba sufriendo interrogatorios de la Gestapo, se vinculan directamente con su visión de los órdenes: «Cada palabra vive y está en casa en un determinado ambiente. La palabra en la familia es distinta a la palabra en la oficina o en la vida pública. La palabra nacida en el calor de la relación personal se enfría en la publicidad. La palabra de mandato, nacida en el servicio público, rompería en la familia el vínculo de la confianza. *Cada palabra debe tener y mantener su lugar*». La mentira no consiste simplemente en el enunciar algo falso, sino también en enunciar lo verdadero en un lugar incorrecto: «Cuando los distintos órdenes de la vida dejan de respetarse mutuamente, las palabras

---

[338] DBW XVI, 620.
[339] DBW XVI, 625.

se vuelven falsas»[340]. Tal afirmación es especialmente relevante, pues indica que el riesgo no es sólo la intromisión estatal en áreas de la vida que caen bajo los otros mandatos, sino que igualmente puede consistir en la violación de fronteras entre los otros campos, produciendo algo que podríamos llamar «totalitarismo civil». Precisamente el lenguaje es el elemento en el que esto puede ser más fácilmente constatado: «Que el límite entre las distintas palabras ya no sea percibido es una consecuencia del dominio de la palabra pública mediante la radio y el periódico»[341].

La autonomía de las esferas

La discusión sobre los mandatos nos ha puesto ante diversas esferas de la vida, y en la sección siguiente pasaremos a hablar de aquella esfera de la vida que intentó en un momento devorar a las otras: la política. Éste es por tanto un lugar adecuado para ver —antes de pasar a dicha esfera en concreto— qué pensaba Bonhoeffer respecto de la autonomía de dichas esferas. La cuestión está relacionada con temas que ya hemos discutido en partes anteriores de este libro. Se podría conectar, por ejemplo, con la idea de órdenes de la creación, y preguntar si éstos se rigen cada uno por leyes propias. Si Dios ha creado la familia o la nación como órdenes por los que mantiene en vida al hombre hasta el fin de los tiempos, ¿en qué medida puede decirse que dichos órdenes deban seguir cada uno sus leyes propias, en lugar de deber recibir orientación de parte de la Iglesia? Una respuesta a dicha pregunta resultaba urgente ante el nacionalsocialismo, pues por una parte con su noción de Estado total tendía a una violación de las leyes propias (si hay tal cosa) de los otros órdenes; pero por otra parte su ideología se basaba, entre otras cosas, en la idea de una «ley propia» de lo biológico, como un principio que no puede recibir ninguna regulación extrínseca desde una instancia superior. Y los teólogos de los «cristianos alemanes», por su parte, afirmaban que precisamente la fidelidad a Dios se manifesta-

---

[340] DBW XVI, 625.
[341] DBW XVI, 624.

ba en adherirse a las «leyes propias» de cada orden de la creación, como podrían ser la propia raza o nación.

Para entender lo que está en cuestión, conviene realizar una breve digresión histórica. El término que aquí he traducido como «leyes propias» es *Eigengesetzlichkeit*. Dicho término bien podría ser traducido como autonomía. *Autonomía* significa después de todo precisamente eso: regirse por *ley propia*. Pero *Eigengestzlichkeit* es el término con el que Bonhoeffer aborda este problema, y es un término mucho más recurrente que *Autonomie* en su *Ética*. En cualquier caso, el carácter sinónimo de estos dos términos nos indica que estamos, una vez más, ante uno de los temas centrales de la modernidad. Por tanto, podemos una vez más iluminarlo por referencia a ese radical pensador moderno que es Maquiavelo. En él encontramos de modo recurrente la idea de que la política tiene un fin propio, «conservar el Estado», distinto de los fines de otras actividades humanas y autónomo respecto de la moral. En muchas ocasiones, conservar el Estado pasará, por ejemplo, por actuar «contra la fe, contra la caridad, contra la humanidad, contra la religión»[342]. Para Maquiavelo esto no es un problema, precisamente porque considera la política como una esfera autónoma de actividad humana; si es así, es un error categorial el evaluarla con criterios morales. Que la política tenga ese tipo de autonomía nos puede parecer una idea brutal, pero haremos bien en recordar que con frecuencia no nos choca del mismo modo cuando la misma autonomía es reclamada por otras esferas de actividad humana. Si alguien dice, por ejemplo, que el arte es una actividad autónoma, que no es objeto de evaluación moral, esto rara vez nos escandalizaría. Este mismo tipo de autonomía es reclamado, en el curso de la historia moderna, por diversas esferas de actividad humana, defendiéndose de «invasiones» de la moralidad o de otras áreas, de un modo similar al que vemos operando en la política o el arte. Así Max Weber —tal vez el primer autor importante en haber usado el término *Eigengesetzlichkeit*— hablaba a comienzos del siglo XX de cinco áreas autónomas de actividad humana: política,

---

[342] Maquiavelo *El Príncipe* cap. 18.

economía, sexualidad, arte y ciencia. El cristianismo llamaría, según él, a una «ética de la fraternidad». Pero tal ética sería inaplicable a estos campos, que se deben regir por sus leyes propias. «La razón de Estado —escribe Weber— sigue hacia dentro y hacia fuera sus propias leyes»[343], y no está sujeta a una evaluación conforme a leyes distintas. Asimismo la economía, en la medida en que es economía moderna racional, se basa en «la lucha de intereses que surge entre las personas en el mercado»[344]: no puede por tanto tener punto de contacto con éticas fraternales donde regían normas como la prohibición del interés. Así, aunque haya una ética religiosa de la fraternidad que legítimamente se extiende a algunas áreas de la vida, no puede alcanzar aquellos campos en que la modernidad ha alcanzado un alto grado de desarrollo. En esos rigen sus leyes propias, leyes particularmente duras en el caso de la política y la economía, leyes particularmente blandas en el caso del arte y de la sexualidad[345]. Y con esta explicación no cabe la menor duda de que Max Weber ha articulado de un modo bastante acertado el modo en el que gran parte de la humanidad ve hoy las distintas esferas de actividad en las que se involucra.

En Bonhoeffer encontramos con frecuencia una crítica de este proceso. Pero la crítica va dirigida no contra la independencia que estos campos tienen unos respecto de otros, sino contra la independencia que reclaman respecto de la ley de Dios[346]. Esto se relaciona, por supuesto, con su crítica a la separación de la realidad en dos realidades, dos mundos distintos, uno en que rige la ley de Cristo y otro «mero mundo» que se rige por sus leyes propias. Con todo,

---

[343] Weber (1947:547).

[344] Weber (1947:544).

[345] En cierto sentido se podría decir que según Weber (1947:544-566) la política y la economía «se le escapan» a la religión por arriba, la sexualidad y el arte, en cambio, por abajo, por un déficit de posibilidad de regulación racional.

[346] Esto es clarísimo en DBW XVI, 557, texto en el que expresamente afirma que hay que rechazar la autonomía que estas esferas de actividad reclaman respecto de la ley divina, pero aceptar la autonomía que reclaman respecto de otras instancias terrenales. Naturalmente hay un sentido en que dicha afirmación es correcta, pero Bonhoeffer no parece consciente de la necesidad de precisar dicho sentido.

la escisión de la realidad en esferas de actividad autónomas podría ser objeto de una crítica más detenida que la que realiza Bonhoeffer. Para esto hay que preguntarse con qué fue que rompió el desarrollo moderno. A la luz de las críticas de Bonhoeffer, uno podría pensar que se trataba simplemente de una independencia de la actividad humana respecto de la ley divina. La modernidad sería entonces autónoma simplemente porque se rige por leyes humanas y no por leyes divinas. Pero es de primerísima importancia notar que éste no es el único punto, tal vez ni siquiera el más llamativo, del proceso que estamos evaluando. Lo que hay no es simplemente una declaración de independencia respecto de Dios, sino una escisión de la misma praxis humana en una serie de esferas autónomas unas respecto de otras.

En efecto, lo más típico de la concepción premoderna es ante todo que ve la praxis humana como algo que, si quiere ser logrado, será un todo unificado por la sabiduría práctica. Naturalmente hay técnicas, artes, que se rigen por leyes distintas de las leyes morales que dan forma a la sabiduría práctica. Pero también estas técnicas están integradas en el todo que es la vida práctica, y sobre esa vida práctica no decide la técnica. Pero además, precisamente la política no es una de esas técnicas con relativa autonomía respecto de la moral, sino que el saber político, en la medida en que pregunta por el bien común, está preguntando precisamente de modo completo por el bien del hombre. Se puede entender dicho esquema como dotado de cierta relativa autonomía respecto de Dios o respecto de la Iglesia; pero ciertamente no admite que las distintas áreas de actividad humana se entiendan como totalmente autónomas unas respecto de otras.

¿Qué ocurre, en cambio, en la versión moderna que hemos descrito con anterioridad? Las diversas áreas de actividad humana se declaran todas independientes respecto de Dios, las unas respecto de las otras, pero también respecto de cualquier idea de una sabiduría práctica —un saber moral, por decirlo así— que las englobe a todas. Ahora bien, si estas áreas reclaman para sí mismas autonomía respecto de tal saber, ello las llevará —aunque sea de modo involuntario— necesariamente a un segundo reclamo: a la pretensión de autonomía se sumará con necesidad la pretensión de supremacía. ¿Por qué? Porque la verdad es que nadie vive por separado en ninguno de esos campos de actividad, sino que nos encontramos con frecuencia en situaciones en las que tanto la economía como la ciencia, por ejemplo, tienen algo que decir sobre la acción que vamos a realizar. Si no hay por sobre de ellas un saber moral encargado de decidir entre los aportes de cada una, ambas tendrán que levantar la pretensión de ser la que decide. Cada una de estas áreas —y la lista dada por Weber es muy acertada—, si se declaran autónomas, levantarán la pretensión de ser lo que decide sobre la vida humana. La sexualidad tendrá que levantar la pretensión de ser más importante que la ciencia, la política, el arte y la economía; la economía tendrá que pensar lo mismo sobre las restantes, y así sucesivamente. Dado que el mundo en que vivimos efectivamente se caracteriza por esa pretensión simultánea de supremacía de diversas esferas autónomas de acción, y dado que saltan a la vista los problemas que se siguen de ello, hay razón de sobra para en este tema llevar la crítica más allá de donde la llevó Bonhoeffer. Dicho esto, podemos volver a su obra y a lo que él piensa sobre una de estas áreas.

2. La sociedad política

A pesar de la admiración que produce Bonhoeffer por su lucha contra el totalitarismo, es común que quienes lo leen atentamente lleguen en un determinado momento a considerar desconcertante la visión que él tenía de la sociedad. El modo en que la historia ha transcurrido con posterioridad a la Segunda Guerra Mundial nos lleva a imaginar el liberalismo político como el único contrario del totalitarismo —imaginamos lo que había entonces y lo que hay ahora como únicas alternativas—, y así se imagina a Bonhoeffer como una suerte de «teólogo de la democracia liberal». Pero en tal frase la única palabra adecuada debe ser «teólogo». Pues tal como el resto de los opositores al nacionalsocialismo, Bonhoeffer tenía una visión de la sociedad que se aleja marcadamente no sólo de la del nacionalsocialismo, sino también de la hoy dominante. La esperanza política de Bonhoeffer para la Alemania de posguerra la deja clara él mismo en carta a su amigo norteamericano Paul Lehmann: «Por lo que conozco Alemania será imposible restaurar ahí, por ejemplo, la total libertad de expresión, de prensa o de asociación. Algo semejante sólo volvería a arrojar a Alemania en el mismo abismo. [...] Espero que tengamos algo semejante a un Estado de derecho de carácter autoritario»[347]. También en su descripción de los «mandatos» Bonhoeffer subraya que están «constituidos por un "arriba" y "abajo" imposibles de eliminar»[348]. Y semejantes características «autoritarias» se puede encontrar en muchos otros lados de su pensamiento.

En todas estas afirmaciones, en toda esta visión jerárquica de la sociedad, Bonhoeffer no constituye excepción alguna, sino que habla con el mismo tono que el resto de la resistencia contra el nacionalsocialismo: se trata de una resistencia «sin el pueblo», obra sólo de un conjunto de individuos selectos, extremadamente escépticos respecto de las masas; de una resistencia compuesta por sectores militares y eclesiales, burgueses y socialistas, pero no liberales; de una resistencia que, fueran cuales fueran las causas que cada uno asignara, resumía bajo «masificación» todos los pecados del mundo moderno: atomización y colectivización de los individuos, materialismo, espíritu de gran ciudad, afán de carrera y publicidad. El tipo de sociedad que propugnaban los hombres de la resistencia ha sido muy criticado en las últimas décadas, puesto que no parece compatible con el ideal de sociedad que se tiene hoy[349]. Ante eso algunos intentan minimizar la cercanía de Bonhoeffer a tales ideas[350],

---

[347] DBW XVII, 138.
[348] DBW VI, 394.
[349] La mejor síntesis de la visión de sociedad de la resistencia alemana se encuentra en Mommsen (2000).
[350] Esta es la finalidad ante todo de la obra de Strohm, al cual los editores de DBW refieren con tal frecuencia que parece establecido como interpretación estándar. Su objetivo es demostrar que Bonhoeffer no pertenecería al mundo «nacional-conservador» del resto de la resistencia alemana (Strohm 1989:2), sino a una mentalidad «liberal-conservadora» (1989:346). Pero si bien es correcto que el elemento «nacional» desempeña un papel menor en Bonhoeffer, es difícil ver en qué sentido sería más acertado el adjetivo «liberal». Strohm se explica afirmando que bajo ello entiende no las tesis del liberalismo clásico, sino el reconocimiento de ciertos derechos del individuo no alienables por el Estado (1989:3). Pero precisamente dicha tesis no es patrimonio exclusivo del liberalismo, sino algo para lo

o bien afirman que eso está en tensión con sus ideas teológicas más profundas, tensión que Bonhoeffer no habría resuelto. Pero mucho más productivo es preguntarse qué lecciones se ocultan para nuestra sociedad tras esos elementos aparentemente incompatibles con ella. Veremos esto centrándonos en el deseo de Bonhoeffer por una «nueva élite», su comprensión del poder y la crítica de la «revolución desde abajo».

El «arriba», el «abajo» y la nueva élite

Como hemos podido ver ya en su novela, en Bonhoeffer es común la afirmación de que tiene que haber un «arriba» y un «abajo», de que «todo depende de que los indicados estén arriba»[351]. ¿Pero cuál es el sentido de este «arriba» y «abajo»? Que él hable así resulta hoy tan embarazoso para algunas personas, que tales palabras son o bien pasadas por alto, o bien se reducen todas las referencias a un «arriba» y un «abajo» a una cuestión teológica, sin relevancia para su pensamiento social[352]. Pero esto es tan recurrente en los escritos de Bonhoeffer, y en contextos tan poco teológicos, que tal explicación resulta insuficiente. Así Bonhoeffer critica en muchos textos decisivos toda noción de una autoridad proveniente desde el pueblo: «Rechazamos la herejía según la cual la voz de Dios es la voz del pueblo»[353], afirma formalmente en la confesión de Bethel. Si bien puede ser correcto que el sentido de estas afirmaciones no sea «esencialmente antidemocrático»[354], resulta asimismo evidente que la oposición de Bonhoeffer al nacionalsocialismo

---

que Bonhoeffer se puede apoyar —como de hecho lo hace— directamente en la tradición intelectual cristiana.

[351] DBW VII, 112.

[352] Esta es la salida que buscan los editores de su *Ética*. Tal idea —que lo de «arriba» sería sólo un modo enfático de defender la teología de la revelación de Barth— es incluso sostenida por Strohm (1989:134), a pesar de que en la obra del mismo queda suficientemente claro el sentido también político de esta pareja de términos.

[353] DBW XII, 374.

[354] Cf. Strohm (1989:134), quien intenta una interpretación lo más compatible posible con una democracia liberal.

no nace de ninguna «mentalidad democrática». En *Resistencia y sumisión* habla de «lo irrelevante que se ha vuelto bajo las presentes condiciones intentar averiguar qué es lo que piensa "el pueblo"»[355].

Ante todo, Bonhoeffer comparte con el resto de la oposición al nacionalsocialismo la recurrente idea de la necesidad de una nueva élite. En su propio entorno familiar había visto un modelo de élite que podría haber servido de contrapeso al nacionalsocialismo; pero al mismo tiempo vive con clara conciencia de que su familia constituye una excepción, en medio del colosal fracaso de las clases dominantes ante el nacionalsocialismo. Así, en la novela describe precisamente a estos grupos como «una masa de corruptos, ambiciosos, almas de lacayos, mezcla de adulación hacia arriba y brutalidad hacia abajo, grandes frases hacia fuera y putrefacción hacia adentro». Sus afirmaciones sobre la necesidad de una jerarquía no consisten pues en la defensa de un estático «arriba» y «abajo» en la escala social, sino en el rechazo de algo presente en todas las clases sociales, de una revolución de lo vil en todas ellas. Ante eso los pocos burgueses decentes, como su familia, y los pocos aristócratas con coraje que Bonhoeffer había conocido, no constituían un contrapeso suficiente; pero sí constituían un indicio de que podía existir una verdadera élite.

De todos modos esto podría sonar «paternalista», como un programa social consistente simplemente en que «la gente indicada» esté «arriba». Pero en Bonhoeffer las cosas no son tan simples. Eberhard Bethge ha llamado la atención sobre el singular hecho de que en todos los fragmentos literarios en los que Bonhoeffer lleva a un personaje a plantear la idea de una nueva élite, el personaje en cuestión es interrumpido, corregido o se le hacen al menos observaciones críticas. Hemos visto cómo una vez es interrumpido por la confrontación con la visión cristiana de la igualdad; en otra ocasión Christoph, el personaje con que más se identifica Bonhoeffer, se apasiona tanto con la idea de una élite, con la idea de que hay señores y esclavos, y que para los señores rigen reglas especiales,

---

[355] DBW VIII, 28.

que tiene que ser duramente interrumpido por el mayor del ejército, quien lo llama, si realmente tiene que ser duro, a al menos dejarse ablandar cada vez que sea posible[356]. Es fácil ver a Bonhoeffer dividido entre estos distintos personajes: pues está convencido de la necesidad de una élite, pero al mismo tiempo tiene a la vista cómo el nacionalsocialismo también, con todo lo que tiene de «revolución desde abajo», ha jugado con la idea de una nueva élite y ha desarrollado también una crítica de la actitud de «masa». Bonhoeffer mantiene, en consecuencia, el deseo de una nueva élite, pero se vuelve también cauteloso ante las consecuencias negativas que podría tener esta crítica de la masa: «El peligro de que empecemos a despreciar a los hombres es muy grande. Y bien sabemos que no tenemos derecho alguno a tal desprecio y que mediante él nos situamos en la más improductiva relación con los hombres»[357]. De hecho todas las afirmaciones de Bonhoeffer sobre el arriba y el abajo serán completamente desformadas si no son leídas junto a su crítica del servilismo, que también está presente en la novela, pero de modo más claro en la *Ética*, donde nos dice que la relación entre los de arriba y los de abajo es entre personas que «desde arriba o desde abajo, sólo doblan su rodilla ante Dios»[358].

Así, parece ser que Bonhoeffer mantiene la idea de que es necesaria una nueva élite, que por ningún motivo está dispuesto a soltar esta convicción, pero tampoco la defiende como una receta, sino como algo que debe ser sometido a constante revisión. Ahora bien, ¿cuáles serían los rasgos distintivos de la élite deseada por él? Una carta de 1935 a su hermano agnóstico, Karl Friedrich, puede dar un primer indicio, aunque ahí aún no habla de una élite para la reconstrucción política, sino para el renacer de la Iglesia: «La restauración de la Iglesia ciertamente vendrá de una especie de nuevo monacato que sólo tendrá en común con el antiguo monacato la radicalidad de una vida en el seguimiento de Cristo conforme al sermón del monte. Creo que ha llegado la hora de

---

[356] DBW VII, 181-184.
[357] DBW VIII, 28.
[358] DBW VI, 395.

reunir para esto a las personas necesarias»[359]. Algo de eso Bonhoeffer lo pudo sentir realizado entre sus alumnos. ¿Pero en qué
consistiría la nueva élite política? Un texto de 1943 tiene la virtud de unir todos los aspectos de su respuesta: el fracaso de la
actual élite, la necesidad de una nueva, el carácter que debería
tener y el papel desempeñado por el cristianismo en todo esto:

> En otros tiempos puede haber sido tarea del cristianismo
> dar testimonio de la igualdad entre los hombres, pero hoy el
> cristianismo tendrá que involucrarse apasionadamente por
> el respeto de la distancia entre los hombres y por la calidad
> humana. Habrá así simplemente que exponerse a la inter-
> pretación errónea según la cual sólo actuamos por interés
> propio, exponernos a la barata sospecha de tener una acti-
> tud antisocial. Éstas son las constantes objeciones del popu-
> lacho contra el orden. Quien aquí se vuelve débil o inseguro
> no ha comprendido qué es lo que está en juego. De hecho a
> él tal vez sí se apliquen esas objeciones. Estamos en medio
> de un proceso de masificación en todas las clases sociales y
> al mismo tiempo en medio del momento del nacimiento de
> una nueva actitud noble, que reúne a personas de todas las
> clases sociales que ha habido hasta aquí. La nobleza nace y
> subsiste por el sacrificio, por la valentía y por un claro reco-
> nocimiento de lo que nos debemos a nosotros mismos y a
> otros, a través de la evidente exigencia del respeto (*Achtung*)
> que merecemos así como de un igualmente evidente cuida-
> do del respeto hacia arriba y hacia abajo[360].

Es a la luz de este deseo, expresado aquí con una vehemen-
cia única, que se puede leer un pasaje frecuentemente citado, escrito cuando Bonhoeffer ha pasado a estar, junto a otros de «los de
arriba», en el lado de «los de abajo»: «Permanecerá para siempre
como una experiencia de valor incomparable el hecho de que haya-
mos aprendido a ver los hechos de la historia mundial desde abajo,
desde la perspectiva de los excluidos, los marginados, los maltrata-

---

[359] DBW XIII, 273.
[360] DBW VIII, 32.

dos, los sin poder, los oprimidos, los sometidos a burla, en suma, desde la perspectiva de los sufrientes»[361]. Hasta ahí se suele citar[362]. Pero el texto continúa diciendo que «todo depende ahora de que esta perspectiva desde abajo no se convierta en una toma de partido por los eternamente inconformes, sino que seamos justos para con la vida en todas sus dimensiones, y así la afirmemos, desde una conformidad superior, fundada más allá del arriba y del abajo»[363]. ¿Quiénes son estos «eternos inconformes» de los que se busca distinguir? Para eso conviene dirigir la mirada a la contraparte de la «nueva élite», la «revolución desde abajo», donde esto se vincula además con las afirmaciones centrales de Bonhoeffer sobre el cristianismo en sus cartas desde la prisión.

La «revolución desde abajo»: «filosofía de la sospecha» y «cinismo»

Los «eternos disconformes», los protagonistas de la «revolución desde abajo»: con estos términos Bonhoeffer no está designando a ningún sector socioeconómico. Lo que Bonhoeffer está criticando es un cierto espíritu consistente en no querer reconocer nada noble sobre nosotros. Así afirma que «es una suerte de impío desagravio el querer saber que todos tienen sus flaquezas y puntos débiles. Al tratar con los "parias" de la sociedad siempre me ha llamado la atención que para ellos el motivo determinante al juzgar a otras personas siempre es la sospecha. Hasta el más desinteresado acto de una persona destacada se vuelve para ellos de inmediato sospechoso. Y, por cierto, estos "parias" se encuentran en todas las clases sociales»[364]. «Sociológicamente —escribe Bonhoeffer—, se trata de una revolución desde abajo, de una rebelión de la inferioridad»[365].

---

[361] DBW VIII, 38.

[362] Cuando Gutiérrez (1983:231) intenta presentar a Bonhoeffer como ancestro de la teología de la liberación es precisamente la primera mitad del texto aquí referido la que cita, omitiendo prudentemente la segunda.

[363] DBW VIII, 39.

[364] DBW VIII, 510.

[365] DBW VIII, 510.

Nos centraremos a continuación en uno de los elementos de esta «revolución desde abajo» sobre el cual Bonhoeffer se explica con mayor detención, y que está además relacionado con temas que ya hemos tocado antes: la filosofía de la sospecha[366].

Paul Ricoeur ha llamado a Marx, Freud y Nietzsche los «maestros de la sospecha»[367]. Pero ¿qué es lo que permite unir a estos tres autores bajo un mismo título? Los tres ofrecen explicaciones radicalmente distintas de la realidad. En principio sólo parecen tener en común su crítica de la religión. Pero aunque en cuanto al contenido sus explicaciones de la realidad no coinciden, sí es común a los tres la forma en que la enfrentan: no con una pregunta por la verdad de las visiones del mundo rivales, sino con una pregunta respecto de la motivación de las mismas. Para los tres, lo que requieren las doctrinas rivales no es tanto ser refutadas, sino ser «descodificadas» o, más precisamente, desenmascaradas. Las visiones del mundo, las interpretaciones de la realidad rivales a las de ellos, no son tomadas tal como se presentan, para en base a eso preguntar si son verdaderas o falsas, sino que se busca lo que hay *detrás* de ellas: las condiciones materiales del que formuló una idea (Marx), o bien sus impulsos sexuales (Freud), o la voluntad de poder que hay detrás de cierto modo de pensar (Nietzsche). Y en cualquiera de las tres variantes que nombra Ricoeur, y sobre todo en mezclas más o menos creativas de los tres autores, es indudable que esto ha llegado a ser un componente típico de la mentalidad contemporánea: es moneda corriente que en lugar de escuchar refutaciones de ideas, nos encontremos con gente afirmando que hemos dicho tal o cual cosa *porque* provenimos de tal o cual grupo social o *porque* queremos imponer nuestra voluntad. Ese *porque* desde luego no es una refutación, sino que es un intento por hacer innecesarias las refutaciones, desacreditando las tesis rivales mediante la sola pregunta por su origen, mediante el intento por ir hacia lo que está detrás de las tesis rivales. «¡Qué me interesan a mí las refutaciones!», escribía con toda honestidad Nietzsche[368].

---

[366] Sobre este punto el único estudio relevante es Williams (1988), quien establece sugerentes paralelos entre Wittgenstein y Bonhoeffer.

[367] Ricoeur (2007:32).

[368] Nietzsche, *Genealogía de la moral*, prólogo.

Este modo «sospechoso» de enfrentar a los adversarios es indudablemente uno de los principales obstáculos contemporáneos a un preguntar serio por la verdad. Y así no es extraño que Bonhoeffer polemizara con frecuencia con este espíritu.

Antes de atender a su crítica, conviene sin embargo entender bien el lugar que esta filosofía de la sospecha ocupa en el pensamiento moderno. Si uno gusta de explicar el pensamiento moderno como *crítico*, es decir, como un pensamiento que considera como tarea primordial de la razón el liberarse de la tradición o la religión, podría decirse que la filosofía de la sospecha es una crítica potenciada a un segundo orden. También ésta es una manera de pensar que se entiende a sí misma como crítica, pero ya no es la razón la que se libera de algo, sino que es de la razón que nos liberamos. Ya no se trata de dejar, por ejemplo, la tradición para dar una explicación puramente racional, sino que precisamente tales explicaciones racionales son vistas como meras «racionalizaciones» de una realidad material subyacente (sea económica o biológica). ¿Qué es lo contrario de este espíritu crítico moderno, sea en su primera o segunda forma? En Bonhoeffer ha aparecido un término que sirve para iluminar eso: sencillez *(Einfalt)*. De hecho, *Einfalt* podría también traducirse como ingenuidad, y el contraste sería entonces mayor aún, pues si hay algo que el hombre crítico no quiere ser, es ingenuo. Y si antes se consideraba como ingenuo al que aceptaba una cierta tradición sin pedir para todo razones, ahora se tiene por ingenuo precisamente al que cree en las razones que le son dadas, en lugar de desenmascarar alguna tendencia egoísta tras ellas. En contraste con este clima hoy predominante, Bonhoeffer habla de la vida moral como de una necesaria conjunción de prudencia y sencillez, cuyo trasfondo naturalmente es el llamado a ser astutos como serpientes y mansos como palomas.

También aquí se mezclan en Bonhoeffer consideraciones teológicas con una sencilla mirada a la realidad, y sus juicios son tan categóricos como los que hemos visto a propósito de «existencialismo» y «psicoterapia», temas vinculados a éste. Pero ahora aterriza más bien en aspectos cotidianos de la cultura contemporánea. Así por ejemplo, tras los textos que hemos citado sobre los «parias»,

Bonhoeffer prosigue escribiendo lo siguiente: «En la misma dirección apunta el hecho de que desde hace cincuenta años las novelas sólo creen haber representado correctamente a las personas si las han representado en la cama, así como el hecho de que también las películas consideren necesarios los desnudos»[369]. Esto podrá parecer una trivialidad: ¿qué relevancia pueden tener un par de desnudos en comparación con los estremecedores problemas éticos a los que lo enfrentaba el nacionalsocialismo? Pero naturalmente aquí para Bonhoeffer no está en cuestión la simple queja contra una época con más desnudos que las anteriores. Se trata de una reflexión más honda respecto del deseo de ciertas corrientes culturales por poner todo —los cuerpos y las almas— al descubierto; se trata de la tendencia a creer que la veracidad consiste ante todo en la sinceridad, y a entender esta última como ausencia de secretos; la tendencia a «asumir lo vestido, lo tapado, lo limpio y casto como mentiroso, encubierto, impuro»[370]. Ya hemos visto en la novela que Bonhoeffer se ocupa de esa idea poniendo en la boca de un personaje la admiración por el hecho de que Dios mismo dé ropa a Adán y Eva.

En *Resistencia y sumisión* esto es tratado más detalladamente, a propósito de una queja de Bonhoeffer porque sus compañeros de prisión quieren hablar sobre el miedo que sienten. Pues tal temor constituía para Bonhoeffer un fenómeno demasiado íntimo como para ser expuesto en una charla de sobremesa:

> Bajo el disfraz de la honestidad —escribe a Bethge— se nos presenta como «natural» algo que en el fondo es un síntoma del pecado; similar a los que quieren hablar de modo muy abierto sobre sexualidad. Porque «veracidad» no implica que todo deba ser puesto al descubierto. Dios mismo hizo vestimenta para los hombres; es decir, en estado de corrupción muchas cosas deben permanecer ocultas y el mal, ya que no lo podemos eliminar, debe por lo menos mantenerse oculto: ponerlo al descubierto es cínico, y a pesar de que el cínico se presenta

[369] DBW VIII, 510.
[370] DBW VIII, 510. Contra la chata interpretación de Huntemann (1989:201-202), quien sólo ve la crítica a la desnudez corporal.

como muy honesto o incluso como fanático de la verdad, de todos modos pasa de largo ante la verdad decisiva, esto es, que desde la caída también debe haber cosas ocultas y secretas[371].

Esto podrá parecer extraño a más de uno. Estamos acostumbrados a la idea de que contra un mundo hipócrita hay que poner el mal al descubierto, porque sólo así se podría erradicar. Y precisamente al «hipócrita» es al que solemos acusar de «cinismo» —tanto es así que muchos ocupan estas dos palabras (erróneamente) como sinónimas. Bonhoeffer retoma aquí el sentido clásico del «cinismo» y acusa al cínico de atentar contra la verdad por creer que la misma consiste en mostrar todo al desnudo, siendo que la verdad decisiva, que refleja más fielmente la realidad, es que algunas cosas deben permanecer encubiertas o resguardadas, al menos no disponibles para todo público.

A este mismo problema se enfrenta Bonhoeffer indirectamente en el ensayo, también escrito en prisión, «¿Qué significa decir la verdad?». A esta cuestión se ve enfrentado por los interrogatorios en los que él mismo estaba obligado a ocultar la verdad para proteger la vida de otros. Pero lejos de concentrarse en este problema, en el ensayo los pensamientos de Bonhoeffer conectan una vez más con lo que acabamos de ver y con su crítica del cinismo: «El cínico, con la excusa de tener que "decir la verdad" en todo lugar, en todo momento y en toda hora, sólo pone ante nosotros un ídolo de la verdad. En tanto que se pone bajo la aureola de fanático de la verdad, que no puede estar tomando en consideración la debilidad de los seres humanos, destruye la verdad viva entre los hombres. Daña la vergüenza, profana el secreto, rompe la confianza, traiciona a la comunidad en que vive y ríe soberbiamente sobre la ruina que ha causado, sobre la debilidad humana "incapaz de cargar con el peso de la verdad"»[372]. Hemos visto cómo al escribir sobre el actuar responsable Bonhoeffer lo define ante todo como un «actuar conforme con la realidad». Aquí hay un ejemplo

---

[371] DBW VIII, 89.
[372] DBW XVI, 623.

concreto de lo que entiende bajo esto: actuar conforme a la realidad no es periodismo de denuncia, sino una tarea más delicada, que requiere precisamente de lo que Bonhoeffer resume bajo «sencillez» y «prudencia». Donde esta cuidadosa aproximación a la realidad se pierde, ahí se pierde también la capacidad para reconocer acciones buenas en otros, pérdida distintiva de la filosofía de la sospecha. En un pasaje de la *Ética* Bonhoeffer hace notar que «aquellas acciones que no son ni maquiavélicas ni heroicas, al hombre de hoy sólo se le ocurre comprenderlas como "hipocresía", precisamente porque se ha perdido la capacidad de comprender el lento y esforzado forcejear entre el conocimiento de lo correcto y las necesidades de la hora, es decir, no se comprende aquella genuina política occidental, que está llena de renuncias y de responsabilidad verdaderamente libre»[373]. No es nada disparatado que aquí la sospecha sea contrastada con la «genuina política». Pues la filosofía de la sospecha nace precisamente ahí donde deja de haber un lenguaje común, una vida pública propiamente tal, donde por tanto intentamos ir *más allá* de lo que el otro dice, porque recién ahí creemos poder entenderlo.

Pero Bonhoeffer ve en esta «sinceridad», que busca evitar lo cubierto, la vestimenta, también un problema teológico. Es el error de «creer que recién se puede hablar a un pecador cuando se ha logrado poner al descubierto sus debilidades o su vileza»[374]. En este contexto puede ser importante notar que en muchas ocasiones desde el catolicismo la filosofía de la sospecha es percibida como un resultado más o menos natural del protestantismo. La manera en que esto es entendido desde el catolicismo es la siguiente: los protestantes enfatizan la corrupción del hombre; pero si se enfatiza de modo tan unilateral la corrupción del hombre, el resultado natural será una filosofía de la sospecha, esto es, que estemos constantemente preguntándonos por qué vil motivo los otros hacen o dicen tal o cual cosa, sin ser jamás capaces de reconocer en otros la presencia de actos desinteresados. Así, por tener una imagen demasiado «pesimista» del hombre, el protestantismo, al menos una vez

---

[373] DBW VI, 121.
[374] DBW VIII, 510.

secularizado, habría producido la filosofía de la sospecha. Resulta interesante notar que Bonhoeffer —quien tal vez jamás oyó una objeción de ese tipo— ofrezca una explicación que apunta en la dirección opuesta. Pues él cree, como hemos visto, que es más bien un *desconocimiento de la caída*, un ingenuo optimismo, el que lleva al cinismo de querer poner todo al descubierto, desde nuestros cuerpos hasta nuestras motivaciones: la creencia subyacente sería que no somos tan malos, que es posible lidiar con nuestra maldad si todo es puesto al descubierto. Tal vez estas explicaciones sean complementarias (al menos en la medida en que los extremos optimismos y pesimismos modernos estén emparentados). Y, en cualquier caso, Bonhoeffer no cree que el hombre sea vil. «El hombre ciertamente es pecador, pero no por eso vil»[375].

Es la oposición a esta filosofía de la sospecha la que le lleva a escribir que la palabra de Dios «no se alía con ninguna revolución desde abajo»[376], sintetizando sus últimas reflexiones sobre el cristianismo como un llamado a un «cristianismo aristocrático»[377]. ¿Pero es entonces esta crítica de la «sospecha» un elemento antidemocrático del pensamiento de Bonhoeffer? En parte se podría afirmar que sí: está describiendo un vicio que tendemos a identificar más con una mentalidad democrática que con una mentalidad aristocrática. Pero lo que Bonhoeffer tiene en la mira es por supuesto el potencial tiránico de esta mentalidad. De hecho encontramos un aire de esta misma «filosofía de la sospecha» en la descripción magistral que Bonhoeffer hace del desprecio de los hombres propio del tirano: «Su secreta y profunda sospecha respecto de todo hombre la esconde tras palabras robadas a la verdadera comunión. Mientras que ante la multitud se presenta como uno de ellos, se alaba a sí mismo en la más repugnante vanidad y desprecia el derecho de cada individuo. Considera tontos a los hombres y se vuelven tontos; los considera débiles y se vuelven débiles; los considera criminales y se vuelven criminales. Se consagra en la más sagrada

---

[375] DBW VIII, 511.
[376] DBW VIII, 512.
[377] DBW VIII, 465.

seriedad al frívolo juego; su burguésmente reiterada preocupación es descarado cinismo. Y cuanto más profundo sea el desprecio con el que busca el favor de los despreciados, tanto más certeramente despierta la deificación de su persona por la multitud. El desprecio de los hombres y la deificación de los mismos están estrechamente emparentados»[378]. Tales palabras nos conducen a una última crítica a la filosofía de la sospecha: su eventual carácter de profecía autocumplida: el tratar a los hombres como si sólo actuaran por motivos viles los acaba llevando a de hecho actuar por tales motivos. Pero estas palabras sobre la tiranía nos conducen a continuación a la revisión de los pensamientos de Bonhoeffer sobre el poder.

Poder y liderazgo

Si dirigimos ahora brevemente la mirada al orden político mismo, se puede constatar en Bonhoeffer una posición que podríamos calificar como simplemente tradicional. En un manuscrito sobre Iglesia y Estado escribe que «la forma relativamente mejor de gobierno será aquélla que deje traslucir del modo más claro que la autoridad viene de Dios», en la que se guarde de modo estricto los restantes mandatos (familia y trabajo) y en la que «la unión del Gobierno con sus súbditos no se exprese en una limitación de la autoridad que le ha sido divinamente conferida, sino en un actuar justo y en un decir la verdad en recíproca confianza»[379]. Probablemente lo que más llame la atención en esta afirmación, es la referencia al origen divino de la autoridad, pues precisamente entre admiradores de Bonhoeffer está presente la tendencia a demonizar el poder. Pero ya en la novela hemos visto que Bonhoeffer no practica ninguna demonización del poder, si bien reconoce que nos puede convertir en demonios. El poder «es algo sagrado, que viene de Dios, y que sin embargo tan fácilmente nos convierte en

---

[378] DBW VI, 73.
[379] DBW XVI, 534-535.

demonios, en pequeñas o grandes plagas para los hombres»[380]. De hecho es muy llamativo que Bonhoeffer, enfrentado precisamente a un régimen que parece encarnar ese poder demoníaco, no asuma como estrategia vilipendiar el poder, sino por el contrario, enfatizar tanto más su carácter sagrado: «El Estado no debe ser comprendido desde abajo, desde el pueblo, la cultura, etc., sino desde arriba»[381]. Y este origen divino de la autoridad no le parece ser algo que por el mal ejercicio simplemente se pierda: «Por su fracaso moral la autoridad no pierde eo ipso su dignidad divina»[382], tal como las relaciones de paternidad o hermandad siguen subsistiendo también en medio del fracaso. ¿Por qué Bonhoeffer, ante semejante corrupción del poder, opta por ensalzar el carácter sagrado del mismo, en lugar de acentuar sus peligros? ¿Por qué insiste en que el fracaso moral del poderoso no hace perder su dignidad al poder, en que «incluso una autoridad anticristiana sigue siendo en ciertos sentidos una autoridad»[383]?

El origen de ello se encuentra precisamente en la dignidad que confiere a lo institucional, como hemos visto en su teoría de los mandatos. La aplicación política más concreta de esto la encontramos en dos tempranos textos de 1933, sobre «Los cambios en la noción de líder *(Führer)* en la generación joven» y sobre «El *Führer* y el individuo en la generación joven», que Bonhoeffer escribió para programas radiales. La noción de *Führer* que Bonhoeffer se detiene a analizar es precisamente el término con que era designado Hitler. Pero Bonhoeffer no se detiene ante este caso concreto, sino ante el hecho de que «en la imagen de un Führer se encuentra simbolizado todo el pensamiento político, toda la visión de mundo, todo el pensamiento religioso de la joven generación»[384]. De hecho veía algo análogo en el campo de la dirección espiritual. Así en *Vida en comunidad* se pone en guardia contra la afanosa búsqueda de líderes religiosos, contra «el hoy tan comúnmente manifestado deseo por

---

[380] DBW VII, 124.
[381] DBW XVI, 513. «Informe teológico sobre Estado e Iglesia».
[382] DBW XVI, 518.
[383] DBW XVI, 522.
[384] DBW XII, 241.

"figuras episcopales", "hombres proféticos", "personalidades con autoridad"»[385]. Naturalmente Bonhoeffer reconoce que siempre ha habido autoridad, que dondequiera que hay comunidad, también hay autoridad. «Pero mientras antes la autoridad *(Führertum)* encontraba su expresión en el maestro, en el hombre de Estado, en el padre, esto es, dentro de determinados órdenes y ministerios *(Ämter)*, hoy el líder se ha vuelto una figura independiente. El líder se ha desvinculado de su oficio, es esencial y solamente líder»[386]. Es esta desvinculación de una función lo que Bonhoeffer considera fatal para el futuro del liderazgo, lo que hace surgir líderes carismáticos del tipo de Hitler. Pues un liderazgo tradicional se da por «superioridad en algo objetivo *(sachlich)*, a través de un oficio, por conocimiento de una materia, por saber; en el caso del líder se trata en cambio de la superioridad de una persona»[387]. Es la confianza que Bonhoeffer pone en este liderazgo «tradicional», fundado en el conocimiento o el oficio, el que lo lleva a exaltar precisamente la dignidad del poder, de los cargos, contra las degeneraciones producidas por un liderazgo desvinculado de esto. Una vez más «arriba» y «abajo» le sirven para iluminar el contraste: «El *Führer* tiene autoridad desde abajo, de los dirigidos; el cargo tiene autoridad desde arriba; la autoridad del *Führer* depende de su persona, la autoridad del cargo es suprapersonal; la autoridad desde abajo es autojustificación del pueblo, la autoridad desde arriba es reconocimiento del límite dado»[388].

Libertad, derechos humanos y tolerancia

Nuestra política contemporánea se presenta a sí misma como una política de libertad, derechos humanos y tolerancia. Los tres puntos están vinculados, y lo están además en su punto de contraste: el mundo actual se entiende de ese modo precisamente en la medida en que se contrasta con los regímenes totalitarios. Pero

---

[385] DBW V, 91.
[386] DBW XII, 250.
[387] DBW XII, 250.
[388] DBW XII, 255.

a Bonhoeffer no sólo le interesaba dicho contraste, sino también el contraste entre distintas concepciones de la libertad, de los derechos humanos, de la tolerancia. Aunque es muy poco lo que Bonhoeffer escribe al respecto —recuérdese lo de honrar los grandes bienes en silencio—, es al menos suficiente para entender la dirección de sus ideas.

«En Estados Unidos se habla demasiado sobre la libertad en las prédicas»[389], escribe por ejemplo en su diario. Y en el mismo tenor: «Donde no hay encuentros, donde lo que une sólo es la *liberty*, por supuesto tampoco se sabe nada sobre lo que es comunión»[390]. Tales afirmaciones van claramente dirigidas contra una concepción individualista de la libertad, que Bonhoeffer parece considerar especialmente propia de Norteamérica. Pero el mismo escepticismo se ve cuando menciona las teorías alemanas sobre la libertad: «¿Dónde se ha hablado tan apasionadamente sobre la libertad como en Alemania, desde Lutero hasta la filosofía del idealismo alemán?»[391], reza su irónica pregunta. Y ahí tal vez no es tanto el elemento individualista el que inquieta a Bonhoeffer, sino la reducción de la libertad a liberación. Todo esto queda bastante claro en una comparación que establece entre la oposición del mundo anglosajón a Hitler y la oposición que él mismo lleva a cabo con algunos otros pocos alemanes:

> El mundo anglosajón resume su lucha contra la omnipotencia del Estado en términos de libertad. Entiende bajo ella la defensa de los derechos dados por Dios al hombre. El alemán tiende más bien a ver la omnipotencia estatal como disolución arbitraria de todos los vínculos genuinos (familia, amistad, hogar, pueblo, autoridad, humanidad, ciencia, trabajo, etc.) y lucha así contra el totalitarismo, a favor de genuinos vínculos. En ambos frentes se lucha por supuesto por lo mismo: por el restablecimiento de un genuino orden del mundo bajo el mandato divino. [...] La noción de libertad es también para nosotros un elevado bien. Pero requiere de

[389] DBW XV, 237.
[390] DBW XVI, 224.

precisiones. El liberarse *de* algo recién logra su realización en el ser libre *para* algo[392].

Aunque estas observaciones son muy breves, bastan para ver en Bonhoeffer una comprensión bastante consistente de la libertad: la libertad entendida como derechos dados por Dios al hombre es un bien, pero la riqueza de dicho bien sólo es entendida cuando lo que se defiende son no meramente derechos individuales, sino vínculos significativos; y, siguiéndose naturalmente de eso, la liberación (el «liberarse de») recién alcanza su sentido en la libertad entendida como proyecto («ser libre para»), y un proyecto es precisamente algo que no es puramente individual, sino que requiere de vínculos genuinos para desarrollarse.

Es en el marco de esta posición respecto de la libertad que se puede ver también la sorpresa de Bonhoeffer por el hecho de que para algunos «el concepto de tolerancia constituya el concepto fundamental de todo lo cristiano»[393]. Y hace al respecto una aguda observación: que en tales condiciones no hay comprensión alguna por una lucha confesional, sino sólo comprensión y condolencia por las víctimas de tal lucha; «pero para tales víctimas, que no están preocupadas en primer lugar por su propio destino, sino por la verdad de su causa, tal actitud tiene que resultar insatisfactoria»[394]. Aquí está hablando sin duda a título personal, rechazando el ser visto como una víctima por parte de quienes no quieren partir por considerar la verdad de su causa. Así, lo que Bonhoeffer critica de la noción común de tolerancia no es ante todo su excesiva apertura o indefinición, sino su incapacidad para tomar en serio las causas por las que los hombres están dispuestos a sufrir persecución. Precisamente estas referencias a la propia causa nos sirven de paso para el último apartado de esta sección.

---

[392] DBW XVI, 539-540.
[393] DBW XV, 443.
[394] DBW XV, 443.

Pacifismo y conspiración

Aunque en los temas hasta aquí tratados emerge un Bonhoeffer bastante ajeno a la mentalidad contemporánea, muchos esperarán encontrar al menos aquí algo distinto: la imagen de Bonhoeffer como pacifista cautiva a muchos que hoy tienen tal convicción, y algo equivalente ocurre con su participación en la conspiración contra Hitler, que parece ser un modelo de actividad revolucionaria de un cristiano contra un régimen autoritario. ¿Pero no están en contradicción estas dos actitudes? ¿Cómo un presunto pacifista acaba involucrado en un fallido golpe de Estado? Basta la pregunta para prever que también aquí hay que ir algo más allá de los títulos y eslóganes para comprender la posición de Bonhoeffer. Después de todo, tanto un consistente pacifismo como una actividad revolucionaria parecen entroncar, por distintos que parezcan el uno del otro, con un mismo espíritu romántico del que hemos visto que Bonhoeffer se distancia. De ser así, tal vez más que pacifismo o revolución, veremos aquí un ejemplo de sencillez y prudencia actuando en una situación extrema.

Partamos por constatar que Bonhoeffer reconoce el uso de la fuerza como uno de los modos legítimos de la acción estatal: «La Iglesia sabe que en este mundo el uso de la violencia es necesario»[395] —así escribe en 1933. Una década más tarde habla positivamente de la «estricta justicia, del poder de la espada, del carácter inmisericorde del orden estatal»[396]. Si citamos eso no es porque en ello se vea la esencia del pensamiento de Bonhoeffer sobre la violencia y la paz, sino para mostrar que, si en alguna medida él es calificable como pacifista, esto ciertamente no proviene de una mentalidad utópica, sino que es la posición de alguien que reconoce plenamente que la coacción es parte necesaria del orden social. ¿Pero se le puede calificar como pacifista? Hemos visto la carta a una conocida, en la que relata sobre su descubrimiento de la Biblia, de la oración, del hecho de que «aún no me había hecho cristiano». La misma carta prosigue afirmando: «El pacifismo cristiano, que hasta hace poco

---

[395] DBW XII, 351.
[396] DBW XVI, 559.

combatía apasionadamente, ahora se me volvió una cuestión evidente»[397]. No tiene pues sentido minimizar el «pacifismo» de Bonhoeffer, pues él mismo lo vincula directamente a su adhesión más estricta a la fe cristiana. Pero sí conviene preguntarse en qué consiste, pues llama la atención, de partida, la fórmula «pacifismo *cristiano*». Probablemente la elige porque lo que mueve a Bonhoeffer, que por naturaleza no era un pacifista, es ante todo la obediencia a un texto bíblico, el sermón del monte. El hecho de que puede ser mejor ser derrotado por un enemigo en lugar de utilizar violencia para imponerse, se le tornó evidente recién a la luz de este texto. Así escribe a su hermano que «sólo lograré claridad interior y verdadera franqueza si comienzo a tomar en serio el sermón del monte»[398]. "Que el sermón del monte sea no sólo un espejo que nos muestre nuestra imperfección, sino algo que un cristiano deba literalmente intentar seguir —en esa sencilla afirmación se puede resumir lo que Bonhoeffer llama «pacifismo cristiano»." Producto de esta convicción la participación de Bonhoeffer en organismos ecuménicos estaría desde entonces fuertemente ligada a esto, a mover a una voz común de la Iglesia contra la inminente guerra. Eso vale al menos para los primeros años del régimen nacionalsocialista.

Pero esa participación en el movimiento ecuménico tendría el doble énfasis de criticar por una parte el nacionalismo, por otra parte la absolutización de la paz en la tradición liberal. Así es como uno encontrará, por una parte, una crítica de Bonhoeffer al «pacifismo humanitario», que «absolutiza el ideal de la paz» y que «subordina la verdad y el derecho al ideal de la paz»[399]; y por otra parte la afirmación de que «no debemos avergonzarnos ante la palabra "pacifistas"»[400]. Cuando Bonhoeffer escribe esto, en 1932, está completamente concentrado en la búsqueda de la paz. Pero no se trata para Bonhoeffer de un principio abstracto a aplicar en toda situación, sino que concede que «bajo otras condiciones la lucha puede expresar la apertura para la revelación en Cristo

---

[397] DBW XIV, 113.
[398] DBW XIII, 272.
[399] DBW XI, 338 y 340.
[400] DBW XI, 341.

mejor que una paz exterior»[401]. Lo que para él resulta decisivo, lo que lo mueve a estar dispuesto a cargar con la etiqueta de «pacifista», es que la guerra que en ese momento ve en el horizonte es cualitativamente distinta de las anteriores, «y por eso ni siquiera cae bajo el concepto de lucha, pues significa la segura aniquilación de ambas partes»[402]. No se trata pues de un pacifismo de principio —al que más propiamente correspondería el nombre de pacifismo—, sino simplemente de una voluntad de buscar la paz que está dispuesta a cargar con la etiqueta de pacifista, pero reconociendo, también en sus conferencias sobre la paz, que otras condiciones podrían exigir una respuesta distinta.

De hecho, si al comenzar los años treinta Bonhoeffer ponía todo el énfasis en que el mandamiento de Dios *en ese minuto* era la búsqueda de la paz, eso cambiaría una vez que se enfrentara a un mal mayor que la guerra: una vez que, a través de sus cuñados, comenzara a enterarse de las dimensiones reales del trato nacionalsocialista a los judíos. Desde entonces Bonhoeffer comenzaría más bien a distanciarse de quienes buscaban paz a toda costa: la paz no podía ser la prioridad mientras que estuviera Hitler en el Gobierno. Y así Bonhoeffer recorrería el camino de «pacifista» a «conspirador», involucrándose directamente en la organización de un golpe de Estado[403]. En ese sentido, por supuesto, constituye un abuso el aplicarle el término «pacifista». Bonhoeffer es un pacificador, en la misma medida en que todo cristiano está llamado a serlo. Y es la seriedad con que sigue el mandamiento de ser un pacificador, la que lo lleva a estar dispuesto a cargar con distintos estigmas. ¿Pero puede o debe un cristiano involucrarse en la actividad política, en la actividad política normal o en actividades políticas excepcionales como una conspiración? Dicha pregunta nos lleva, en una última sección de este capítulo, a tratar la relación entre el cristianismo y la política.

---

[401] DBW XI, 340.
[402] DBW XI, 341.
[403] Sobre ese trayecto cf. Bethge (1981).

3. Cristianismo y política

Tras haber visto la visión de Bonhoeffer sobre la sociedad, y si bien en todo esto el cristianismo ha estado presente como tema, corresponde convertir la relación entre estos dos puntos —el cristianismo y la política— en objeto de una discusión más detenida.

¿Política cristiana?

Ante un mundo crecientemente descristianizado, surgen en muchas partes voces que llaman a una mayor participación política de los cristianos. Ocasionalmente esto se formula también como el deseo de una «política cristiana», de una participación política *de la Iglesia*, y seguramente muchos piensan en Bonhoeffer como un posible modelo de la misma. Se hará entonces bien en comenzar por notar sus advertencias al respecto. En un texto de 1933 sobre la pregunta «¿Qué es la Iglesia?» formula de modo paradójico su convicción: «La Iglesia es el límite de la política, y por lo mismo ella es en sentido eminente política y apolítica a la vez»[404]. No se trata de una paradoja diseñada para huir de una respuesta clara, sino que Bonhoeffer se explica: «Precisamente gracias a que la Iglesia sabe de los límites rotos, por eso apunta hacia lo limitado, a la ley, al orden, al Estado. [...] *La primera palabra política de la Iglesia es el llamado al límite, a la sobriedad*»[405]. Esto es lo que interesa a Bonhoeffer en primer lugar: no el levantamiento de un determinado programa político cristiano, sino que el Estado reconozca su límite de acción: «La primera palabra de la Iglesia no es ¡cristianización de la política! —pues también esto sería desconocer el límite—, sino ¡reconocimiento de la finitud!»[406]. Este modo de argumentar, si bien con más ramificaciones y diferenciaciones, es también el que mantendrá hasta el final.

---

[404] DBW XII, 238.
[405] DBW XII, 238.
[406] DBW XII, 238-239.

De ahí la perplejidad de Bonhoeffer ante ciertos juicios políticos de las iglesias. Casi sin poder creerlo, sintetiza en los siguientes términos la larga lista de sugerencias políticas de un sínodo norteamericano: «Se propone dar pasos concretos en la colonización de afroamericanos en África, se exige una nueva ley de matrimonio civil, leyes sobre la vacunación y derecho a voto para las mujeres. Se toma posición contra los juegos de azar, la lotería, las carreras de caballos y contra los linchamientos. Se pide al Gobierno reconocer a Liberia como nación, mejorar las relaciones entre las razas, mejorar las jubilaciones y el sueldo de cesantía, así como una simplificación de los juicios en materias civiles»[407]. Bonhoeffer no está interesado aquí en la corrección de una u otra de estas propuestas, sino simplemente perplejo ante el afán de una iglesia por pronunciarse al respecto. Tras referir múltiples llamados a que la Iglesia intervenga en política, a que ofrezca soluciones a los problemas humanos, escribe por tanto que «reconocemos de inmediato que motivos correctos e incorrectos están aquí entretejidos»[408]. Es notorio el modo en que a lo largo de toda su obra se mantiene este mismo tono de crítica a quienes conciben el reino de Dios «a partir de ingenuas utopías, sueños y esperanzas, que viven con su visión de mundo y conocen miles de programas y recetas con los que quieren curar el mundo»[409]. Así en *El discipulado* distinguirá las bienaventuranzas del sermón del monte de su «caricatura en la forma de programas político-sociales», afirmando que «también el diablo es capaz de llamar bienaventurados a los pobres»[410]. Esta delimitación respecto de una vulgar politización de la Iglesia debe seguir teniéndose presente al leer sus llamados más decisivos a sí levantar la voz, conforme al texto de Proverbios 31:8: «"Abre tu boca por los mudos", ¿quién sabe hoy en la Iglesia siquiera esto, que esto es lo mínimo que la Biblia exige de nosotros en tiempos como éstos?»[411].

---

[407] DBW XV, 449.
[408] DBW VI, 355.
[409] DBW XII, 269.
[410] DBW IV, 102.
[411] DBW XIII, 204-205. Carta a Erwin Sutz 11.09.1934

El primer texto decisivo en que Bonhoeffer se ocupa de este «abrir la boca por los mudos» es un ensayo de 1933 sobre «La Iglesia ante la cuestión judía», en el que parte por reconocer que «ciertamente la Iglesia reformada no está llamada a dictar al Estado directrices para su acción específicamente política»[412]. Pero tras este reconocimiento viene la sugerencia de cosas que la Iglesia sí puede hacer: puede y debe «preguntar al Estado si acaso es capaz de responder de sus actos como legítimamente estatales, esto es, como actos que generan derecho y orden»[413]. Con eso —que Bonhoeffer exige aquí precisamente respecto de la cuestión judía— la Iglesia no está entrometiéndose en la acción del Estado, sino que «por el contrario, *hace sentir al Estado todo el peso de su propia responsabilidad*»[414]. La segunda acción, de la cual tampoco la Iglesia puede jamás abstenerse, es —sea cual sea la respuesta del Estado ante el primer paso— el apoyo y acogida de las víctimas de la acción injusta del Estado. Dados estos dos pasos, y ante una situación en que la Iglesia ve fracasar al Estado completamente en su misión de generar orden, queda la opción de una acción política directa de la Iglesia. ¿Puede la Iglesia llegar a ese punto? La incertidumbre de Bonhoeffer se hace notar en su afirmación de que la necesidad de tal acción política tendría que ser determinada por un «concilio evangélico»[415]. ¿Por qué tanta incertidumbre? Para responder a eso conviene dirigirnos a la doctrina de los dos reinos. Pero no sin antes recordar que, para casi toda situación imaginable, son los otros dos puntos, no este tercero, los que Bonhoeffer considera los propios de una actividad política de las iglesias.

Iglesia y Estado

Bonhoeffer se enfrenta a un determinado modo de comprender la relación entre el cristianismo y el mundo que suele ser presentado como «doctrina de los dos reinos». ¿Pero en qué consiste

---

[412] DBW XII, 350.
[413] BDW XII, 351.
[414] DBW XII, 352.
[415] DBW XII, 354.

realmente tal doctrina? La doctrina de los dos reinos es la expresión con la que en la tradición luterana se designa el conjunto de problemas relacionados con la vida de los cristianos en el mundo, y sobre todo su relación con el poder estatal. Pero tal vez no sea correcto decir que existe tal cosa como *doctrina*, sino que con ese término la tradición teológica luterana designa más bien un conjunto temático, respecto del cual circulan múltiples doctrinas[416]. En efecto, aquí se requiere cautela para no poner demasiadas doctrinas dispares bajo una misma etiqueta. Uno puede pensar en la «ciudad de Dios» y la «ciudad terrena» de san Agustín, pero éstos son fundamentalmente dos tipos de amor; o bien se puede pensar en la moderna separación de Iglesia y Estado, pero ésa es una cuestión más bien de jurisdicción. Si hay algo específico de la doctrina luterana de los dos reinos no se encuentra en ninguno de esos aspectos, sino en el énfasis en un doble modo del gobierno del mundo por parte de Dios: la idea de que no sólo la Iglesia, sino también el poder secular es un brazo de Dios en la conducción del mundo. Por supuesto eso no constituye una absoluta originalidad de la posición luterana, pero sí se convertiría en un énfasis muy propio de ella. Una de sus aristas, el intentar disminuir la intervención de la Iglesia en asuntos de competencia del poder secular, mostraría su lado problemático durante el siglo XX. Cuando Bonhoeffer escribe a un amigo que «hay que acabar de una vez con la abstención teológicamente fundada ante el actuar del Estado, pues al fin y al cabo es sólo temor lo que está en cuestión»[417], seguramente tiene en mente algo semejante: a teólogos que apelan a la dignidad del Estado y a la autonomía del mismo para acallar la reacción de los cristianos ante el nacionalsocialismo.

En efecto, acabada la Segunda Guerra Mundial las iglesias del resto del mundo se apuraron en responsabilizar a la doctrina luterana de los dos reinos por la timidez o fracaso de las iglesias alemanas ante el nacionalsocialismo, llevando a amplios

---

[416] Me limito aquí al modo en que se ha desarrollado y discutido en la iglesia luterana. Para una revisión completa de la tradición reformada véase VanDrunen (2010).

[417] DBW XIII, 204-205. Carta a Erwin Sutz 11.09.1934.

sectores a ver toda referencia a tal doctrina como un abandono de toda responsabilidad de la Iglesia por el curso del mundo. Tal doctrina es entonces vista como actitud de acomodo, y se concluye en consecuencia que ella no se encontraría en autores como Bonhoeffer[418]. Pero tal suposición es falsa. La posición de él se puede ver bien cuando compara la tradición luterana con una tradición liberal como la de Estados Unidos: «Es evidente la diferencia entre este modo de entender la relación Estado-Iglesia y el modo de entenderla propio de la Reforma. Pues la separación norteamericana entre Iglesia y Estado no descansa sobre una doctrina de los dos oficios o de los dos reinos, ordenados por Dios para subsistir hasta el final, cada uno prestando un servicio esencialmente distinto. La dignidad del Estado, que en la doctrina de la Reforma alcanza altísima expresión, se desvanece en el pensamiento norteamericano. [...] Aquí el Estado es esencialmente organización técnica y aparato administrativo»[419]. Conviene notar con precisión qué es lo que Bonhoeffer está rechazando. Lo que hemos visto no incluye afirmación alguna sobre el tamaño del Estado, pero sí implica algo sobre el papel del mismo. Bonhoeffer claramente cree que el Estado debe tener un papel positivo: no es *mera* organización técnica, su fin no es sólo mantener el mal dentro de ciertos límites. Pero al mismo tiempo está claro que ese papel positivo, opuesto a las versiones minimalistas del liberalismo, está limitado por algo que tiene un papel mucho más positivo y fuerte que el Estado, esto es, la propia sociedad civil, en cuyas manos Bonhoeffer ha dejado toda tarea propiamente creadora.

---

[418] Así es típica de Green la recurrente afirmación de que Bonhoeffer habría rechazado la doctrina luterana de los dos reinos, la cual ve contaminada como «ética social conservadora y autoritaria» (Green 1983:120). El mismo Green sostiene que la teoría de los cuatro mandatos está destinada a reemplazar la doctrina de los dos reinos. Pero es francamente difícil ver en qué sentido sería un progreso afirmar que «el modelo de realidad es cuádruple, no doble» (Green 2000:267). Para un estudio comparativo de la misma doctrina de los dos reinos en los adversarios Hirsch y Bonhoeffer cf. Nicolaisen (1980).

[419] DBW XV, 447. Sobre el tema véase también su rechazo del énfasis dogmático en la separación de Iglesia y Estado (DBW XVI, 532-533) y su afirmación de que bajo tal separación es igualmente posible una fuerte secularización de la Iglesia (DBW XV, 445).

Como se puede ver, Bonhoeffer no se encuentra en un frente dirigido contra la doctrina de los dos reinos, sino intentando aprender desde dentro de ella. Así concluye que «mientras que las iglesias de la Reforma requieren una nueva revisión y corrección de la doctrina de los dos reinos, las denominaciones norteamericanas, si quieren salvarse de la total secularización, requieren aprender la necesidad de esta distinción»[420]. ¿En qué consiste la «revisión y corrección» que Bonhoeffer parece esperar? Se trata sin duda de varios elementos. Se trata ante todo de rechazar una concepción «estática», como lo hemos visto al escoger Bonhoeffer el término (más o menos feliz) «unidad polémica» para designar la realidad completa en la que debe existir el hombre. Pero para entender qué quiere decir este rechazo de una separación estática, conviene concentrarnos en un punto concreto, como lo es la relación de esta doctrina con la distinción entre ley y evangelio.

Ley y evangelio

Ya hemos tenido ocasión para hablar sobre la ley desde diversas perspectivas: a propósito de las teologías de los órdenes así como al hablar de la ley natural o de los mandatos. Pero para el cristianismo, y particularmente para el protestantismo, la ley es objeto de discusión sobre todo a partir de la pareja conceptual ley-evangelio. En muchas ocasiones esto puede tomar una forma bastante elemental: se presenta en primer lugar la ley como lo exigido por Dios, pero se afirma a la vez que el hombre no es capaz de cumplir por sus propias fuerzas; a continuación, como solución a dicho dilema, aparece el evangelio. Así la distinción ley-evangelio parece simplemente parte del proceso de evangelización, y la ley queda en cierto sentido degradada a algo meramente preliminar. A esto se suma que en muchos casos la distinción ley-evangelio es presentada como parte de una división en dos reinos (o espacios), de modo que al Estado le correspondiera todo lo relativo a la ley y a la Iglesia, en tanto, lo relativo al evangelio. Bonhoeffer también se vio enfrentado a este problema, y algunos de los cursos de Finken-

---

[420] DBW XV, 449.

walde son esfuerzos por llegar a una formulación más adecuada del problema de la ley. Así, todavía en sus últimos años se ocupa de precisiones conceptuales en torno a esto: «Tanto el orden "ley y evangelio" como "evangelio y ley" tienen cierta justificación»[421], leemos en un apunte de clase, una clara alusión a una publicación reciente de Barth, *Evangelio y ley*. También dicha publicación buscaba eludir lo que aquí busca eludir Bonhoeffer, esto es, que si siempre se habla del primer modo, «ley y evangelio», se convierte la prédica de la ley en mera «estrategia de evangelización»[422]. Tal proceder, objetan ambos, parecería dar mayor dignidad al evangelio, pero lo que en realidad logra es independizar a la ley del mismo. Pero tal vez debamos responder preguntando si realmente es tan nocivo que exista dicha independencia, si acaso no debemos defender dicha relativa independencia tal como la creación es reconocida como algo distinto y previo a la redención.

Un buen punto de partida para entender el sentido de toda esta discusión puede ser una polémica del siglo XVI. Cuando a mediados de dicho siglo los reformadores visitaron gran parte de las iglesias alemanas, constatando lo que les parecía ser un marcado declive moral, Melanchthon llamó a que urgentemente se comenzara a predicar más sobre la ley. En respuesta a eso otro de los teólogos del círculo más cercano a Lutero, Johann Agrícola, sostuvo lo contrario: que sólo se puede esperar una conversión si se predica el evangelio, el amor de Dios. Se desató así una serie de controversias conocidas como «controversias antinomistas». Contrariamente a lo que muchos podrían imaginar, aquí Lutero estuvo completamente del lado de Melanchthon, afirmando que la ley debe seguir siendo predicada por la Iglesia, en contraste con Agrícola, quien consideraba que, de haber divulgación de la ley, esta tarea era de competencia de la autoridad política[423]. A este mismo género de problema se vio enfrentado Bonhoeffer. Para ello se encontraba preparado precisamente por haberse ocupado en su juventud de la

---

[421] DBW XVI, 613.

[422] DBW XVI, 612.

[423] Para un estudio actualizado de esta polémica véase Wengert (1997).

controversia antinomista. En un trabajo universitario sobre Lutero, escrito en 1926, Bonhoeffer escribe frases que una década más tarde, en un enfrentamiento con la apremiante situación de la década de los treinta, se volverían en grado sumo actuales: «Sin prédica de la ley tampoco habría derrame del Espíritu. Por la adición del evangelio la ley se vuelve pedagogía hacia Cristo»[424]. En la medida en que ley y evangelio son separados como competencias respectivas del Estado y de la Iglesia, la ley es degradada a algo meramente preliminar; pero en la recién citada afirmación del entonces joven estudiante Bonhoeffer, a lo que se apunta es precisamente a que recién por la adición del evangelio la ley llega a ser lo que debe ser; pero entonces la relación entre ley y evangelio es más compleja de lo que a primera vista parece ser. Pues en una afirmación como la precedente, tanto ley como evangelio pertenecen al brazo espiritual por el que Dios gobierna al mundo, no son repartidas en dos brazos distintos[425]. «Así evangelio y ley son dos obras del Espíritu Santo que no pueden ni deben ser separadas, tal como arrepentimiento y perdón no pueden ser separados»[426]. Una comprensión más completa de esto requerirá que dirijamos la mirada a una discusión complementaria, aquella sobre los usos de la ley.

En 1940, cuando la Iglesia Confesante tenía certeza de las primeras deportaciones de judíos, instaló una comisión teológica encargada de elaborar un escrito sobre el quinto mandamiento, la prohibición de matar. Esto a su vez los ponía ante el problema más general de la ley y sus distintos usos. Es en ese contexto que Bonhoeffer se ofrece para escribir un «Informe teológico sobre el *primus usus legis*», que presentaría en 1943. Con esta referencia al *primus usus legis*, al primer uso de la ley, Bonhoeffer está nuevamente conectando con un elemento tradicional de la teología luterana: la distinción entre tres usos de la ley, esto es, la prédica de la ley para establecimiento de la disciplina externa (1), para conocimiento del

---

[424] DBW IX, 384.

[425] Para una explicación de la distinción en ese sentido cf. Joest (1969).

[426] DBW IX, 385.

propio pecado (2) y para servir a los creyentes como guía de su acción (3). Esta clásica división luterana podía ser entendida de modo tal, que el primer uso no sea parte de la predicación, sino tarea del Estado. Pero es precisamente contra esta interpretación, emparentada con la de Agrícola, que Bonhoeffer polemiza, argumentando ante todo desde los escritos confesionales luteranos. Pues ahí encuentra la afirmación central, de que «la ley es y permanece una y la misma, tanto para los penitentes como para los impenitentes, tanto para los regenerados como para los no regenerados, a saber, la voluntad inmutable de Dios. La diferencia, en lo que concierne a la obediencia, radica en el hombre»[427]. Esto es lo que interesa recalcar a Bonhoeffer: a la luz del citado pasaje del *Libro de concordia* intenta mostrar que no se puede entender los distintos usos como distintos modos de predicar, sino que se trata de un solo modo, con un solo sujeto, pero que se distingue en *tres usos según el efecto* que produce en los oyentes. No puede pues haber una prédica de ley para el mundo, ocupada de la disciplina externa, y otra distinta prédica de la ley para la Iglesia, sino que «en el primer uso se encuentra ya todo el contenido de la ley, esto es, ambas tablas del decálogo»[428]. Así, según Bonhoeffer, donde hay recta prédica de la ley, no se requiere distinguir según el público, sino que la afirmación de un mismo contenido producirá en los distintos oyentes alguno de los efectos deseados: el cumplir con el orden externo, el ser movido a arrepentimiento o a nueva obediencia —y así se mantiene la unidad de la ley. Bonhoeffer invierte en consecuencia una frase atribuida a Agrícola, esto es, que «el decálogo está en su lugar en el gobierno municipal, no en la Iglesia», afirmando, por el contrario, que «el decálogo corresponde tanto a la Iglesia como al municipio»[429].

Aquí, en una discusión basada en los escritos confesionales luteranos, esto puede parecer un tanto seco; pero en la novela hemos visto que esto no es un punto marginal para Bonhoeffer, sino algo que con convicción logra integrar al final de la misma, en la idea de

---

[427] DBW XVI, 601 (Epítome de la *Fórmula de concordia* VI, 6).
[428] DBW XVI, 603.
[429] DBW XVI, 609.

que el pastor debía predicar la ley durante seis días de la semana, y sólo los domingos el evangelio. Sería, sin embargo, un error grave el comprender esto como un cambio de énfasis de la teología, como si debiera reorientarse desde la gracia, desde el evangelio, a la ley. Cuando Bonhoeffer se opone a la separación de los tres usos como si ellos debieran ser entendidos como definidos por tres sujetos o tres objetos distintos de la ley, lo que está afirmando es precisamente que la prédica de la ley no se realiza «por ningún interés *independiente* en el establecimiento de un determinado orden civil»[430]. Para entender eso hay que enfatizar no sólo que de la prédica de la única ley se espera como efecto los tres «usos»[431], sino que además el mismo conocimiento de la ley, en una situación de derrumbe de todas las estructuras sociales, debe ser reconocido como una gracia que nos ha sido dada. Así Bonhoeffer, comentando la alegría a la que Nehemías y Esdras llaman al pueblo cuando es reencontrada la ley (Neh. 8:11-12), describe la ley y la gracia divina con la siguiente fórmula: «su ley es su gracia»[432]. En efecto, contrariamente a la común oposición entre «ley» y «gracia», Bonhoeffer suele llamar la atención sobre el hecho de que también es una gracia la ley. Así lo afirma, en un tono claro y personal en su comentario al Salmo 119: «La ley de Dios no puede ser separada de su acto de salvación. El Dios de los diez mandamientos es el mismo Dios que te ha sacado de Egipto (Ex. 20:2). Dios da su ley a aquellos que ama, a los que ha escogido y aceptado (Dt. 7:7-11). Conocer *la ley de Dios es gracia y alegría* (Dt. 4:6-10)»[433].

Conflicto moral y mandamiento concreto

Junto a este constante interés de Bonhoeffer por la ley, manifiesto en su comentario al Salmo 119 y en su constante ocupación con el decálogo —sobre el cual intenta un comentario todavía en

---

[430] DBW XVI, 613. Énfasis de Bonhoeffer.

[431] Bonhoeffer se pregunta con toda razón si con *usus* la teología luterana clásica dio aquí con un buen término.

[432] DBW XIV, 943.

[433] DBW XV, 502. Mi cursiva.

prisión—, es propia de él una preocupación por el «mandamiento concreto»[434]. Su preocupación por la posibilidad de un mandamiento concreto de la Iglesia parece estar orientada sobre todo a la figura de los profetas del Antiguo Testamento, en los cuales es frecuente encontrar no una lista de mandamientos como el decálogo, sino juicios respecto de situaciones políticas o morales concretas. Desde temprano Bonhoeffer se ve movido —una vez más siguiendo a Barth— por la idea de que la Iglesia tiene que orientar de ese modo en la vida pública: con un mandamiento concreto, en lugar de limitarse a enseñar principios. Dicha oposición entre «principios» y «mandamientos» —a mí parecer un tanto artificial— es común en Bonhoeffer: «La Iglesia no debe proclamar principios, que siempre son ciertos, sino sólo mandamientos, que son ciertos hoy; precisamente lo que es verdadero "siempre", justamente hoy no lo es»[435]. Así lo que Bonhoeffer llama «mandamiento concreto» es lo que hoy muchos llamarían la «voz profética» de la Iglesia: «Un mandamiento debe ser concreto, o no es mandamiento. El mandamiento de Dios exige en este momento algo muy concreto de nuestra parte, y la Iglesia nos lo debe proclamar»[436]. ¿Pero es razonable esta pretensión de Bonhoeffer? Bonhoeffer parece esperar aquí de la Iglesia un juicio concreto en materias políticas de naturaleza tal, que parecería contradecir todo lo que él mismo ha escrito sobre el peso de la responsabilidad personal: espera de la Iglesia, expresamente, un mandamiento sobre qué sistema económico seguir, o sobre si ir o no a la guerra.

Antes de atender a las debilidades de tal pretensión de Bonhoeffer, puede ser bueno preguntarse qué puede haber movido a Bonhoeffer a esta tendencia. Aunque su crítica a los «principios» pueda ser exagerada, es fácil comprender su actitud si se piensa en lo común que es resistirse a sacar las conclusiones certeras de los mismos, intentando refugiarnos en «dilemas morales». De hecho, la mentalidad de la que Bonhoeffer está intentando alejarse es pre-

---

[434] Sobre la continuidad de esos dos puntos en Bonhoeffer cf. Glenthøj (1992).
[435] DBW XI, 332.
[436] DBW XI, 333.

cisamente aquella que centra la ética en la discusión sobre dilemas morales. Es ante eso que Bonhoeffer reacciona repetidamente con críticas a quienes «retroceden desde el claro mandamiento de Dios a la interesante e indiscutiblemente humana situación del "conflicto moral"»[437]. Es de esta concepción de la vida como interesante «conflicto moral» o conmovedora «tragedia moral» que Bonhoeffer una y otra vez nos llama a distanciarnos: «Dios no nos hace vivir en conflictos insolubles, no convierte nuestras vidas en tragedias éticas, sino que da a conocer su voluntad, exige su cumplimiento y castiga la desobediencia. Las cosas son más sencillas de lo que quisiéramos»[438]. Como no es de extrañar, esta polémica de Bonhoeffer es presentada de modo preferente mediante la contraposición entre Jesús y los fariseos, quienes son puestos como el modelo de quien ve «cada instante como situación de conflicto»[439]. Bonhoeffer se refiere por ejemplo a las discusiones de Jesús con los fariseos para mostrar que rara vez parecen diálogos. Pues Jesús ni siquiera está dispuesto a entrar en esa situación de conflicto, no entra en el juego de los que quieren abordar la vida moral desde las situaciones límite en lugar de desde el centro. Con sus respuestas Jesús simplemente deja atrás la situación de conflicto moral. Así «incluso quien lea superficialmente el Nuevo Testamento notará cómo este mundo de la disensión, del conflicto, de la problemática moral, parece haber desaparecido»[440]. Tal vez esta oposición de Bonhoeffer a quienes se refugian en el «conflicto moral» permita entender su énfasis en la necesidad de un mandamiento concreto.

Pero sería sin duda un error el creer que con ello, o con la hoy más típica fórmula de la «voz profética de la Iglesia», se logra resolver adecuadamente la cuestión de la vida política de los cristianos. Pues un «mandamiento concreto» o una acción política directa de los cristianos, eso mismo lo encontramos también en los «cristianos alemanes». Y el propio Bonhoeffer es perfectamente consciente

---

[437] DBW IV, 61.
[438] DBW XV, 532.
[439] DBW VI, 312.
[440] DBW VI, 311.

de ello. En la conferencia de Fanö de 1934, el momento en que a propósito de la paz mundial más urgentemente llama a un «mandamiento concreto», sostiene a la vez que «un silencio cualificado tal vez sea hoy para la Iglesia algo mucho más adecuado que un hablar, que tal vez sería muy poco cualificado»[441]. Quizás con ello haya querido sugerir la idea de algo así como un «silencio profético», esto es, la «voz» de una Iglesia que orienta precisamente guardando silencio sobre algunos temas en los que todo el mundo opina, guardando silencio ante situaciones en las que todo el mundo se levanta en júbilo, pero que precisamente mediante tal silencio hace perfectamente «audible» y visible el hecho de que no da su bendición al rumbo que toma el mundo. En cualquier caso, tras dicha conferencia de Fanö escribirá a su amigo Erwin Sutz afirmando que con su llamado a un mandamiento concreto logró «descargar mi conciencia teológica», pero que «desde luego muchas preguntas quedan abiertas». Así Bonhoeffer parece tener conciencia de las limitaciones de su posición. ¿De dónde vienen dichos problemas?

Tal vez gran parte de los problemas aquí suscitados son por la excesiva concentración de Bonhoeffer en la función política de la *Iglesia*, en lugar de centrarse en la función política de los cristianos, cada uno desde sus propios campos de trabajo, así como desde el trabajo propiamente político. Bonhoeffer por supuesto distingue la responsabilidad política de la Iglesia de la responsabilidad política de los cristianos[442] —pero toda su concentración está en la Iglesia. Y está plenamente consciente de ello. En efecto, desde temprano se opone a la idea de que sean simplemente individuos los que deban oponerse al nacionalsocialismo. Uno bien puede comprender su preocupación por el «individualismo» que habría en ello, su preocupación por lo desamparados que quedan los individuos al quedar enfrentados de modo individual, y no como Iglesia, a un Estado aparentemente omnipotente. Pero de todos modos sería una falsa alternativa el pensar que sólo puede haber participación cristiana de la Iglesia o la de cristianos individualmente considerados. Bien

---

[441] DBW XI, 330.
[442] DBW XVI, 531.

puede haberla de distintos tipos de organizaciones cristianas que no sean idénticas con la Iglesia, y que sí sean capaces de un hablar cualificado en materias políticas.

Con todo, Bonhoeffer sí establece diferencias respecto de cómo deberá actuar la Iglesia según las distintas situaciones en que se encuentre en el mundo: es distinto el modo y el tono en el que vaya a hablar la Iglesia según esté en una situación primordialmente misionera, o con reconocimiento estatal, o bajo persecución: «Una minoritaria iglesia misionera se abrirá camino mediante la prédica de Cristo, y recién así llegará tal vez a ser corresponsable por el curso del mundo; para una iglesia estatalmente reconocida y para los cristianos en cargos públicos vale más bien que el dar testimonio del mandamiento de Dios respecto del Estado, la economía, etc., es parte de su confesión de Cristo; cuanto más la situación de los cristianos se vuelva la de Apocalipsis 13, y sean así no ya responsables por la injusticia cometida en el mundo, sino ellos mismos quienes sufren injusticia, tanto más su responsabilidad por el mundo se mostrará en un obediente sufrimiento y en una seria disciplina eclesiástica»[443]. Esta clasificación de distintas situaciones de la Iglesia acaba finalmente con una frase que también se encuentra en otros escritos de Bonhoeffer, y con la que bien podemos acabar este capítulo: «Ni siquiera en las catacumbas la Iglesia deja de tener una tarea universal»[444].

---

[443] DBW XVI, 555
[444] DBW XVI, 555-556. Véase también XVI, 614.

La iglesia, espiritualidad y fe de Bonhoeffer

Ya hemos intentado, en el segundo capítulo de este libro, aclarar algunos malentendidos que pueden surgir en la lectura de las críticas de Bonhoeffer a la «religión». Otro posible malentendido sería el de quienes creen que Bonhoeffer entiende bajo «lo religioso» la vida espiritual o la adhesión a la Iglesia. Esto se ha vuelto, después de todo, una manera corriente de hablar: la de quienes afirman adherir por ejemplo al cristianismo, pero no a la Iglesia, o la de quienes identifican el ser «religioso» con algún énfasis mayor o menor en lo «espiritual». Un «cristianismo sin religión» sería entonces un cristianismo en cierta medida «paraeclesiástico» e «intramundano». Ahora bien, no cabe la menor duda de que Bonhoeffer no ha de ser clasificado como representante de una posición semejante. Después de todo, su crítica de la «religión» va acompañada de una vida marcadamente eclesiástica y de la redacción de obras de espiritualidad. Muy iluminador al respecto es lo que años tras su muerte escribiría su novia María von Wedemeyer: estando Bonhoeffer en prisión, es decir, precisamente en el tiempo en que Bonhoeffer más duramente hablaba contra «lo religioso», ella intentó leer la totalidad de sus obras, pero se sintió frustrada por su incapacidad para entenderlas. A esto Bonhoeffer habría respondido aliviado, que la única de sus obras que en ese momento significaba algo para él era *Vida en comunidad*[445]. Es decir, precisamente aquel libro que más detenidamente trata de la vida espiritual es lo que Bonhoeffer más aprecia en el tiempo en que critica la «religión». Y *Resistencia y sumisión*, donde se encuentra la crítica de la religión, es

---

[445] Von Wedemeyer (1967:27).

una obra llena de referencias a momentos de oración, al modo en que extraña a los hermanos, al consuelo encontrado en los himnos de Paul Gerhard, a los retrocesos y avances en su propia lectura bíblica.

Atendiendo a eso es que queremos cerrar este libro con una sección dedicada a la visión que Bonhoeffer tiene de la Iglesia y a sus escritos de espiritualidad cristiana. También aquí tendremos ocasión de ver a un Bonhoeffer que con su visión de la espiritualidad está respondiendo conscientemente a la amenaza nacionalsocialista. Pero si se lo elogia por una espiritualidad «aterrizada», sería un error comprender eso como espiritualidad politizada. Es aterrizada, precisamente porque logra recuperar la sustancia de la espiritualidad cristiana, distinguiéndola del entusiasmo de masas que hay tras un fenómeno como el nacionalsocialismo. Eso es lo que veremos a continuación en varios pasos. Antes de tratar directamente su espiritualidad atenderemos a su comprensión de la Iglesia (1), a lo cual seguirán algunas observaciones sobre el trabajo práctico de Bonhoeffer en el campo del ecumenismo (2) y su visión de las distintas tradiciones cristianas (3). Tras ello nos concentraremos en algunos puntos concretos de la espiritualidad de Bonhoeffer. Para ello partiremos contrastándola con el fenómeno de la «camaradería» (4), para luego desglosar esto en algunos puntos concretos, como la confesión de pecados (4a), la Biblia y la prédica (4b), la oración (4c) y la conversión (4d). Así se tendrá una visión general de su espiritualidad al menos suficiente como para poder constatar la coherencia de la misma con el resto de lo que hemos visto de su pensamiento.

1. La Iglesia: comunidad y autoridad

Hemos visto que cuando Bonhoeffer describe el cambio que vivió poco antes de 1933, se refiere no sólo al hecho de que comenzó a leer la Biblia y a orar, sino que descubrió «que la vida de un siervo de Jesucristo debe pertenecer a la Iglesia»[446]. Es esto lo que nos lleva a tomar su preocupación por la Iglesia como punto de partida para los siguientes temas. Bonhoeffer empezó su carrera

---

[446] DBW XIV, 113.

académica con una tesis doctoral sobre la Iglesia, *Sanctorum Communio*. «La invisibilidad nos destruye», escribe tempranamente a un amigo[447], y es precisamente esa preocupación por una noción de Iglesia reducida a una vaporosa «iglesia invisible» la que lo mueve desde temprano a una vida cristiana marcadamente eclesial. En medio de la jerga académica no muy atractiva de su tesis doctoral, algunos pasajes merecen ser notados. Ante todo la recurrente frase según la cual la Iglesia es «Cristo existiendo como comunidad». Es desde esta noción de lo que es ser Iglesia —en oposición a una reducción de la misma a mera «suma de los creyentes»— que Bonhoeffer busca fundar la autoridad de la misma. Así, en medio de toda su lucha con los órganos eclesiásticos del Gobierno, en medio de su tensión con otros grupos de la Iglesia Confesante, Bonhoeffer sigue siendo marcadamente, durante toda su vida, un hombre de la Iglesia. Incluso ante los llamados a buscar una renovación de la misma se muestra cauteloso, comparándolos con «la intención no muy respetuosa de actualizar a nuestra madre pasada de moda, para no tener que avergonzarnos de ella»[448]. Por supuesto reconoce que puede haber un genuino deseo por renovar la Iglesia, en la que no buscamos lo nuevo, sino que buscamos a Cristo. Pero entonces, «en el lugar de los deseos y exigencias que poníamos a la Iglesia, se encontrará la evidente adhesión a ella tal como es, el amor a ella precisamente en su pobreza y la orientación de todo nuestro pensamiento y acción a la Palabra de Dios, y ello dentro de una comunidad concreta»[449]. Uno podría enfocar esta concentración de Bonhoeffer en la vida eclesial desde dos puntos de vista un poco distintos, de los cuales uno tal vez resulta atractivo para nuestro tiempo, mientras que el otro más bien nos confronta. Pues o bien se puede acentuar que Bonhoeffer intenta mostrar el aspecto comunitario de la fe, o bien se puede acentuar que le interesa mostrar la autoridad de la Iglesia. Al primer punto Bonhoeffer dedica un libro completo, *Vida en comunidad*, y ya tendremos

---

[447] DBW V, 131.
[448] DBW XVI, 19. Conviene no obstante tener presente que esta cita y la siguiente corresponden a una carta que Bonhoeffer sólo envió una vez eliminado este párrafo.
[449] DBW XVI, 19.

ocasión de ver algunas características de la espiritualidad ahí delineada. Pero ¿cómo convive esto con el segundo punto, el énfasis de Bonhoeffer en la autoridad de la Iglesia? ¿Por qué llega siquiera a poner algún acento en dicha autoridad?

Uno de los puntos por los que la Iglesia Confesante recibía la crítica de legalista era lo relativo a la disciplina eclesiástica. ¿Puede la Iglesia tomar la decisión de sancionar de algún modo a uno de sus miembros? ¿De marginarlo de la santa cena (excomunión menor) o de toda comunión con los hermanos (excomunión mayor)? ¿No es eso la esencia misma del legalismo o del autoritarismo? Preguntas de este tipo se discutían entonces tal como ahora. Una vez más nuestra pobre imaginación política nos puede conducir al engaño: nos imaginamos a los cristianos-alemanes favoreciendo la aplicación de la disciplina, pues constituye el tipo de «exclusión» que nos gusta imaginar como característica del nazismo. Pero, muy por el contrario, el renacer de la disciplina eclesiástica vino de la Iglesia Confesante. Por supuesto también aquí hay que hacer precisiones. La precisión la podemos hacer en base al ejemplo de Paul Schneider, el primer mártir de la Iglesia Confesante. Él mismo cuenta sobre la disciplina eclesiástica tal como era practicada por su propio padre: «Se trataba de transgresiones al sexto mandamiento. Parejas que ya esperaban un hijo eran casadas sin vestimenta especial en la oficina del pastor, sin celebración alguna»[450]. Al asumir él mismo como pastor, Schneider estaría extremadamente preocupado por evitar esta clase de reducción de la disciplina a la ética sexual, tal como la había visto en la generación de sus padres, pero preocupado al mismo tiempo por mantener una disciplina, rigurosamente ejercida en conjunto con el presbiterio, «dondequiera que una transgresión pública contra los santos diez mandamientos de Dios causara escándalo a la comunidad cristiana»[451]. El escándalo público, ése sería el criterio decisivo que tendría mucha importancia en el tiempo siguiente, pues ello llevaría a choques con las autoridades. ¿Qué hacer, por ejemplo, con profesores que fueran parte de

---

[450] Schneider (1985:46).
[451] Schneider (1985:47). Mi cursiva.

la Iglesia, pero difundieran en sus clases la visión de mundo patrocinada por el Estado (un dilema que, por lo demás, también hoy puede ser actual en muchos países)? La aplicación de la disciplina eclesiástica en casos como éstos llevó a que los nacionalsocialistas frecuentemente acusaran a la Iglesia Confesante de estar utilizando «métodos medievales» para enfrentarse al régimen. La propia mujer de Schneider da sin embargo uno de los buenos argumentos para mantener dichos «métodos»: «En todas las épocas, también en la Reforma, el Estado se ha mostrado muy sensible ante la aplicación de la disciplina eclesiástica, pues en ella se vuelve visible que para la Iglesia ni la ley estatal ni la costumbre popular son la medida suprema»[452].

También Bonhoeffer fue un defensor de esta revitalización de la disciplina eclesiástica. Ello responde no sólo a su concepción de la autoridad eclesiástica, sino que descansa, muy probablemente, sobre sus dudas respecto de la capacidad de individuos para ofrecer por sí solos resistencia al régimen totalitario. A la luz de eso cabe leer textos como la siguiente afirmación de la *Ética*: «Ya no se puede dejar las decisiones y el obrar en manos de los individuos y la conciencia de los mismos, sino que aquí se requiere de mandamientos y directivas, respecto de los cuales se exige obediencia»[453]. Tal afirmación muestra de modo claro cuán cerradas filas esperaba Bonhoeffer para poder enfrentar una situación como la que vivían: «Un caminar digno de la Iglesia va de la mano con la disciplina»[454]. Pero al mismo tiempo dichas palabras nos obligan a decir algo respecto de la conciencia. En nuestro tiempo es corriente pensar en la conciencia en tensión con la autoridad eclesiástica, y además es corriente concebir a gente como Bonhoeffer como representantes de una vida que sigue la propia conciencia hasta las últimas consecuencias. Ambas ideas parecen venirse abajo al ver el desdén con el que él habla sobre la conciencia. Pero tal impresión puede ser en parte corregida si consideramos el tipo de concepción

---

[452] Schneider (1985:180).

[453] DBW VI, 89.

[454] DBW IV, 286.

de la conciencia con la que se vio enfrentado. Al respecto habría que considerar que tanto Holl, con quien Bonhoeffer estudió a Lutero, como Hirsch, el teólogo de los cristianos-alemanes, intentaban mostrar el pensamiento moral de Lutero como centrado en la conciencia[455]; pero al mismo tiempo, la concepción que ofrecían de la conciencia era una versión que podríamos llamar «romántica», tan «inmediata» como la concepción de los órdenes de la creación que hemos visto en Hirsch. Dicho modo de entender la conciencia —como un oráculo, una fuente privilegiada de conocimiento moral— es muy distinto de la idea de la conciencia como un juicio concreto sobre nuestros actos, caso en el que la conciencia queda integrada entre las restantes fuentes de nuestro conocimiento moral. Pero Bonhoeffer sólo parece haberse familiarizado con la idea «entusiasta-romántico-inmediata» de la conciencia, y en lugar de oponerle un modo distinto de entender la misma, simplemente se aleja de toda apelación a la conciencia[456]. Si esto muestra a un Bonhoeffer «cerrado», conviene ver a continuación cómo se complementa con otro tipo de «apertura», dirigiendo la mirada hacia la relación de Bonhoeffer con el movimiento ecuménico.

2. El ecumenismo

Hemos visto que Bonhoeffer desde temprano estuvo en contacto con expresiones de la fe cristiana distintas del mundo luterano en el que él creció y vivió: en Roma, Londres y Estados Unidos Bonhoeffer actuó no sólo como representante del luteranismo, sino que bebió además de lo que encontró en cada uno de estos lugares. Lentamente esto lo llevaría también a desempeñar un papel en el naciente movimiento ecuménico. Pero conviene abordar de modo detenido el tema. Algunos gustan de afirmar que «Bonhoeffer dio al movimiento ecuménico una teología». Pero eso no sólo sobredimensiona el papel de

---

[455] Véase Holl (1979) y Hirsch (1998).

[456] Para una caracterización más acabada de la idea de la conciencia como oráculo y un intento por revitalizar alternativas a esa caracterización de la conciencia, véase Svensson (2009b y 2011).

Bonhoeffer en el movimiento ecuménico, sino que da además la impresión de que el movimiento ecuménico ahora sí tendría una teología como la deseada por Bonhoeffer. Antes de llegar a tal conclusión, conviene detenerse a revisar lo escrito por él al respecto.

En primer lugar hay que afirmar que Bonhoeffer sí fue un promotor del movimiento ecuménico. Y al hacer eso se enfrentaría a los mismos teólogos a los que se enfrentó a propósito de los «órdenes de la creación», Hirsch y Althaus. En efecto, el movimiento ecuménico era vilipendiado por éstos por su carácter (obviamente) internacional. En contraste con eso, Bonhoeffer, ya antes de que Hitler asumiera el poder, había adherido al movimiento ecuménico. En 1932 tuvo que representar a Alemania en una convención checa, donde presentaría un trabajo sobre «La fundamentación teológica del trabajo del movimiento ecuménico». Ahora bien, aunque su participación da cuenta de su temprana adhesión al movimiento, ya la primera frase da cuenta asimismo del espíritu crítico con que lo hace: «No existe una teología del movimiento ecuménico»[457]. Esto puede parecer una crítica meramente académica, pero para Bonhoeffer es central: cada vez que el cristianismo ha llegado a un nuevo conocimiento espiritual, eso ha acabado expresándose en una teología. Si el movimiento ecuménico realmente constituye una profundizada comprensión de lo que debe ser la Iglesia, tendrá pues que llegar a expresarse en una teología. «Si no llega a eso, se habrá revelado a sí mismo como nada más que una útil organización eclesiástica conforme a los tiempos»[458]. Así Bonhoeffer toma distancia de las personas «prácticas», que creen que al fin aquí hay un campo «práctico» en lugar de «dogmático». Precisamente esta actitud tiene, según él, por consecuencia que el movimiento ecuménico quede expuesto al vaivén político: «Precisamente porque no hay una teología del movimiento ecuménico, el pensamiento ecuménico se ha vuelto, por ejemplo, insignificante y carente de fuerza en la juventud alemana, hoy marcada por la ola política del nacionalismo»[459].

---

[457] DBW XI, 327.
[458] DBW XI, 328.
[459] DBW XI, 329.

Pero no es sólo este nacionalismo el que Bonhoeffer ve como obstáculo al ecumenismo, sino la ausencia de preocupación por la verdad en el movimiento ecuménico, lo cual lo expone a ser víctima de tal clima cultural: «Las iglesias que integran el movimiento ecuménico no tienen un conocimiento común de la verdad, sino que precisamente en este punto es donde más profundamente separadas parecen estar. [...] Y esto necesariamente lleva a que nuestras palabras sean carentes de fuerza, incluso mentirosas»[460]. Cuando Bonhoeffer escribe esto no se trata de una crítica gratuita, sino de algo que habría de experimentar muy claramente pocos años más tarde, en 1935. En dicho año Bonhoeffer sería invitado a participar de una conferencia ecuménica en Dinamarca. Respondió aceptando la invitación, pero bajo la condición de que no fueran invitados los representantes de la iglesia alemana leal al régimen nacionalsocialista. La respuesta que recibió era sintomática respecto del clima del ecumenismo liberal: siendo la Comisión de Fe y Orden un espacio para el conocimiento mutuo de las iglesias, la comisión no puede excluir a ninguna de éstas mientras que las mismas «acepten a nuestro Señor Jesucristo como Dios y Salvador»; bajo esa condición ciertamente alguna iglesia podía decidir excluirse ella misma, pero el movimiento mismo no podía excluirlas[461]. Así, Bonhoeffer tenía ante sus ojos un ejemplo de cómo la neutralidad de la mentalidad liberal simplemente dejaba la puerta abierta al totalitarismo.

Es en reacción ante esta experiencia que Bonhoeffer escribe su ensayo sobre "La Iglesia Confesante y el ecumenismo". Se trata de un intento por mostrar a cada uno de estos dos lados —al movimiento ecuménico y a la Iglesia Confesante— lo que tienen que aprender del otro. Podemos invertir el orden y comenzar por la segunda parte, que contiene las preguntas realizadas por el ecumenismo a la Iglesia Confesante o, para estos efectos, a cualquier iglesia no ecuménica. Es llamativo que en esta sección del ensayo de Bonhoeffer priman ante todo las preguntas, las interrogaciones que quieren plantear un desafío: si todas las iglesias del mun-

---

[460] DBW XI, 343.

[461] La correspondencia entre Bonhoeffer y Hodgson se encuentra en DBW XIV, 51-62.

do se intentan unir en reconocimiento de la propia pecaminosidad, en oración, en predicación, «¿es lícito partir por declarar todo esto imposible? ¿Hay derecho a lanzar un anatema generalizado sobre todo esto? ¿No es este testimonio de las iglesias cristianas algo que nos ordena en primer lugar a detenernos y reflexionar un momento?»[462]. Así prosigue: «¿Puede haber una oración honesta por la unidad de la Iglesia ahí donde se parte por excluirse de tal comunión? ¿No debería precisamente aquella Iglesia que tan preocupada está por la verdad, precisamente por amor a esta verdad ser la primera en detenerse a escuchar?»[463]. Es con estas preguntas que Bonhoeffer se pone dentro del movimiento ecuménico, desafiando a su iglesia a unirse al mismo.

Muy distinta es la primera parte del ensayo. Ahí no priman las preguntas, sino las críticas detenidas y lentamente elaboradas. Parte por mencionar a la Iglesia Confesante como un signo de interrogación puesto al movimiento ecuménico. ¿Qué hace la Iglesia Confesante para el ecumenismo? Lo pone precisamente ante la cuestión de la confesión: «En el *Kirchenkampf* [la *lucha* entre el gobierno nacionalsocialista y la Iglesia] la Iglesia Confesante ha aprendido que la Iglesia debe dejarse definir en todo —desde la predicación del evangelio hasta las finanzas de la Iglesia— por la confesión de fe. Para ella no hay en consecuencia espacios libres de confesión, no hay espacios neutrales, y así pone a sus compañeros de diálogo de modo inmediato ante la pregunta por la confesión»[464]. De la seriedad de esa confesión de fe nace lo que la Iglesia Confesante opone a un ecumenismo liberal: «La Iglesia Confesante necesariamente insistirá en que la solidaridad eclesial se manifiesta en que sus compañeros de diálogo no sostengan simultáneamente un diálogo con ella y con las abyectas iglesias heréticas. [...] Esto es una pretensión insólita. Pero sólo así la Iglesia Confesante puede entrar en el diálogo ecuménico»[465]. A partir

---

[462] DBW XIV, 394.
[463] DBW XIV, 395.
[464] DBW XIV, 382-383.
[465] DBW XIV, 383.

de esto Bonhoeffer plantea su pregunta principal al ecumenismo, que ya estaba esbozada en una anterior intervención de 1932. En ese momento Bonhoeffer preguntaba «¿Con qué autoridad habla la Iglesia?», respondiendo que sólo podía hablar con autoridad si se entendía como Cristo presente en la tierra[466]. Ahora, en 1935, plantea la pregunta de modo directo a los órganos ecuménicos: «¿Es la ecúmene en su representación visible Iglesia?». Si se entiende como tal, afirma Bonhoeffer, la seriedad de su tarea es total. Pero el movimiento ecuménico se encuentra en gran medida inclinado a una autocomprensión distinta, a entenderse como encargados de mostrar «la variedad y armonía del cristianismo. Nadie tiene pretensión de verdad absoluta, cada uno trae su don propio y presta su servicio respectivo al todo. [...] Esto es, por decirlo así —escribe Bonhoeffer—, el dogma del movimiento ecuménico»[467]. Lo propio de la Iglesia Confesante, afirma Bonhoeffer, es destruir esta construcción. Pero destruirla no en oposición al movimiento ecuménico, sino destruirla precisamente porque ella quita su seriedad al mismo: «La idea romántico-estética-liberal del ecumenismo no toma en serio la pregunta por la verdad y no ofrece por tanto posibilidad alguna de entender la ecúmene como Iglesia»[468].

Ante estas críticas de Bonhoeffer al ecumenismo liberal es esperable una contrapregunta: la Iglesia Confesante parece tan centrada en la verdad, que pareciera tener que excluir no sólo al resto de la iglesia alemana del diálogo, sino en rigor a toda iglesia que no esté confesando la verdad en los mismos términos que ella; pero ¿no es en realidad todo ecumenismo el que resulta imposible de este modo? Bonhoeffer está atento a esta posible interpretación, y responde en los siguientes términos: «Quien habla así no sabe nada de la confesión viva, sino que toma la confesión por sistema muerto que esquemáticamente puede ser usado como medida para evaluar a las restantes iglesias. Pero la Iglesia Confesante no está confesando en abstracto, no confiesa contra los anglicanos o las iglesias libres, de

---

[466] DBW XI, 331.
[467] DBW XIV, 390.
[468] DBW XIV, 391.

momento ni siquiera confiesa contra Roma, ni confiesa el luterano contra el reformado, sino que la Iglesia Confesante confiesa *in concretissimo* contra la iglesia cristiano-alemana y contra la nueva deificación pagana de las criaturas; para la Iglesia Confesante el anticristo no se encuentra en Roma ni en Ginebra, sino que está sentado en los órganos de la iglesia del Reich en Berlín»[469]. La mención de Roma y Ginebra resulta fácil de entender si se tiene en mente que parte de la propaganda de los cristianos-alemanes era el presentar a los luteranos de la Iglesia Confesante como «seducidos» por un «legalismo calvinista» y un «internacionalismo católico». Ni más ni menos que el máximo ideólogo del nacionalsocialismo, Alfred Rosenberg, había escrito en este sentido un panfleto titulado *Protestantes peregrinos a Roma* (1937). Un documento de los cristianos-alemanes de 1936, en tanto, se quejaba entretanto de que la «iglesia de Lutero se ve amenazada por los peligros provenientes de Ginebra y Roma, que amenazan con convertir la iglesia del pueblo *(Volkskirche)* nuevamente en iglesia de pastores y en secta»[470]. Ahora bien, por supuesto Bonhoeffer como luterano concede que vive bajo cierto enfrentamiento con «Ginebra» y «Roma» —pero no es una lucha de vida y muerte como lo es el enfrentamiento con los órganos eclesiásticos de Berlín. Cuando la Iglesia Confesante se enfrenta a las restantes iglesias, no es pues en lucha de vida y muerte, sino en reconocimiento de la común culpa por la división de la Iglesia: «En este lugar nuestra confesión se torna más bien confesión de pecados»[471]. Así podríamos decir que Bonhoeffer es dogmático, que no se avergonzaría de ser calificado de tal, pero que eso no ha de entenderse como la simple oposición de un bloque de ideas contra todos los restantes, sino que el dogma vive enfrentándose de un modo distinto con diversos tipos de adversarios.

Guardemos pues las proporciones: Bonhoeffer no creó una «teología del movimiento ecuménico», sino que constató la ausencia de la misma y planteó al movimiento ecuménico un conjunto de preguntas serias. ¿Se encuentran éstas hoy contestadas? Desde luego la situación ha cambiado desde entonces: hoy hay una, y más

---

[469] DBW XIV, 392.
[470] Schmidt (1964:695).
[471] DBW XIV, 393.

de una, teología del movimiento ecuménico. Más allá de cuál sea la teología predominante, sin embargo, la autocomprensión de muchos que participan del movimiento sigue siendo la que Bonhoeffer califica como «ecumenismo romántico-estético-liberal», que a lo sumo busca gozarse en la «variedad» del cristianismo. Ante eso las preguntas de Bonhoeffer se mantienen vigentes. Pero se mantienen vigentes precisamente porque también se mantiene vigente su sentido de la urgencia del trabajo por la unidad de los cristianos. Para complementar esto puede ser útil dirigir la mirada al modo en que Bonhoeffer, al margen de su participación oficial en el movimiento ecuménico, se aproximó a otras tradiciones cristianas.

3. Las tradiciones cristianas

El protestantismo sin Reforma

En su participación en el movimiento ecuménico Bonhoeffer se entendía a sí mismo como teólogo luterano. Este carácter específicamente luterano de Bonhoeffer se vuelve especialmente visible si consideramos la relevancia que concedía a los escritos confesionales de la Iglesia Luterana, esto es, los textos en los que la Iglesia Luterana, entre 1530 *(Confesión de Ausburgo)* y 1577 *(Fórmula de Concordia)*, había fijado su ortodoxia. No sólo la Biblia es autoridad para Bonhoeffer, no sólo —en otra medida— los escritos de los reformadores, sino también estos textos confesionales en los que apoya algunas de sus argumentaciones. ¿Qué ocurre con esto al enfrentarse Bonhoeffer a otras tradiciones cristianas? Ya su primera visita a Estados Unidos significó para Bonhoeffer una ampliación de su horizonte eclesiástico. Esto se intensifica en su segunda visita. Las impresiones que anotara en su diario de vida tras los sermones de distintas iglesias vierten bastante luz sobre esto: algunas reflejan su indignación sobre una prédica que sólo llama a «tener un horizonte». «Esta prédica vuelve libertino, egoísta, indiferente»[472]. Pero el mismo día, tras el culto de la tarde en una iglesia presbiteriana,

---

[472] DBW XV, 225.

escribe que «con esta prédica se me han abierto los ojos para otra América, totalmente distinta. [...] En algún tiempo más, cuando Riverside Church [donde había estado en la mañana] sea ya sólo un centro de idolatría, esto será aún un centro de resistencia»[473]. El diario de vida —Bonhoeffer siempre llevaba uno al viajar— registra variadas reacciones como éstas. Resultado de estas impresiones es un ensayo que Bonhoeffer escribiría al volver a Alemania en agosto de 1939, bajo un título que luego algunos han utilizado para describir también el protestantismo latinoamericano: "Protestantismo sin Reforma". Con este título Bonhoeffer busca dar cuenta de un sencillo hecho: Estados Unidos puede ser considerado, en cierto sentido, como el país por antonomasia del protestantismo; pero al mismo tiempo no es el país en el que se dio la Reforma protestante. Es un país que por lo tanto ha heredado las divisiones, pero removiéndolas de su origen. ¿Qué tipo de iglesias nacen como resultado de esto?

Bonhoeffer parte por aclarar que se distancia de quienes buscan explicar la naturaleza de una iglesia por sus peculiaridades geográficas, nacionales o sociales. Tales explicaciones sociológicas son «usuales, tanto como aburridas y finalmente falsas. Usuales desde que despiertan más interés las formas históricas del cristianismo que la verdad del mismo; aburridas, porque conducen a un esquematismo cómodo y muerto; falsas, porque disuelven de antemano el carácter vinculante que las iglesias afirman en su prédica y enseñanza. [...] A lo sumo esto llevará a un cierto gozo estético ante la variedad de las formas históricas del cristianismo»[474]. Bonhoeffer critica así a quienes, por ejemplo, explicarían la naturaleza de tal o cual iglesia afirmando que es algo «típicamente norteamericano». Se trata pues de abandonar ese intento simplista por entender las iglesias desde fuera e intentar captar algo de lo que es la autocomprensión de las mismas. Así, lo primero que llama la atención de Bonhoeffer al considerar las iglesias norteamericanas es el hecho de que prefieren ser consideradas como denominaciones que como

---

[473] DBW XV, 226.
[474] DBW XV, 432.

iglesias. Algunos —nota con preocupación— incluso parecen considerar demasiado ambicioso el título de «Iglesia». ¿Qué es lo propio de una denominación en contraste con la autocomprensión del que se entiende como Iglesia? «La denominación no está determinada primariamente por la confesión. La mayoría de las denominaciones no poseen siquiera un conjunto fijo de artículos de fe»[475]. La ausencia de una confesión fija de fe tiene por consecuencia que la mayoría de las iglesias que Bonhoeffer conoce en Estados Unidos se reconocen mutuamente y que las mayores diferencias doctrinales no se den entre una denominación y otra: «Las diferencias doctrinales *dentro* de una denominación (bautistas o presbiterianos) muchas veces son mayores a las diferencias *entre* una denominación y otra»[476]. Naturalmente un abismo separa esto de la Iglesia Confesante de la que es pastor Bonhoeffer.

¿Pero qué tan insalvable es el abismo? Mediante una mirada a la historia Bonhoeffer intenta aclarar esto. Así es como el origen de la diferencia lo ve ante todo en el hecho de que «al comienzo de gran parte de la vida denominacional en Estados Unidos se encuentra la decisión voluntaria o forzada de huir»[477]. Estados Unidos es un país en gran medida formado por quienes huyen de la persecución religiosa en la Europa del siglo XVII. Bonhoeffer se detiene ante el hecho de que la huida puede ser un camino perfectamente legítimo para el cristiano: negar a Cristo es pecado, pero huir del enemigo no lo es, y no todos estamos llamados al martirio. Pero quien huye en cierto sentido renuncia a la lucha como modo de existencia. Así en Estados Unidos se encuentran los protestantes de distintas confesiones, que ya han realizado su renuncia a la lucha por la propia confesión. Ahora bien, según Bonhoeffer esto tiene efectos radicalmente distintos en la primera y en la segunda generación: «Para la generación de los fugitivos el camino a Estados Unidos es una decisión de fe que involucra toda la vida. Para ellos precisamente la renuncia a la lucha confesional es una

---

[475] DBW XV, 435.

[476] DBW XV, 436.

[477] DBW XV, 441.

posibilidad cristiana ganada en la lucha. Pero ahí surge un peligro para las generaciones venideras, que nacen en esta situación de ausencia de lucha, sin que ellos mismos hayan tomado una decisión vital que los llevara a esta situación»[478]. Lo que para los padres es un derecho ganado poniendo en juego la propia vida, para los hijos se convierte así en una regla que dan por sentada, llevando a la visión banal de tolerancia que domina sus mentes.

¿En qué medida esto es positivo y en qué medida una iglesia como la de Bonhoeffer puede entrar en diálogo con estas tradiciones denominacionales? Bonhoeffer parte por constatar que esto no necesariamente contribuye a una más profunda unidad de la Iglesia. «Precisamente aquí, donde la pregunta por la verdad no es el criterio determinante para la comunión o división eclesial, es donde mayor se vuelve la atomización de los cristianos en distintos grupos»[479]. Pero asimismo puede constatar que hay aquí algunos elementos positivos: las iglesias del «protestantismo sin Reforma» deben ser entendidas no tanto desde su teología, sino desde su culto, desde el trabajo práctico de la iglesia local y desde su impacto en la vida pública. «Nadie puede ser justo con estas iglesias mientras que las evalúe a partir de la teología de las mismas»[480], escribe Bonhoeffer. Y si bien esto puede ser dicho con un cierto tono de lamento por parte de alguien que, como Bonhoeffer, ama la teología, al mismo tiempo él reconoce una consecuencia positiva (importantísima): «Aquí una mala teología no puede causar gran daño»[481], una diferencia notoria respecto de la Alemania de Bonhoeffer. Y así, a pesar de las grandes diferencias que nota entre «las iglesias de la Reforma» y el «protestantismo sin Reforma», Bonhoeffer está seguro de que el diálogo entre estas tradiciones es una de las grandes tareas que están por delante: «La tarea decisiva hoy es el diálogo entre el protestantismo sin Reforma y las iglesias de la Reforma»[482].

---

[478] DBW XV, 442-443.
[479] DBW XV, 436.
[480] DBW XV, 455.
[481] DBW XV, 455.
[482] DBW XV, 460.

Está al mismo tiempo consciente de las dificultades de este diálogo: «Es difícil para las denominaciones norteamericanas entender la lucha por una iglesia confesional; y no es menos difícil para las iglesias de la Reforma entender el camino de una denominación norteamericana. Pero precisamente porque no parece encontrarse una plataforma común para un encuentro, la vista queda liberada para la única plataforma sobre la que los cristianos pueden encontrarse, la Biblia»[483].

Por otra parte, no debe imaginarse que las críticas al «protestantismo sin Reforma» sean realizadas desde una visión idílica de lo que son las iglesias nacidas de la Reforma. En primer lugar hay que pensar en el escepticismo con que Bonhoeffer miraba desde Roma, en su juventud, el protestantismo cultural en el que creció: «Hoy se esconde bajo el concepto de protestantismo mucho que deberíamos calificar abierta y francamente como simple materialismo; lo único que se acaba apreciando en el protestantismo es la posibilidad de ser librepensadores»[484]. Años más tarde hará referencia a esto en la confesión de Bethel, rechazando que se vea «el actuar de Lutero como un despertar del espíritu germano, como el origen del sentimiento moderno de libertad o como la fundación de una nueva religión»[485]. A un protestantismo reducido a eso lo ve como «asilo de espíritus huérfanos, refugio de la Ilustración inculta»[486]. En toda su obra se encontrarán afirmaciones de este tono, y no sólo sobre el protestantismo liberal, sino de modo general sobre el protestantismo.

Baste aquí con referir a una prédica de 1934 para el día de la Reforma. Bonhoeffer no escoge para dicha fecha un texto referido a la fe, sino uno que haga referencia al amor: «De modo intencional he organizado la serie de prédicas sobre I de Corintios 13 de modo tal, que este texto caiga en el día de la Reforma»[487] —así comienza el sermón. Y el texto al que se refiere es: «ahora permanecen la fe,

---

[483] DBW XV, 441.
[484] DBW IX, 109.
[485] DBW XII, 369.
[486] DBW IX, 109.
[487] DBW XIII, 399.

la esperanza y el amor, estos tres; pero el amor es el mayor entre ellos». Quien lea sermones como éste verá a un Bonhoeffer no movido por una actitud hipercrítica de su propia tradición, pero sí ajeno a cualquier glorificación de la misma. Sería tal vez correcto decir que no son sermones de «celebración de la Reforma», sino de «conmemoración de la Reforma». Él mismo, en prédica a sus alumnos, los llama a no «celebrar» la Reforma, sino a reformarse: «Este es el fundamento de toda Reforma, no la glorificación de las personas y de la historia pasada, no el recitar frases luteranas, sino escuchar agradecidos el llamado de Dios a la conversión»[488]. Ese mismo tono de reflexión encontramos una década más tarde, cuando le corresponde conmemorar el 31 de octubre en prisión. Así escribe a sus padres que «hoy es el día de la Reforma, algo que precisamente en tiempos como los nuestros nos torna especialmente pensativos»[489]. Tras escribir comparando los propósitos de la Reforma con los resultados de la misma, Bonhoeffer acaba afirmando que «hace 100 años Kierkegaard dijo que Lutero, de vivir hoy, habría dicho lo contrario de lo que dijo entonces. Creo que tiene razón —*cum grano salis*»[490]. Este «grano de sal», con el que Bonhoeffer considera que hay que tomar la afirmación de Kierkegaard, se manifiesta en que Lutero es con creces el autor más citado por Bonhoeffer. En cualquier caso, como hemos podido constatar en muchas áreas de su pensamiento, la resistencia de Bonhoeffer contra los males propios de su época no nace de una posición simplemente nueva, sino de un enraizamiento —mucho más fuerte del que se le suele atribuir— en su propia tradición luterana, pero por esa vía hundiendo también las raíces de un modo más profundo en el resto de la tradición cristiana.

El status confessionis

Una consideración especial merece el calvinismo. Parte de lo que Bonhoeffer afirma sobre el «protestantismo sin Reforma» se

---

[488] DBW XIV, 972.
[489] DBW VIII, 178.
[490] DBW VIII, 179-180.

aplica también a iglesias reformadas de tradición calvinista que conoció en Estados Unidos. Pero mucho más decisivo es su encuentro con la tradición reformada dentro de Alemania, por ejemplo por el papel desempeñado por la teología de Karl Barth en la Iglesia Confesante. Los cristianos-alemanes sabrían llamar la atención rápidamente sobre esto, acusando repetidamente a la Iglesia Confesante de inconsecuencia en este punto: ¿por qué los confesantes luteranos se comportaban de modo «cerrado» o «dogmático» ante los cristianos-alemanes, pero de modo aparentemente «abierto» o «liberal» respecto de los calvinistas? La acusación podía ir más lejos, cuando los cristianos-alemanes acusaban a la Iglesia Confesante de constituir una traición a la tradición luterana, por estar «secuestrados» por el «legalismo calvinista»[491]. Presionado por este tipo de preguntas —como ya hemos visto a propósito del ecumenismo— Bonhoeffer publicaría un artículo sobre «La pregunta por la comunión eclesial». Ahí intentaría responder a dicha objeción cristiano-alemana a partir de la siguiente distinción: hay diferencias que sólo nos dividen en distintas escuelas (que pueden subsistir dentro de una misma iglesia) y diferencias, por el contrario, que nos dividen en distintas iglesias; ahora bien, «cuál sea el límite entre las diferencias que sólo crean distintas escuelas y las diferencias que crean distintas iglesias no puede ser establecido de modo definitivo»[492]. Y eso implica que las diferencias que en una situación sólo llevarían a la creación de determinadas escuelas, en otra situación se conviertan en motivo de división de la Iglesia.

¿Pero de qué tipo de «situación» estamos hablando? Para comprender esto hay que volver a dirigir la mirada al siglo XVI, concretamente a la derrota militar del protestantismo en el año 1547. El Interim —esto es, la normativa transitoria— que impuso el emperador llevaba tras esta derrota a reintroducir en los territorios protestantes algunas ceremonias católicas, argumentando que las ceremonias son algo indiferente *(adiaphora)*, y que, por tanto,

---

[491] Sobre esta acusación de «herejía en la Iglesia Confesante» informa Bonhoeffer en DBW XIV, 701.

[492] DBW XIV, 665.

el Interim podía ser aceptado sin perjuicio para la doctrina de la justificación. Se trata de un argumento aceptado, por ejemplo, por Melanchthon, el más cercano colaborador de Lutero, pero que sería rechazado por los grupos conocidos como «gnesioluteranos» (esto es, luteranos «genuinos»). Flacius, su principal representante, afirmaría que hay cosas que son en sí mismas «indiferentes», pero que en situaciones en que la Iglesia es atacada desde fuera, lo indiferente deja de serlo: se vuelve también punto de confesión[493]. Y en este punto la *Fórmula de Concordia*, que sintetiza la ortodoxia luterana, daría la razón a Flacius sobre Melanchthon[494]. Flacius, en efecto, hizo célebre la afirmación según la cual «en estado de confesión *(in statu confessionis)* o escándalo no hay nada indiferente», con lo cual quería decir que hay cosas que, si bien en sí mismas son indiferentes, dejan de serlo en situaciones de conflicto. Esta cuestión sería fundamental para Bonhoeffer, pues en el caso del nacionalsocialismo veía algo análogo: desde el gobierno se intervenía en la organización de la Iglesia, apelando al carácter indiferente de las cuestiones de organización. «La doctrina luterana —afirma Bonhoeffer en respuesta a ese argumento— es que la comunidad eclesiástica es libre para darse a sí misma tal o cual orden, en beneficio de la predicación, pero que *in statu confessionis*, esto es, de haber una agresión a la Iglesia desde fuera, también este orden pasa a ser parte de la confesión y que, por lo mismo, no se puede ceder en él. Lo que dentro de la Iglesia es un *adiaphoron*, no lo es hacia afuera, sino que pertenece a la confesión. *In statu confessionis* confesión y orden de la Iglesia son uno»[495]. Ahí donde se introduce la voluntad de aniquilación, una diferencia en algo exterior —como cuestiones de organización eclesiástica— puede transformar una división en escuelas en una división en distintas iglesias. Eso es lo que la Iglesia Confesante experimentaba respecto de los cristianos-alemanes. Lo opuesto es lo que los grupos

---

[493] Para la visión de Lutero y Melanchthon sobre las cosas indiferentes véase Verkamp (1975); para el papel de este argumento en discusiones posteriores sobre la tolerancia, Svensson (2009a).

[494] *Fórmula de Concordia*, Declaración Sólida, X.

[495] DBW XIV, 707.

luteranos de la Iglesia Confesante experimentaban respecto de los grupos calvinistas de la misma: la división en distintas iglesias se había transformado en división en distintas escuelas de una misma Iglesia. Así, una clásica posición luterana que había nacido como parte de la delimitación respecto del catolicismo, pasaba aquí a desempeñar más bien un papel unitivo, esta vez respecto del calvinismo.

Este carácter «semidogmático» de Bonhoeffer ya lo habíamos visto antes, en los dos sentidos de la palabra «confesión»: la confesión de la verdad como oposición a la iglesia herética y la confesión común de pecado, que lo une a las restantes iglesias. Él cree pues en el valor del dogma y en que tiene una función importante en la vida de la Iglesia, pero intenta distinguir usos del dogma ante distintas situaciones. A la luz de eso hay que ver también una de las más polémicas frases en su artículo sobre la comunión eclesial. Ahí Bonhoeffer retoma una frase que para muchos simboliza el más odioso dogmatismo —«no hay salvación fuera de la Iglesia»— y escribe que «quien en Alemania se separa conscientemente de la Iglesia Confesante se separa de la salvación»[496]. ¿No se pone con ello en la Iglesia una esperanza que sólo debiera ser puesta en Dios? Bonhoeffer concede que sí, que la Iglesia no debe estar concentrada en fijar sus propios límites, que «la Iglesia no dispone de sus límites»[497], sino que debe estar mirando hacia el centro de sí misma, Cristo. Pero cuando se le plantea la pregunta desde fuera, ahí se la fuerza a trazar dicho límite con una frase como la señalada.

El catolicismo

Cuando en el siglo XVII John Locke escribió su *Carta sobre la tolerancia*, con la que fundó la concepción moderna de tolerancia, ciertos grupos quedaban excluidos de la misma. Era el caso de los ateos, por ejemplo, pero también el caso de los católicos. Estos últimos por una razón muy sencilla: obedecen a un gobernante

---

[496] DBW XIV, 676.
[497] DBW XIV, 660.

extranjero —el papa— y no pueden por tanto ser súbditos leales. Precisamente ese elemento «internacional» del catolicismo constituía para el padre del liberalismo un motivo para excluirlos de una tolerancia que en otros sentidos parecía ser bastante universal. Es interesante ver cómo se invierten las cosas y en marzo de 1933, al haber elecciones parlamentarias en Alemania, Bonhoeffer confiesa a un amigo el haber votado por el partido de centro —el partido conservador católico— precisamente por el vínculo internacional del mismo: dicha dependencia de una instancia exterior a Alemania le parecía a Bonhoeffer razón suficiente para repensar un arraigado prejuicio protestante, consistente desde tiempos del *Kulturkampf* de Bismark en acusar a dicho partido de «confundir política y religión»[498].

Ya hemos visto otras áreas en las que Bonhoeffer modifica su actitud inicial hacia el catolicismo. En parte hemos visto su aprecio por muchos manuales de ética católica, así como su descubrimiento de la noción de Iglesia, descubrimiento que en parte es estimulado por su temprana visita a Roma. Bonhoeffer también da un importante lugar a otros elementos de la piedad católica que han sido a veces dejados de lado por el protestantismo, si bien para él esto no constituye una incorporación de algo «católico», sino la recuperación de algo también presente en los reformadores protestantes: así escribe, por ejemplo, desde la cárcel contando que se persigna, pero explica este uso de signos externos precisamente invocando una exhortación de Lutero a utilizarlos. Pero el catolicismo no es objeto de ningún escrito de Bonhoeffer al estilo del «Protestantismo sin Reforma». Sus observaciones sobre el mismo son, por el contrario, dispersas y tímidas; son además, previas al Concilio Vaticano II, y previas por tanto al mayor impulso ecuménico que la Iglesia Católica ha tenido desde entonces. Pero a pesar de lo dispersas, estas observaciones tienen el valor de ser un testimonio de cómo la persecución en común sufrida bajo el nacionalsocialismo abre los ojos de los que se veían antes como meros adversarios.

---

[498] Bethge (1967:315).

Ante todo en sus cartas desde el monasterio de Ettal, donde Bonhoeffer es acogido por los monjes benedictinos, encontramos observaciones de ese tipo. Así escribe a Bethge que «hoy el papa ha ordenado una oración de toda la Iglesia por la paz. ¿No podríamos haber orado con ellos? Yo al menos lo hice»[499]. «Vengo llegando de una fantástica misa» escribe asimismo en una ocasión. Y si bien añade a continuación que parte de la misa le parece ser claramente «un camino equivocado», afirma que «tengo que partir por entenderlo mejor»[500]. Aparte de estos intentos por comprender mejor el catolicismo, Bonhoeffer se duele también con los monjes ante el intento nacionalsocialista por erradicar la vida monacal: «Sería una gran pérdida —¡como lo fue para la Reforma!— si esta forma de vida preservada por 1500 años fuera destruida, lo cual los monjes aquí consideran perfectamente posible»[501]. Por otra parte, en lo que se refiere no sólo a conocimiento mutuo, sino unidad, Bonhoeffer se pregunta cómo han llegado a unirse —en el sentido de tener comunión en la santa cena— luteranos y calvinistas. Y constata que ello no ha ocurrido *teológicamente*, que las explicaciones teológicas de dicho reconocimiento recíproco en ocasiones dejan mucho que desear. Pero hay un reconocimiento común de cómo Dios juntos los ha guiado a ese punto. «Me da la impresión —escribe— de que las iglesias no se unen primeramente de modo teológico, sino por una decisión de fe de ese tipo. ¡Afirmación peligrosa, ya lo sé! ¡Cualquier cosa podría fundamentarse de este modo!». A continuación afirma que por supuesto no espera «mañana ni pasado mañana» una unión de este tipo con el catolicismo. «Pero quiero mantener abiertos mis ojos en esa dirección»[502].

Este «ecumenismo de trincheras» —enfrentados a la voluntad de aniquilación de un mismo enemigo, reducidos a un mismo pequeño campo de acción— también ha sido en otros lugares y

---

[499] DBW XVI, 77.
[500] DBW XVI, 76.
[501] DBW XVI, 74.
[502] DBW XVI, 71.

tiempos la forma en que los creyentes de distintas tradiciones cristianas se han descubierto mutuamente. ¿Qué pensar de esto? El sufrir juntos una persecución puede efectivamente ser el modo en que cristianos que antes no atendían seriamente el uno al otro ahora sí intenten comprender nuevamente la forma en que otros entienden, practican y expresan su fe. Pero al mismo tiempo puede ser negativo si lleva a que la unión se produzca definiendo nuestro cristianismo de modo puramente negativo, como respuesta a un determinado enemigo —que bien puede dejar de existir, quitando así el fundamento de la unidad—, o convirtiendo el cristianismo en la mera defensa común de ciertos «valores». Sin embargo, no hay que exagerar esos posibles lados negativos. Cuando los cristianos de distintas tradiciones han sufrido una misma persecución, rara vez su unidad se ha manifestado en un rechazo meramente político del perseguidor, sino que se han unido más profundamente en la raíz de la fe. Y rara vez ha sido desconociendo de modo ingenuo lo difícil e imprevisible que es el camino hacia la unidad.

Visto el pensamiento de Bonhoeffer sobre la autoridad de la Iglesia, el ecumenismo y las diversas tradiciones cristianas, dirigimos ahora la mirada a su espiritualidad.

4. Espiritualidad vs. camaradería

«Todos claman por un pacto, por comunión, por comunidad *[Bund, Gemeinschaft, Gemeinde]*»[503]. Así escribe en 1925 un amigo a Bonhoeffer. Con esas palabras da cuenta de un generalizado afán de comunión entre los hombres. Generalizado en todas las épocas, pero aquí revistiendo ciertas características particulares. Desde la obra de Tönnies, *Sociedad y comunidad [Gesellschaft und Gemeinschaft]*, se había instalado en el mundo intelectual una contraposición entre sociedad *[Gesellschaft]* por una parte, término bajo el que se sintetizaban todos los adelantos de la civilización, y comunidad o comunión *[Gemeinschaft]* por otra, término de síntesis para todo lo aparentemente perdido por la civilización. Esta constante

---

[503] DBW IX, 158. Carta de Richard Widmann a Bonhoeffer 17.11.1925.

oposición entre sociedad y comunidad tiene ecos en numerosos autores del período. Así el sociólogo Helmuth Plessner se sintió obligado, un año antes de la carta que hemos citado, en 1924, a dedicar una dura obra a combatir el exacerbado espíritu de crítica de la civilización y exaltación de la comunión, *Límites de la comunidad: una crítica del radicalismo social*. Ahí advertía que al enfrentarse a los binomios de civilización y cultura, sociedad y comunidad, la juventud sólo parecía capaz de entusiasmarse por el segundo elemento: cultura, comunidad. ¿Pero en qué consiste este entusiasmo por la comunión y desprecio por la civilización? Plessner lo describía como una «filosofía de la carencia de reservas *(Rückhaltslosigkeit)*»[504]. El «radicalismo social» de los que sólo buscan comunión lo resume en torno a los siguientes elementos: «Su tesis es la carencia de reservas, su perspectiva lo infinito, su *pathos* el entusiasmo. [...] Es la cosmovisión innata de los impacientes. [...] El radical desprecia lo condicionado, lo limitado, las cosas y pasos pequeños, la restricción, la discreción. [...] El enemigo del radical es la naturaleza, pues pone límites a su afán de infinitud. [...] Ser radical es un moralismo de la eficiencia, desconfianza ante la alegría y el goce, desprecio de la apariencia»[505]. Una década antes de asumir Hitler el poder, Plessner advertía que este radicalismo no era monopolio de la izquierda; habría ahora que añadir que tampoco era monopolio del siglo que nos precede, pues una vez más tal discurso se ha vuelto popular.

¿Pero qué relación guarda esto con Bonhoeffer? ¿Qué relación puede guardar con su pensamiento en general y con su espiritualidad en particular? Una de suma importancia, pues muchos podrían pensar que Bonhoeffer es una suerte de activista teológico del afán por comunidad. Después de todo, tiene una obra con el título *Vida en comunidad*; y muchas de sus críticas a la modernidad podrían ser leídas como críticas a la civilización, como una contraposición entre cultura y civilización o entre comunidad y sociedad. Pero la descripción que Plessner hace del radicalismo —que sea «la cosmovisión

---

[504] Plessner (2001:13).
[505] Plessner (2001:14-15).

innata de los impacientes» o «desprecio de la apariencia»— nos indica que también Bonhoeffer debe estar lejos del mismo. Por lo demás, hay un riesgo de la búsqueda radical de comunidad contra el que Bonhoeffer tiene que haberse sentido particularmente en guardia. Pues cuando grandes movimientos de masas comienzan a reclamar pidiendo mayor comunión, normalmente no tienen en mente comunidades pequeñas, del tipo amistad, familia o escuela, en las que esto se realice, sino que trasladan esta característica de sociedades pequeñas al Estado o a la sociedad en general. Pero pedir a la sociedad en su conjunto que cree ese tipo elevado de comunión es incitarla a transformarse en una farsa de mitos, mentiras y propaganda; es pedirle que se comporte como nuestro amigo, nuestro padre o nuestro maestro[506]. Y lo que eso genera es más bien la desaparición de genuinas amistades, de vínculos familiares permanentes, o incluso de relaciones de discípulo y maestro. Probablemente eso haya tenido en mente Bonhoeffer cuando en una ocasión deja caer el siguiente lapidario comentario: «El lugar de la amistad lo ha tomado la camaradería»[507].

Se puede, en efecto, seguir como una constante en sus escritos la advertencia contra tipos exacerbados de comunión. Así escribirá la siguiente advertencia a un sobrino que es llamado a incorporarse al ejército: «No querer separarse del destino y la necesidad de otras personas, querer tener comunión con ellos, debe ser algo muy distinto del mero apuntarse y tomar parte». Por tanto, incluso cuando tenemos certeza de un llamado de Dios a participar de tal o cual dura situación, también entonces «esta comunión está sometida a ciertos límites inviolables, y todo en nuestro interior se viene abajo cuando violamos estos límites por una falsa solidaridad»[508]. Durante el mismo tiempo, escribiendo a su novia, Bonhoeffer volverá a acentuar los límites que debe tener la comunión para no destruirse: «Con todo el amor que tengo por

---

[506] También otros miembros de la resistencia, como Klemperer (2001), tenían muy presente este riesgo de la exaltación de la *Gemeinschaft*.

[507] DBW XII, 254.

[508] DBW XVI, 364.

mis padres y mis hermanos, con toda la cercanía a mi abuela, en la relación con ellos siempre sigue habiendo cosas sobre las que no quiero hablar con uno u otro, porque no corresponden al tipo de relación que tenemos. A mi abuela esto no le agrada, pero no puede hacer nada al respecto, porque me parece correcto y me comporto en consecuencia»[509].

Cuando Bonhoeffer habla de comunidad, es pues de primera importancia distinguirla de la camaradería de la que aquí se está distanciando. Entre otras cosas porque Bonhoeffer es consciente de las consecuencias políticas de dicha camaradería: al clamor por fraternidad y comunión sigue el clamor por un líder. Esto puede parecer singular, dado que el radicalismo político muchas veces se caracteriza por un discurso antiautoritario; y, sin embargo, los mismos que habrían rechazado el seguir una autoridad inserta en determinados órdenes, ven en la aparición de un líder que prometa alguna nueva forma de vida, mayor fraternidad, mayor liberación. «En la elección del *Führer* los individuos han visto así una liberación»[510], escribe Bonhoeffer. Con el *Führer* no está aquí haciendo exclusiva referencia a Hitler, sino a todo el liderazgo buscado por el entusiasmo juvenil, el entusiasmo por una autoridad carismática que prometa forjar comunidad. Lejos de poner esperanzas en dicho tipo de renovación, Bonhoeffer cree que debe ser descrita como un tipo más de individualismo: «En el *Führer* los dirigidos han visto simplemente su propio, ideal y humano yo. En el movimiento juvenil el grupo y el *Führer* en el fondo sólo son ampliaciones del propio yo; por mucho que enfaticen la búsqueda de comunidad o de autoridad, se trata esencialmente de la propia alma»[511]. Una vez más, son múltiples los cabos sueltos del pensamiento de Bonhoeffer los que aquí se ven unificados.

Pero tras estas observaciones políticas sobre la camaradería, lo más importante es dirigir la mirada al contraste que Bonhoeffer establece entre la misma y la espiritualidad cristiana. A lo largo de este libro he enfatizado en distintos puntos la crítica de Bonhoeffer a la

---

[509] Bonhoeffer/von Wedemeyer (2004:152-3).

[510] DBW XII, 252.

[511] DBW XII, 252.

«inmediatez». Hemos visto parte de esto en su versión de la teología de los órdenes, en la idea de que los hombres no tenemos acceso directo unos a otros, que tiene sentido el que no veamos el interior del otro, que no nos podemos apropiar de modo directo de nuestro pasado precristiano, etc. Todo esto encuentra su concreción también en la espiritualidad de Bonhoeffer. Porque la inmediatez puede ser considerada como una de las notas esenciales de la camaradería. Dicho espíritu de camaradería —que por supuesto no es exclusivo del nacionalsocialismo— puede resultar tentador, pues conecta de modo directo con nuestras ansias de comunión, de fraternidad universal, de unidad. Pero lo hace de un modo precisamente «inmediato», sin atender al estado caído del hombre. Y esto se refleja no sólo en la relación de inmediata cercanía que se busca tener con otros hombres, sino también en la relación «fraternal» que se pretende tener con Dios: en la familiaridad con la que Hitler habla por ejemplo, de la providencia. Bonhoeffer busca oponer a esto una espiritualidad cristiana que sea sólida, que no sea simplemente el mismo espíritu pero acompañado de terminología cristiana.

Así es llamativo el énfasis que pone Bonhoeffer en el hecho de que no somos simplemente «hermanos», sino que tenemos el mandato de llevar la carga del otro (Gl. 6:2). «La ley de Cristo es una ley del cargar. Cargar es soportar. Para el cristiano, precisamente para el cristiano, el hermano es una carga. Para el pagano el otro no alcanza siquiera a ser una carga. Él huye de toda carga, mientras que el cristiano tiene que soportar el peso del hermano. Tiene que soportar al hermano. Sólo como carga el otro llega a ser verdaderamente hermano»[512]. Hablar meramente de que somos hermanos, de nuestra «fraternidad», se puede hacer con ligereza. La seriedad de la espiritualidad cristiana se muestra en su rechazo de esta ligereza, en su reconocimiento de que somos carga unos para otros, pero que precisamente el asumir esa carga lleva a la hermandad. Y así, cada vez que en Bonhoeffer encontremos palabras como «comunión» o «fraternidad», haremos bien en tener en mente el sentido específico

---

[512] DBW V, 85.

en que están siendo usadas, muchas veces contra lo que corrientemente se entiende por fraternidad o unidad.

Donde mejor se nota esta oposición entre la camaradería y la espiritualidad cristiana es en *Vida en comunidad*. El libro comienza mediante un comentario al Salmo 133:1: «Mirad cuán bueno y delicioso es habitar los hermanos juntos en armonía». Es precisamente esa delicia del habitar hermanos juntos en armonía la que puede ser comprendida de dos modos radicalmente distintos. Utilizando la terminología paulina Bonhoeffer habla aquí de la comunión cristiana como una comunión «espiritual», contraponiéndola a la camaradería como una comunión «psíquica»[513]. Lo «psíquico» sería ese afán por lograr una fraternidad natural entre los hombres, que nos convierta en verdaderamente uno de modo inmediato. En la comunidad espiritual «nunca hay una relación inmediata de uno con otro, mientras que en la comunión psíquica hay un profundo y originario deseo del alma por comunión, por inmediato contacto con el alma del otro, del mismo modo que la carne vive el deseo de inmediata unión con la carne del otro. Este apetecer del alma humana busca la completa fusión del yo y el tú, sea en la unión del amor o, *lo que en el fondo es lo mismo*, en la violación del otro por medio de la propia esfera de poder e influencia»[514]. *Lo que en el fondo es lo mismo*... Tales palabras debieran haber llamado la atención de los lectores de Bonhoeffer más de lo que lo han hecho hasta ahora. Bonhoeffer está tratando el abuso de poder, por el cual sometemos a otro, como algo en el fondo igual al deseo de las almas por unidad espontánea. Pocas afirmaciones podrían ser tan explícitas respecto de cuánto busca distanciarse de este espíritu de «fraternidad», «camaradería» o «unidad» inmediata.

Así habla también de las distintas «técnicas» de los dos modos de comunión: «En una reina el espíritu, en la otra la técnica psicológica y el método; en una el ingenuo, prepsicológico y premetódico amor al hermano, en la otra el análisis psicológico y la construcción; aquí el humilde y sencillo servicio al hermano, ahí el

---

[513] DBW V, 26.
[514] DBW V, 28. Mi cursiva.

escrutador y calculador tratamiento del hombre ajeno»[515]. Ahora bien, a pesar de lo sugerentes que puedan resultar estos paralelos, no hay que perder de vista la verdadera diferencia esencial. Ésta no es una distinta técnica psicológica, una mayor o menor disposición al servicio, sino que se encuentra en ese afán de inmediatez, de unión inmediata. Pues lo que la comunión espiritual de los cristianos opone a la camaradería inmediata es precisamente que sólo puede haber comunión por Cristo, esto es, que la comunión tiene que ser *mediada*, que «Cristo es no sólo mediador entre Dios y el hombre, sino entre un hombre y otro». Eso mismo es lo que Bonhoeffer enfatiza también en *Vida en comunidad*: «Que sólo somos hermanos a través de Jesucristo: esto es un hecho de una importancia inconmensurable»[516]. No es lo que cada uno de nosotros sea en sí mismo, por grande que sea dicha piedad o interioridad, lo que funda nuestra comunión, sino lo que somos porque Cristo ha entrado a mediar entre nosotros. A partir de esta oposición entre mediación e inmediatez, que ya hemos visto como central para otros aspectos del pensamiento de Bonhoeffer, incluso para su pensamiento político, quiero ahora en un último paso exponer algunos aspectos importantes de su espiritualidad.

La confesión de pecados

Uno de los puntos en que la espiritualidad de Bonhoeffer toma forma más concreta, y que requiere de una explicación detenida para un público protestante actual, es la confesión de pecados. Ya en su novela hemos visto cómo la confesión de pecados se vincula con la crítica de la inmediatez. Uno de los personajes criticaba ahí la apertura inmediata en las relaciones humanas diciendo que «tiene que tener algún sentido el hecho de que por naturaleza nos está cerrada la entrada al interior de otra persona y que nadie puede ver nuestro interior. Por tanto, con seguridad debemos guardar dicho interior para nosotros mismos en lugar de intentar compartirlo con otros». A esto su amigo respondía con una inconfundible

---

[515] DBW V, 28.
[516] DBW V, 21.

referencia a la confesión: «Salvo con Dios —o con alguna persona que haya sido enviada por Dios y sepa callar como él»[517]. A nadie le puede caber alguna duda respecto del hecho de que Bonhoeffer propiciaba la confesión auricular privada. Es probable que esto cause hoy sorpresa tanto al lector católico como al lector protestante. Comencemos, por tanto, con una aclaración histórica.

La mayor parte del protestantismo actual imagina la confesión en esta forma como algo exclusivamente católico, que habría sido unánimemente rechazado por el protestantismo. Lo protestante —según está visión de las cosas— sería la directa confesión de pecados a Dios, sin pasar por la «mediación» de la confesión ante un sacerdote o ante otro hermano. Pero esto es de partida un error histórico. Es verdad que muchas tradiciones protestantes rompieron desde un comienzo con dicha forma de confesión, pero precisamente respecto del luteranismo esto no es cierto. Desde un comienzo Lutero mostró su interés pastoral por mantenerla, y normalmente hace dicha defensa con una simple referencia a su propia experiencia: «Ni por todos los tesoros del mundo dejaré que me quiten la confesión, pues sé qué consuelo y fuerza me ha dado. [...] Si ella no me hubiera mantenido en pie, hace tiempo ya me habría devorado el demonio»[518]. Y así en el *Gran catecismo* afirma que «cuando invito a la confesión no hago otra cosa que invitar a ser cristiano»[519]. En los reformadores protestantes que mantuvieron la confesión auricular hay por supuesto algunos énfasis por los que se distinguen de la práctica católica entonces usual. Pero, con los énfasis que fuere, la confesión fue incorporada en los escritos confesionales luteranos. En la práctica esto se unió a que antes de la celebración de la Santa Cena los creyentes se acercaran individualmente a una conversación pastoral consistente tanto en confesión de pecados como en confesión de fe. Esta práctica se mantuvo también durante el siglo siguiente, pero comenzó a ser criticada por el pietismo, que veía en ella un acto crecientemente reducido a un

---

[517] DBW VII, 133.
[518] WA 10/3, 61 y ss.
[519] BLSK 732.

mero trámite formal. Y mientras algunos círculos pietistas realizaban esta crítica con el propósito de reformar la confesión, la crítica se volvió pronto tan masiva que llegó a virtualmente eliminar la confesión privada de pecados de la Iglesia Luterana. No obstante, siempre ha habido intentos por renovarla. Y esto también dentro de los movimientos de avivamiento de los siglos XVIII y XIX, por lo que no hay que imaginar la confesión como una posesión de la «ortodoxia» en contraposición al «pietismo».

Es en medio de uno de esos intentos por renovar la confesión que vive Bonhoeffer. Y es sobre todo en el período intermedio de su vida, cuando está dedicado a la formación de sus alumnos, que Bonhoeffer enfatiza esto y explica mejor lo que cree. Así encontramos en los apuntes de clase un intento de aclaración histórica como el que aquí hemos hecho, para evitar que la confesión parezca propiedad exclusiva del catolicismo. Las primeras palabras a sus alumnos son: «La confesión es patrimonio común de la iglesia cristiana»[520]. Junto con esta aclaración histórica Bonhoeffer se apoya naturalmente en las Escrituras: en los textos que hablan sobre la confesión (Mt. 18:18 y ss. y Jn. 20:22) así como en las exhortaciones más concretas (Stg. 5:16 y Ef. 4:32). Especial interés pone Bonhoeffer en el hecho de que haya un hermano al que hablemos, en lugar de hacerlo sólo con Dios. Una de las ventajas de esto es que constituye una práctica contra la soberbia: «Así practico la humildad y ataco la soberbia que es origen de todo pecado. Sólo el pecado que sale a la luz puede ser finalmente vencido»[521]. Pero al mismo tiempo es importante resaltar que esto sólo tiene sentido si el hermano al que confieso está ahí en verdadera representación de Dios: «Él me perdona en representación de Cristo, y toma mi pecado. Él lo carga ahora y lo pone así sobre Cristo. Así cada uno se vuelve Cristo para el otro»[522]. Precisamente de este punto depende para Bonhoeffer algo esencial. Como hemos visto, el redescubrimiento de un tema como la confesión ocurre junto con la toma

---

[520] DBW XIV, 749.
[521] DBW XIV, 750.
[522] DBW XIV, 750.

de distancia de cierta espiritualidad que he intentado describir en torno a la noción de «inmediatez». También dicha espiritualidad tiene un sucedáneo de la confesión. Así Bonhoeffer escribe desde la cárcel que «aquí puedo notar tanto en mí mismo como en otros la diferencia entre necesidad de comunicación, ganas de conversar y deseo de confesión»[523]. Especialmente en prisión nota el deseo de muchos por simplemente hablar: «Incluso llego a sentir cierta vergüenza al ver cómo las personas se rebajan por su necesidad de comunicación, cómo hablan de cuestiones personales a personas que ni merecen escuchar ni escuchan»[524]. Es con esto que hay que contrastar la idea de una persona «que haya sido enviada por Dios y sepa callar como él». Según Bonhoeffer es pues «en la confesión que se da *el paso a la comunión cristiana*»[525]. ¿Pero por qué cree eso? Su convicción es que a pesar de todo el trabajo en común, de la devoción en común, de la oración en común, es posible que un cristiano siga profundamente solo, «porque tenemos comunión como creyentes, como piadosos, pero no como impíos, no como pecadores. La piadosa comunidad no deja que seamos pecadores, y así cada uno esconde el pecado de sí mismo y de los otros»[526].

«Dos cosas son esenciales para la confesión: la absolución y el hermano»[527]. La concentración en la absolución se da porque el hermano no nos oye como juez y porque la confesión «no es una obra, sino que depende completamente de la absolución por el hermano —es evangelio»[528]. Pero a pesar de esta marcada orientación a la absolución, Bonhoeffer es consciente de que siempre debe mantenerse en pie la posibilidad de retener los pecados, de no dar la absolución. De lo contrario el perdón se vuelve algo que se reparte a diestra y siniestra, se vuelve lo que Bonhoeffer llama «gracia barata»: «La facultad de desatar no tiene seriedad eterna si la facultad de

---

[523] DBW VIII, 324.
[524] DBW VIII, 324.
[525] DBW V, 94. Mi cursiva.
[526] DBW V, 93.
[527] DBW XIV, 750.
[528] DBW XIV, 750.

atar no tiene asimismo seriedad eterna»[529]. Pero precisamente para que exista esa posibilidad de retener los pecados es que la confesión no debe ser una confesión general pública, sino privada, pues sólo ahí se puede retener el pecado: «El individuo necesita la confesión privada para recibir certeza del perdón. La Iglesia necesita de la confesión privada para poder dar con autoridad la absolución al individuo»[530]. Esto mismo es lo que enfatiza hacia el final de *El discipulado*: la Iglesia santa no es Iglesia de «ideal» o de personas sin pecado, pero sí Iglesia en la que «sólo se puede predicar perdón porque también se predica penitencia, en la que el evangelio no se da sin prédica de la ley, en la que los pecados no sólo son simplemente y sin condición perdonados, sino también retenidos»[531]. «En la confesión recibimos la gracia cara de Dios»[532].

El mismo énfasis en que la consejería espiritual concreta debe ir vinculada de algún modo a la confesión se encuentra en otro gran hombre de la resistencia contra el nacionalsocialismo, Martin Niemöller, quien desde su celda se preguntaba «¿Dónde ha quedado para nosotros los evangélicos la confesión de pecados, que es la verdadera consejería?»[533]. En Bonhoeffer también se encuentra la sensación de que parte del protestantismo ha perdido la capacidad de realizar verdadera consejería espiritual. Así se expresa en carta a Sutz: «Hemos vuelto a aprender a predicar, o al menos un poco. ¿Pero consejería?»[534]. Pero mientras que en Niemöller esto —entre otras cosas— desató dudas respecto de si debía seguir siendo protestante, Bonhoeffer realiza una advertencia en ambas direcciones. Respecto de las iglesias evangélicas afirma que han «perdido la ética concreta, ya que sus pastores no están constantemente expuestos a las preguntas y responsabilidades del confesionario. [...] Sólo cuando se descubra el divino ministerio de la confesión, la iglesia

---

[529] DBW XIV, 830.

[530] DBW XIV, 831.

[531] DBW IV, 285-286.

[532] DBW IV, 287.

[533] Niemöller (1979:130).

[534] DBW XI, 65.

evangélica podrá reencontrar el camino a la ética concreta que poseía en el tiempo de la Reforma»[535]. Respecto de la Iglesia Católica, en tanto, afirma que la común primacía del confesionario por sobre la prédica puede conducir a la casuística, la cual «sólo será superada por el redescubrimiento del ministerio cristiano de la prédica»[536]. A esto, a la prédica, dirigimos nuestra mirada ahora.

La Biblia y la predicación cristiana

«Resulta natural que en épocas de renovación de la Iglesia la Biblia se nos vuelva más rica»[537]. Con estas palabras comienza *El discipulado*. El redescubrimiento de la Biblia que Bonhoeffer vive bajo esta renovación de la Iglesia se puede notar en el papel que le da en sus argumentaciones. Bonhoeffer era un convencido de la importancia de expresar la fe en nuevos catecismos; tanto que de su mano se conservan dos catecismos, uno de 1931 y otro de 1936. Pero mientras en el primero argumenta frecuentemente apoyándose en citas de Lutero, el de 1936 intentará apoyarse más exclusivamente en textos bíblicos. Asimismo en *Vida en comunidad* llegará a dar extensas orientaciones para la lectura bíblica comunitaria y personal. Tal vez su llamado más dominante sea el llamado a la lectura extensa. Bien puede haber un verso bíblico que guíe nuestro día o nuestra semana, pero eso puede tener por resultado el reducir el texto bíblico a una mera lista de textos sabios. Por eso hay que tomar tiempo diariamente para la lectura extensa: «La Sagrada Escritura no consiste en frases sueltas, sino que es un todo que quiere ser reconocido como tal. Como todo es la revelación de Dios. El testimonio del Señor Jesucristo sólo puede ser captado en la infinitud de sus relaciones internas, en la relación entre Antiguo y Nuevo Testamento, entre promesa y cumplimiento, entre sacrificio y ley, entre ley y evangelio, entre cruz y resurrección, entre fe y obediencia, entre posesión y esperanza»[538]. Pero la lectura continua

---

[535] DBW VI, 399.
[536] DBW VI, 399.
[537] DBW IV, 21.
[538] DBW V, 44.

exige tiempo. Es algo constantemente enfatizado por Bonhoeffer: «Dios pide mi tiempo. Dios mismo entró en el tiempo y quiere ahora que yo le dé el mío. Ser cristiano no es cosa de instantes, sino que solicita el tiempo»[539]. Y así, al escribir sobre esta necesidad de tomarnos tiempo para «conocer la Biblia como la conocieron los reformadores y como la conocieron nuestros padres», escribe que «el que no quiere aprender a relacionarse de modo independiente con la Biblia, no es un cristiano evangélico»[540]. Pero junto a afirmaciones categóricas como ésta, en *Resistencia y sumisión* podemos ver con qué libertad se desarrolla su vida espiritual en este punto. En ocasiones puede escribir que «vuelvo a pasar por semanas en las que leo poco la Biblia. No sé bien qué deba pensar al respecto: no siento ningún tipo de culpa por ello, y por lo demás sé que en poco tiempo me volveré a volcar hambriento a su lectura»[541]. Y efectivamente hay días en que esa hambre se nota: «Estoy leyendo la Biblia simplemente de principio a fin y llego de momento a Job, que me es especialmente querido. Tal como desde hace años estoy leyendo diariamente los Salmos. No hay libro bíblico que conozca y ame como éste»[542]. Esa es también su primera experiencia al llegar a la cárcel: «En los primeros doce días en que he sido tratado como un criminal los himnos de Paul Gerhard se han revelado como un gran apoyo, tal como los Salmos y el Apocalipsis»[543].

Por otra parte, Bonhoeffer se ocupa del lugar que debe ocupar la Biblia en distintos campos de la vida: en la polémica teológica, en la meditación personal, en la preparación de la prédica. Así escribe, por ejemplo, en 1936 una extensa carta a sus anteriores alumnos, sobre cómo practicar la meditación bíblica. El acento recae aquí sobre la palabra *meditación*. De hecho Karl Barth se quejaría en una carta a Bonhoeffer por lo que le parecía ser el «olor a monasterio» de esta carta y por la distinción para él inadmisible

---

[539] DBW XV, 524.
[540] DBW V, 47.
[541] DBW VIII, 359.
[542] DBW VIII, 72.
[543] DBW VIII, 187.

entre «trabajo teológico» y «contemplación edificante». De hecho Bonhoeffer separa esto del trabajo teológico: «Olviden aquí el Nuevo Testamento griego —recomienda a sus alumnos—, acudan a la familiar traducción de Lutero»[544]. Y se ocupa aquí verdaderamente de la contemplación, de la meditación. No se trata en esta carta de que sus alumnos —actuales o futuros pastores— sólo lean la Biblia, sino de que la usen como parte de su oración: «Si no me detengo a meditar la Palabra en oración, abusaré de ella desde el púlpito»[545], les escribe. Pero no se trata para él sólo de incorporar la Biblia en la oración, sino de poner orden a la meditación obligándola a ceñirse a la Biblia: «Existe meditación libre y meditación atada a la Biblia. Preocupados por nuestra oración, recomendamos la meditación atada a la Biblia»[546]. Para lograr esto es que sugiere a sus alumnos el concentrar la meditación de toda una semana en torno a un texto bíblico, por ejemplo un salmo —al margen, por supuesto, de la lectura regular de la Biblia y de la preparación de la prédica.

No siempre es la meditación lo dominante. En ocasiones escribe sobre cuestiones polémicas de interpretación bíblica. Aquí corresponde ante todo nombrar una conferencia de 1935 sobre «La actualización de textos neotestamentarios». Ya hemos hecho referencia a los intentos de los cristianos-alemanes por presentar un cristianismo «depurado» de su raíz judía. Esto implicaba también una Biblia depurada: depurada por una parte de los elementos judíos, pero además «actualizada» al nivel contemporáneo de la ciencia —esto es, del biologismo nacionalsocialista. El argumento de los cristianos-alemanes era muy simple y uno lo sigue encontrando hoy en otras variantes: que precisamente por motivos «misioneros», para poder alcanzar al hombre moderno, había que presentar el mensaje de un modo actualizado. Es en reacción ante este género de mentalidad que Bonhoeffer realiza la mencionada charla, la cual comienza con la siguiente disyuntiva: «La cuestión de volver contemporáneo el mensaje del Nuevo Testamento puede

---

[544] DBW XIV, 948.
[545] DBW XIV, 946.
[546] DBW XIV, 947.

significar dos cosas. O bien se quiere decir que el mensaje cristiano tiene que justificarse ante el mundo contemporáneo, y que en ese sentido tiene que mostrarse capaz de una actualización, o bien se quiere decir que el mundo contemporáneo tiene que justificarse ante el mensaje bíblico, y que para eso este mensaje tiene que volverse actual. Aquellos que nos plantean hoy esta pregunta por la "actualización" con tan insólita urgencia, como la principal tarea de la teología, siempre están hablando en el primero de estos dos sentidos»[547]. Esa misma distancia respecto de los cristianos-alemanes es la que acompañará a Bonhoeffer en todo el texto: «Así, uno se compra un cristianismo útil, domesticado»[548], escribe enfáticamente. Pero ¿en qué podría consistir la actualización en el segundo sentido, el sentido positivo? En primer lugar consiste en algo muy sencillo: la traducción. «La traducción de la Biblia por parte de Lutero sigue siendo lo que mejor ha cumplido el requisito de actualización y alemanización del evangelio. Ahí hay cristianismo contemporáneo, ahí hay cristianismo alemán»[549], escribe ironizando respecto de los cristianos-alemanes. Ante este tipo de respuestas podría dar la impresión de que Bonhoeffer no está tomando suficientemente en serio la pregunta por un evangelio ajustado a las condiciones del mundo moderno (o nazi), podría parecer que sólo responde con bromas o ironías ante tal pregunta. Pero esta radicalidad de sus respuestas se desprende de una experiencia vital decisiva, «pues resulta que el verdaderamente sediento está dispuesto a tomar agua desde cualquier recipiente, aunque resulte algo difícil. [...] El verdaderamente sediento siempre ha encontrado en la Biblia misma y en una fundada prédica bíblica, aunque haya sido poco contemporánea, el agua viva —y constituye una grave decadencia de la fe el que la pregunta por la actualización del mensaje se vuelva demasiado audible como pregunta metodológica»[550].

---

[547] DBW XIV, 399-400.

[548] DBW XIV, 401.

[549] DBW XIV, 403.

[550] DBW XIV, 403.

Así Bonhoeffer afirmará que la mejor «actualización» del evangelio será siempre —tras la traducción— la simple exposición, la prédica expositiva. En un curso de homilética afirma: «La prédica es sólo exposición, no aplicación de la palabra bíblica. Aplicación es querer ir más allá de la palabra. Pero no hay nada más concreto que una recta exposición de lo dicho en la palabra bíblica»[551]. Se mostrará extrañado de que muchos predicadores crean necesario añadir algo más que exposición bíblica para volver actuales sus prédicas: «Es curioso que aún persista la opinión de que hay que añadir a la exposición del texto algo más, algo presuntamente más concreto. ¿Pero qué podría haber hoy que sea más concreto que ciertos capítulos del Apocalipsis, de los profetas, del sermón del monte o de la historia del buen samaritano? [...] ¿No es acaso eso lo impresionante de nuestra época, que basta tomar cualquier texto y exponerlo de modo claro, agudo y pertinente a la materia, y que con eso ya está "actualizado"?»[552]. Sólo una condición añade Bonhoeffer para que esto se haga de modo correcto, y es el alimentar a la congregación con la totalidad de la Biblia. La actualización se logra no mediante la selección de aquellos textos que parecen más actuales, sino en la medida en que se permite hablar a todo el texto bíblico. Pero con este llamado a hablar de todo el texto bíblico Bonhoeffer no está simplemente haciendo una piadosa confesión de sumisión a toda la Biblia, sino una vez más oponiéndose a un elemento del programa cristiano-alemán, a la idea de que corresponde al intérprete distinguir «palabras humanas» y «palabras divinas» dentro del texto: «Más o menos del siguiente modo: la teología de Pablo es palabra humana, lo que llaman religión de Jesús es palabra divina; las doctrinas del pecado y de la justificación están condicionadas por su época, pero la lucha por lo bueno y puro es eterna; la enseñanza ética de Jesús es eterna, pero las historias de milagros están condicionadas por su tiempo; o bien el luchador Jesús y su muerte son expresión de la eterna lucha de la luz contra la oscuridad, pero el Jesús sufriente e impotente no nos atañe; o bien: la doctrina de la gracia es eterna, pero los mandatos del sermón del monte ya no valen

---

[551] DBW XIV, 483.
[552] DBW XIV, 410-411.

para nosotros»[553]. Así resume Bonhoeffer la actitud gnóstica de los cristianos-alemanes, también en este punto representativa no sólo del nacionalsocialismo, sino de una mentalidad mucho más extendida. ¿Pero se puede aplicar tal texto de Bonhoeffer, sin más, a toda aproximación crítica a la Biblia? No es eso lo que aquí está haciendo Bonhoeffer. Podía concederle un lugar a la crítica bíblica moderna, siempre que con ello no se estuviera implicando que la exposición «precrítica» es equivocada[554]. Y el hecho de que Bonhoeffer no tome precaución alguna para aclarar su posición en un texto como el recién citado muestra de modo bastante claro que —aunque podía conceder un lugar a la crítica bíblica moderna— pone la llana exposición «ingenua» por sobre la crítica. En cualquier caso, quien quiera tener una visión cabal de lo que Bonhoeffer desea como exposición bíblica, debiera leer sus reflexiones sobre «interpretación no religiosa de los términos bíblicos» de la mano de esta crítica a la falsa «actualización» de los mismos.

Finalmente, hay que notar que estos mismos principios son los que Bonhoeffer sigue no sólo en sus prédicas, sino también en aquellos trabajos de exposición bíblica que escribió durante el tiempo de enfrentamiento con los cristianos-alemanes. El año 1935 publicaría una breve exposición polémica, "El rey David" y en 1936 "Esdras y Nehemías": la reconstrucción de Jerusalén». En ambos casos se trata de textos expositivos, pero que así indirectamente abordaban la situación contemporánea de Alemania. Los textos producían por una parte fascinación entre sus alumnos, por otra parte eran vistos con distancia por colegas especialistas en el Antiguo Testamento que consideraban, no sin razón, que Bonhoeffer hacía caso omiso de toda distancia histórica respecto de los textos: los usaba como textos de batalla; sus textos subtitulados «trabajo bíblico» eran más bien extensos sermones. Otro hecho que no puede pasar sin mención es que ambos trabajos de exposición bíblica son sobre el Antiguo Testamento, así como sus dos únicos libros de exposición bíblica son sobre los Salmos y sobre el Génesis. Esto pue-

---

[553] DBW XIV, 407.
[554] Para la relación de Bonhoeffer con la crítica bíblica véase Bethge (1967:643).

de ser llamativo por haber Bonhoeffer expuesto sobre todo textos judíos bajo el nacionalsocialismo. Pero sería erróneo creer que su elección de estos textos se limita a una reacción de esa naturaleza. No se trata simplemente de valorar el Antiguo Testamento como el libro sagrado del pueblo perseguido bajo Hitler, sino que la predilección del mismo por parte de Bonhoeffer tiene más aspectos y ramificaciones: «El que quiere ser y sentirse demasiado rápida y directamente neotestamentario a mí parecer no es cristiano. [...] No nos está permitido decir la última palabra antes de la penúltima»[555].

Dicha afirmación nos permite volver al tema que ha guiado nuestra exposición de la espiritualidad de Bonhoeffer: la crítica de la inmediatez. Aquí esto se expresa en que la lectura bíblica nos introduce en lo que Dios ha hecho en la historia, y sólo de ese modo, es decir, de un modo mediado, nos muestra lo que hace en nosotros hoy. En la lectura bíblica «somos sacados de nuestra propia existencia y puestos en medio de la historia de Dios en la tierra. Ahí Dios actuó en nosotros y ahí actúa también hoy, en nuestra necesidad y pecado mediante su ira y su gracia. Lo importante no es que Dios sea espectador y participante en nuestra vida hoy, sino que lleguemos a oír y participar en la acción de Dios en la historia sagrada, en la historia de Cristo en la tierra; y sólo en la medida en que nos situamos ahí, Dios está también hoy con nosotros»[556]. Puede resultar chocante esta manera de expresarse de Bonhoeffer, pues parece poner condiciones para que Dios esté hoy con nosotros. Pero la condición es precisamente la condición puesta por Dios mismo: que estemos dispuestos a salir de nosotros mismos, que nuestro propio yo y nuestras experiencias no sean nuestra ocupación central. «Aquí se produce una total inversión de los términos: no es que la ayuda y la presencia de Dios tengan que revelarse en nuestra vida, sino que en la vida de Jesús la presencia y ayuda de Dios ya se ha manifestado. En efecto, *para nosotros es más importante saber lo que Dios hizo en Israel, lo que hizo en su hijo Jesucristo, que investigar qué propósito tiene conmigo hoy*»[557].

---

[555] DBW VIII, 226.
[556] DBW V, 46.
[557] DBW V, 46. Mi cursiva.

La oración

«Tampoco oraba entonces, o al menos muy poco»[558], escribe Bonhoeffer sobre su primer tiempo como teólogo. Eso cambiaría pronto. Nuestra mirada a la espiritualidad de Bonhoeffer termina con algunas palabras sobre la oración. Cuando en prisión se encuentra enfrentado a una situación límite, es precisamente esto lo que enfatiza como la fuente de todo cristianismo sano, y usa una fórmula que casi podríamos considerar como su personal *ora et labora*: «Nuestro cristianismo hoy debería consistir en sólo dos cosas: *orar y hacer lo justo entre los hombres*. Todo el restante pensar, hablar y organizar en las cosas del cristianismo debe renacer de este orar y actuar»[559]. Esa doble acción consistente en orar y hacer lo justo entre los hombres se concretó para Bonhoeffer en prisión en una tarea muy sencilla: la de redactar oraciones para enseñar a orar a otros presos que jamás lo habían intentado. Para realizar eso podía apoyarse en una serie de reflexiones que previamente había escrito al respecto.

Donde más claramente expresa estas reflexiones es en su libro *Los Salmos*, que lleva por subtítulo *El libro de oración de la Biblia*. La obra parte insistiendo en el hecho de que se puede y debe *aprender* a orar. Esto no es ninguna obviedad. Muchos consideran más bien que la oración debería partir de un corazón tan rebosante, que no requiere aprender a orar, sino que simplemente deja fluir hacia Dios lo que hay en él. Pero de esta creencia Bonhoeffer toma distancia, afirmando que «esto es un grave error, si bien hoy se encuentra muy extendido en la cristiandad, como si el corazón por naturaleza fuera capaz de orar»[560]. Una vez más, lo que aquí está en cuestión lo podemos ver como una crítica de la inmediatez: quien cree que el orar no requiere ser aprendido, cree que simplemente hay que dar expresión a lo inmediato, dejarlo fluir. Pero con ello se parte por reducir la oración sólo a aquellos momentos en que el corazón está rebosante, y eso reduce la oración: «El orar no

---

558 DBW XIV, 113.
559 DBW VIII, 435-436.
560 DBW V, 107.

consiste simplemente en abrir el corazón, sino que es encontrar el camino hacia Dios y hablar con él, *sea con un corazón lleno o con un corazón vacío*. Y eso no lo puede hacer ningún hombre, sino que para eso requerimos de Jesucristo»[561]. Es el hecho de que tenemos que orar no sólo cuando el corazón está lleno, sino también cuando está vacío, lo que nos lleva a pedir «Señor, enséñanos a orar». Y Bonhoeffer considera que uno de los mejores pasos para esto es el usar la Biblia como base de la oración: «No queremos orar a Dios en el falso y confuso lenguaje de nuestro corazón, sino en el lenguaje claro y puro con el que Dios nos ha hablado en Jesucristo»[562]. Es para enseñar a orar con esa base bíblica que Bonhoeffer escribe esta breve introducción a los Salmos, insistiendo en que no se trata de dar rienda suelta a nuestro corazón: «No se trata de que los Salmos expresen precisamente eso que sentimos en nuestro corazón. Tal vez es necesario que para orar bien oremos contra nuestro propio corazón. [...] Nuestra oración debe estar determinada no por la pobreza de nuestro corazón, sino por la riqueza de la palabra de Dios»[563].

Pero tal como enfatizamos que una de las maneras de aprender a orar es orar con la Biblia, orar con los Salmos, orar con oraciones generales de la iglesia como el Padrenuestro, que nos sacan del campo de nuestras peticiones personales y nos ponen ante las peticiones de todos los cristianos, asimismo está presente en Bonhoeffer el llamado a aprender cómo desarrollar la oración personal: «El uso de oraciones de forma fija puede, bajo ciertas condiciones, ser útil también para una pequeña comunidad familiar, pero muchas veces servirá simplemente para huir de la oración real. A través de formas eclesiásticas y ricos pensamientos es fácil engañarnos respecto de nuestra propia oración, con oraciones que pueden ser bellas y profundas, pero no genuinas. Por útil que sea la tradición de oraciones de la Iglesia para aprender a orar, no puede reemplazar la oración que debo hoy a mi Dios»[564]. Pero así como existe el deber de la oración personal, así vale también para ésta que debe tener

---

[561] DBW V, 107. Mi cursiva.

[562] DBW V, 108.

[563] DBW V, 109.

[564] DBW V, 55.

un orden, y por eso también aquí Bonhoeffer recomienda apoyar la oración en la lectura bíblica: «Para librar a la oración de las arbitrariedades de la subjetividad, será una ayuda el conectar la oración con nuestra lectura bíblica»[565].

Conversión, camino con Dios y evangelización

Hemos visto que Bonhoeffer vivió algo que se podría calificar como una experiencia de conversión: «aún no me había hecho cristiano», «era mi propio señor», «tampoco oraba», «estaba con plena tranquilidad a gusto conmigo mismo»[566], esto es lo que ve en su mirada retrospectiva. Pero a pesar del evidente vuelco que hay en su vida, él no habla jamás de este episodio como un caso de conversión. ¿Por qué? En cierto sentido la respuesta se encuentra en su tardío comentario al Salmo 119. Comentar este salmo Bonhoeffer consideraba que debía ser la coronación final de una vida teológica. Su comentario al primer verso, «Bienaventurados los íntegros de camino, los que andan en la ley del Señor», aborda nuestra pregunta. «Quien habla así —escribe Bonhoeffer— *asume el comienzo como algo ya ocurrido*. Da a entender que la vida con Dios no consiste sola ni esencialmente de nuevos comienzos. La llama por tanto un andar, un caminar en la ley de Dios»[567]. Hay desde luego comienzos. Pero la mirada no está concentrada en ellos, sino en el caminar: «Así se confirma precisamente el comienzo ya dado, se le da validez, no se quiere ir tras él. [...] Esto es liberación de la mortífera ley de los incesantes comienzos»[568]. Con ello Bonhoeffer no busca minimizar la relevancia de la conversión, pero sí toma distancia de un «conversionismo» cuyos efectos devastadores para la vida espiritual describe ahí mismo: «Día tras día estar esperando un nuevo comienzo, creer haberlo encontrado repetidas veces, para volver a perderlo en la tarde: esto es la total destrucción de la fe en el Dios que ha puesto para siempre y definitivamente el comienzo en su

---

[565] DBW V, 55.
[566] DBW XIV, 113.
[567] DBW XV, 499. Mi cursiva.
[568] DBW XV, 500.

palabra de perdón y renovación, en Jesucristo, esto es, en mi bautismo, en mi renacer, en mi conversión»[569]. Asimismo insiste más adelante en que «ser cristiano no es una cosa de instantes, sino que requiere de tiempo»[570].

Esto se conecta desde luego con la crítica de la religión en *Resistencia y sumisión*, pues como hemos visto uno de los elementos de la «religión» es su «individualismo». Y así en este último período Bonhoeffer hará afirmaciones especialmente fuertes en torno a este tema: «¿Acaso la pregunta individualista por la salvación personal no ha desaparecido ya para nosotros? ¿Acaso no vivimos bajo la impresión de que hay cosas más importantes que esta pregunta (tal vez no más importantes que esta *cuestión*, pero sí que esta pregunta?)»[571]. Sería erróneo creer que este tipo de afirmaciones hacen que desaparezca en Bonhoeffer el interés por la conversión o la evangelización. El nuevo impulso de su pensamiento lo lleva en la cárcel más bien a seguir buscando modos correctos de comprender la conversión. Así afirma que «no es un acto religioso lo que hace al cristiano, sino el participar del sufrimiento de Dios en la vida en el mundo. Esto es *metanoia* [conversión]: no pensar primero en las propias necesidades, preguntas, pecados y angustias, sino dejarse llevar por el camino de Jesucristo»[572]. Y algo más adelante: «Entonces uno deja de tomar en serio el sufrimiento propio y comienza a tomar en serio el sufrimiento de Dios en el mundo. Entonces uno vela con Cristo en Getsemaní, y creo que eso es fe, que eso es *metanoia*: entonces nos volvemos hombres, cristianos»[573].

Un breve fragmento con ideas para una charla de su amigo Bethge nos indica la preocupación de Bonhoeffer por esta cuestión en 1940. En medio de las discusiones sobre el modo en que debía realizarse la misión interior en Alemania, Bonhoeffer escribe sobre

---

[569] DBW XV, 500.
[570] DBW XV, 524.
[571] DBW VIII, 415.
[572] DBW VIII, 535-536.
[573] DBW VIII, 542.

la importancia de la misión exterior para la misión interior[574], indicando cómo precisamente el realizar misión en el extranjero abriría la mente para redescubrir modos de trabajar entre el propio pueblo. Estos apuntes, aunque sólo se trate de frases sueltas, dejan clara la dirección del pensamiento de Bonhoeffer: «Prédica del Dios verdadero y de los ídolos»; «desentronización de los ídolos y de la cultura pagana, del culto a la naturaleza, de los ancestros, del temor a los demonios —¡todo eso es necesario también hoy!»; «dejar la vida antigua, concretamente: venganza, adulterio, robo, etc.»; «nada de fórmulas, sino contenido concreto, un acontecimiento real: ser llamado, ecclesia, seguimiento»[575]. También su visión del bautismo es así afectada. Si bien —a diferencia de Barth— no llega a rechazar del todo el bautismo de infantes, Bonhoeffer sí llega a sostener que hay condiciones de secularización tal de la Iglesia, que tampoco harían defendible el bautismo de infantes para un teólogo luterano: «Un abuso del bautismo de infantes, tal como sin duda alguna se puede constatar en el pasado de nuestra Iglesia, necesariamente llevará a que la comunidad llegue a reducir su uso y a revalorizar el bautismo de adultos»[576]. Así se puede ver también aquí un punto en el que, con todas las diferencias, Bonhoeffer llega a un acercamiento a muchas de las iglesias del «protestantismo sin Reforma».

Para dejar clara su preocupación por la misión y sus sugerencias respecto de cómo debe realizarse, estos breves apuntes podrían ser completados con una sección de *Vida en comunidad*, donde ya hemos visto cómo Bonhoeffer distingue dos tipos distintos de comunión. Hablando de la comunión espiritual que debería caracterizar a los cristianos, escribe ahí que este tipo de amor «no buscará producir en el otro una conmoción psíquica a través de una influencia inmediata, excesivamente personal, a través de una impura intervención en la vida del otro; no se gozará en piadosa exaltación y psíquica emoción, sino que se acercará al otro con la clara

---

[574] Literalmente la importancia de la misión entre paganos *(Heidenmission)* para la misión entre el pueblo *(Volksmission)*.

[575] DBW XVI, 499.

[576] DBW XVI, 581.

Palabra de Dios y estará dispuesto a dejarlo solo por largo tiempo con esta palabra, a dejarlo libre para que Cristo actúe en él»[577]. Esto no consiste en dejar de estar ocupado por la vida espiritual del otro, en dejar de hablar sobre ella; pero siguiendo lo que ha dicho en otros temas sobre mediación e inmediatez, Bonhoeffer expresa del siguiente modo la manera en que uno se ocupará por la cercanía de otros a Cristo: «Este amor hablará más con Cristo sobre el hermano que con el hermano sobre Cristo»[578].

---

[577] DBW V, 31.
[578] DBW V, 31.

Conclusión: la gracia cara

Hemos visto que «ser cristiano no es una cosa de instantes, sino que requiere de tiempo». Requiere de tiempo, porque es una vida consistente en seguir a Cristo, quien ha entrado en el tiempo. Uno de los temas dominantes de toda la obra de Bonhoeffer es precisamente el discipulado, y su obra *El discipulado* puede ser entendida sobre todo como un esfuerzo por hablar a la vez de la gracia y el discipulado. Una vez más lo vemos aquí criticando el estado de su propia iglesia: «A esto le llaman ser luterano: dejar el seguimiento de Jesús a los legalistas, a los reformados o a los fanáticos, y ello en nombre de la gracia»[579]. El resultado de esa «gracia» sin seguimiento es lo que Bonhoeffer llama gracia barata y *El discipulado* comienza con la afirmación de que «la gracia barata es el enemigo mortal de nuestra Iglesia. Nuestra lucha de hoy es una lucha por la gracia cara»[580]. ¿Pero no es esencial para la gracia el ser barata o, más que barata, gratuita? Lo es. No es la gratuidad contra la que está hablando Bonhoeffer, sino contra quienes ven dicho carácter gratuito como algo obvio: «Gracia barata es la gracia como doctrina, como principio, como sistema; es el perdón de los pecados como verdad general, es amor de Dios como idea cristiana de Dios. El que afirma esto, ya tiene perdón de sus pecados. La Iglesia que proclama tal doctrina ya se cree por lo mismo partícipe de dicha gracia. Y en tal Iglesia el mundo encuentra barato cubrimiento de sus pecados, pecados de los que no se arrepiente y de los que por lo demás ni siquiera quiere ser liberado»[581]. En esta crítica de la gracia barata se resumen además los otros puntos de la fe y

---

[579] DBW IV, 40.
[580] DBW IV, 29
[581] DBW IV, 29.

espiritualidad de Bonhoeffer que hasta aquí hemos tratado: «Gracia barata es la gracia que tenemos para con nosotros mismos. Gracia barata es prédica del perdón sin prédica de penitencia, es bautismo sin disciplina eclesiástica, es cena del Señor sin confesión de pecados, es absolución sin confesión personal. Gracia barata es gracia sin seguimiento, gracia sin cruz, gracia sin Jesucristo vivo y hecho hombre»[582].

Hemos citado ya la carta en que Bonhoeffer sugiere que —en cierto sentido, sólo en cierto sentido— hoy Lutero diría todo lo contrario de lo que dijo en su época. Y eso es lo que hace Bonhoeffer en *El discipulado*: tiene la sensación de que por la esquemática predicación de la gracia, la misma gracia se ha vuelto una bagatela, y que sólo se puede recuperar su valor si partimos por atacar dicha gracia trivializada. «La palabra de la gracia barata ha hundido a más cristianos que cualquier ley de obras. Por eso queremos ahora tomar la palabra para dirigirnos a aquellos que precisamente por eso están afligidos, para dirigirnos a aquellos para los que la palabra gracia se ha vuelto terriblemente vacía»[583]. Para iluminar el juicio de Bonhoeffer, puede ser conveniente volver la mirada a lo que ya hemos expuesto sobre la tolerancia o sobre los primeros inmigrantes a Estados Unidos. Hemos visto cómo Bonhoeffer tiene una palabra positiva respecto de la primera generación de inmigrantes, para la cual «la renuncia a la lucha confesional es una posibilidad cristiana ganada en la lucha»[584], a diferencia de sus sucesores, que creen que dicha ausencia de lucha es algo obvio. Podríamos decir que dicha actitud de la segunda generación es la de una «tolerancia barata», en contraste con la «tolerancia cara» de los primeros fugitivos. Algo semejante es lo que dirá Bonhoeffer sobre la «gracia barata» y la «gracia cara», y sus asombrosas diferencias aunque en ambos casos se predique «la misma palabra de justificación por la sola gracia»[585]. Bonhoeffer habla aquí ante todo a partir del caso de Lutero, el caso

---

[582] DBW IV, 30.
[583] DBW IV, 42.
[584] DBW XV, 442-443.
[585] DBW IV, 37-38.

de alguien que descubre la gracia y que por ella misma es puesto en el arduo camino del seguimiento de Cristo y que en medio de dicho camino, viendo su propia pecaminosidad, puede seguir gozándose en Cristo porque lo sustenta la sola gracia; ese caso, escribirá Bonhoeffer, es muy distinto del hombre que en la generación siguiente asume el mismo «sola gracia» como sistema, como punto de partida. «La gracia como punto de partida es la más barata gracia; la gracia como resultado es gracia cara»[586].

---

[586] DBW IV, 37.

Bibliografía

1. Obras de Bonhoeffer

Con la sigla DBW se hace referencia a lo largo del libro a la edición crítica de las obras completas de Bonhoeffer en alemán [*Dietrich Bonhoeffer Werke*, 17 vols., ed. por Eberhard Bethge et al. Chr. Kaiser-Gütersloher Verlagshaus, München y Gütersloh, 1986-1999] por volumen y página (p. ej. DBW V, 34). El equivalente más cercano se encuentra en la edición inglesa de las obras completas, *Dietrich Bonhoeffer Works* [DBWE], aún en publicación, con referencia al margen a la paginación de la edición alemana. A continuación presento la lista de obras de la edición alemana, acompañada de referencia a las traducciones existentes al español. También en la sección correspondiente a la bibliografía secundaria se indica, cuando las hay, traducciones al inglés o español.

DBW I: *Sanctorum Communio. Eine dogmatische Untersuchung zur Soziologie der Kirche* [*Sociología de la Iglesia: Sanctorum Communio*, Sígueme, Salamanca, 1969].

DBW II: *Akt und Sein. Transzendentalphilosophie und Ontologie in der systematischen Theologie*.

DBW III: *Schöpfung und Fall: Theologische Auslegung von Genesis 1-3*.

DBW IV: *Nachfolge* [*El precio de la gracia*, Sígueme, Salamanca, 1968].

DBW V: *Gemeinsames Leben. Das Gebetbuch der Bibel* [de la primera de estas obras, *Vida en comunidad*, Sígueme, Salamanca, 2005].

DBW VI: *Ethik* [*Ética*, Trotta, Madrid, 2000].

DBW VII: *Fragmente aus Tegel.*

DBW VIII: *Widerstand und Ergebung* [*Resistencia y sumisión*, Sígueme, Salamanca, 2004].

DBW IX: *Jugend und Studium 1918-1927.*

DBW X: *Barcelona, Berlin, Amerika 1928-1931.*

DBW XI: Ökumene, *Universität, Pfarramt 1931-1932.*

DBW XII: *Berlin 1932-1933.*

DBW XIII: *London 1933-1935.*

DBW XIV: *Illegale Theologenausbildung: Finkenwalde 1935-1937.*

DBW XV: *Illegale Theologenausbildung: Sammelvikariate 1937-1940.*

DBW XVI: *Konspiration und Haft 1940-1945.*

DBW XVII: *Register und Ergänzungen.*

Bonhoeffer, Dietrich/von Wedemeyer, Maria. *Brautbriefe Zelle 92* C. H. Beck, München, 2004 [*Cartas de amor desde la prisión*, Trotta, Madrid, 1998].

2. Bibliografía general

- Althaus, Paul. *Theologie der Ordnungen*, Bertelsmann, Gütersloh, 1934.

- Barth, Karl. *Kirchliche Dogmatik* [citado KD], Chr. Kaiser, München, 1932-1968.

- Barth, Karl. *Fragments Grave and Gay*, Collins, Glasgow, 1971.

- Bethge, Eberhard. *Dietrich Bonhoeffer. Eine Biographie*, Chr. Kaiser, München, 1967 [*Dietrich Bonhoeffer: teólogo, cristiano, hombre actual*, Desclée de Brouwer, Bilbao, 1970].

- Bethge, Eberhard y Renate. «Introduction» en *Dietrich Bonhoeffer. Fiction from Prison*, Fortress Press, Philadelphia, 1981.

- Bethge, Renate. «"Elite" and "Silence" in Bonhoeffer's Person and Thought"», en John Godsey y Geffrey Kelly (eds.) *Ethical Responsibility: Bonhoeffer's Legacy to the Churches*, The Edwin Mellen Press, Nueva York y Toronto, 1981.

- Buchheim, Hans. *Glaubenskrise im Dritten Reich. Drei Kapitel Nationalsozialistischer Religionspolitik*, Deutsche Verlags-Anstalt, Stuttgart, 1953.

- Conway, J. S. *The Nazi Persecution of the Churches 1933-1945*, Regent College Publishing, 1997.

- Cox, Harvey. *The Secular City. Secularization and Urbanization in Theological Perspective*, Macmillan, Nueva York, 1965.

- Dekker, Gerard y George Harinck. «The Position of the Church as Institute in Society: A Comparison between Bonhoeffer and Kuyper», en *The Princeton Seminary Bulletin* vol. 28, n.1, 2007.

- Dramm, Sabine. *V-Mann Gottes und der Abwehr? Dietrich Bonhoeffer und der Widerstand*, Gütersloher Verlagshaus, Gütersloh, 2005.

- Ebeling, Gerhard. «Die nicht-religiöse Interpretation biblischer Begriffe», en E. Bethge (ed). *Die Mündige Welt, vol.2*, Chr Kaiser, München, 1956.

- Elshtain, Jean Bethke. «Bonhoeffer on Modernity: sic et non», en *Journal of Religious Ethics* 29, 3, 2001.

- Feil, Ernst. *Die Theologie Dietrich Bonhoeffers. Hermeneutik, Christologie, Weltverständnis*, Chr. Kaiser, München, 1971.

- Feil, Ernst y Fink, Barbara. *International Bibliography on Dietrich Bonhoeffer*, Gütersloher Verlagshaus, Gütersloh, 1998.

- Fest, Joachim. *Staatsstreich. Der lange Weg zum 20. Juli* Siedler, Berlín, 1994 [*Plotting Hitler's Death. The Story of the German Resistance*, Owl, 1997].

- Fest, Joachim. *Hitler. Eine Biographie*, Spiegel-Verlag, Hamburg, 2007. [*Hitler. Una Biografía*, Planeta, 2005].

- Fischer-Hüllstrung, H. «Bericht aus Flossenbürg», en Zimmermann, Wolf-Dieter. *Begegnungen mit Bonhoeffer*, Kaiser, München, 1964. [Wolf-Dieter Zimmermann y Ronald Gregor Smith. *I Knew Dietrich Bonhoeffer: Reminiscences by His Friends*, Harper & Row, Nueva York, 1966].

- Frey, Christofer. *Die Ethik des Protestantismus. Von der Reformation bis zur Gegenwart*, Gütersloher Verlagshaus, Gütersloh, 1994.

- Glenthøj, Jørgen. «Dietrich Bonhoeffers Weg vom Pazifismus zum politischen Widerstand» en Rainer Mayer y Peter Zimmerling (eds.) *Dietrich Bonhoeffer Heute*, Brunnen, Giessen, 1992.

- John Godsey y Geffrey Kelly (eds.) *Ethical Responsibility: Bonhoeffer's Legacy to the Churches*, The Edwin Mellen Press, Nueva York y Toronto, 1981.

- Gotthelf, Jeremias. *Zeitgeist und Berner Geist*, en Gotthelf, *Sämtliche Werke*, tomo 13. Eugen Verlag, Zürich, 1926.

- Grabill, Stephen. *Rediscovering the Natural Law in Reformed Theological Ethics*, Eerdmans, Grand Rapids, 2006.

- Green, Clifford. «Soteriologie und Sozialethik bei Bonhoeffer und Luther», en Christian Gremmels (ed.) *Bonhoeffer und Luther: zur Sozialgestalt des Luthertums in der Moderne*, Chr. Kaiser, München, 1983.

- Green, Clifford. «Two Bonhoeffers on Psychoanalysis», en A. J. Klassen (ed.) *A Bonhoeffer Legacy. Essays in Understanding*, Eerdmans, Grand Rapids, 1981.

- Green, Clifford. «Ethical Theology and Contextual Ethics. New Perspectives on Bonhoeffer's Ethics», en Christian Gremmels y Wolfgang Huber (eds.) *Religion im Erbe*, Gütersloher Verlagshaus, Gütersloh, 2002.

- Green, Clifford. *Bonhoeffer: A Theology of Sociality*, Eerdmans, Grand Rapids, 2000.

- Gutiérrez, Gustavo. «The Limitations of Modern Theology: On a Letter of Dietrich Bonhoeffer», en *The Power of the Poor in History*, Orbis Books, Nueva York, 1983. Original español en «Los límites de la teología moderna: un texto de Bonhoeffer», en *Concilium*, mayo 1979.

- Harvey, Barry. «Augustine and Thomas Aquinas in the Theology of Dietrich Bonhoeffer», en Peter Frick (ed.) *Bonhoeffer's Intellectual Formation*, Mohr Siebeck Verlag, Tübingen, 2008.

- Hirsch, Emanuel. *Die gegenwärtige geistige Lage im Spiegel philosophischer und theologischer Besinnung*, Göttigen, 1934.

- Hirsch, Emanuel. *Lutherstudien, Band 1*, en *Gesammelte Werke*, Hartmut Spenner, Waltrop, 1998.

- Hitler, Adolf. *Mi lucha* (texto digitalizado).

- Holl, Karl. *The Reconstruction of Morality*, Augsburg Publishing House, Minneapolis, 1979.

- Huntemann, Georg. *Der Andere Bonhoeffer. Die Herausforderung des Modernismus*, Brockhaus, Wuppertal, 1989. [*The Other Bonhoeffer: an Evangelical Reassessment of Dietrich Bonhoeffer*, Baker, Grand Rapids, 1993].

- Joest, Wilfried. «Das Verhältnis der Unterscheidung der beiden Regimente zu der Unterscheidung von Gesetz und Evangelium», en Heinz-Horst Schrey (ed.) *Reich Gottes und Welt. Die Lehre Luthers von den zwei Reichen*, Wissenschaftliche Buchgesellschaft, Darmstadt, 1969.

- Klemperer, Klemens von. «Naturrecht und der deutsche Widerstand gegen den Nationalsozialismus», en *Vierteljahreshefte für Zeitgeschichte* 40, 1992.

- Klemperer, Klemens von. *German Resistance against Hitler: the Search for Allies Abroad 1938-1945*, Clarendon Press, Oxford, 1992.

- Klemperer, Klemens von. «The Lure and Limits of *Gemeinschaft*», en Klemperer *German Incertitudes, 1914-1945*, Praeger, Westport, 2001.

- Krötke, Wolf. «Der zensierte Bonhoeffer», en *Zeitschrift für Theologie und Kirche* 92, 1995.

- Kruschwitz, Robert. «Natural Law and the Free Church Tradition», en M. J. Cherry (ed.) *Natural Law and the Possibility of a Global Ethics*, Springer, 2004.

- Kuyper, Abraham. (James Bratt, ed.) *Abraham Kuyper. A Centennial Reader*, Eerdmans, Grand Rapids, 1998.

- Lutero, Martín. *Werke. Weimarer Ausgabe* [citado como WA] Weimar: Böhlau, 1883.

- MacIntyre, Alasdair. «God and the Theologians», en David Edwards y John A. T. Robinson (eds.) *The Honest to God Debate*, SCM Press, Londres, 1963.

- MacIntyre, Alasdair. «Natural Law as Subversive», en MacIntyre, Alasdair *Ethics and Politics. Selected Essays, volume 2*, Cambridge University Press, Cambridge, 2006.

- Markus, Robert. *Saeculum*, Cambridge University Press, Cambridge, 1967.

- Marsden, George. *Understanding Fundamentalism and Evangelicalism*, Eerdmans, Grand Rapids, 1991.

- Maquiavelo, Nicolás. *El príncipe*, Tecnos, Madrid, 1993.

- Mommsen, Hans. «Gesselschaftsbild und Verfassungspläne des deutschen Widerstandes», en Mommsen. *Alternative zu Hitler. Studien zur Geschichte des deutschen Widerstandes*, C.H. Beck, München, 2000 [*Alternatives to Hitler*, Princeton University Press, Princeton, 2003].

- Moses, A. John. «Bonhoeffer's Reception in East Germany», en John W. de Gruchy (ed.) *Bonhoeffer for a New Day*, Eerdmans, Grand Rapids, 1997.

- Nicolaisen, Carsten. «"Anwendung" der Zweireichelehre im Kirchenkampf - Emanuel Hirsch und D. Bonhoeffer», en Niels Hasselmann (ed.) *Gottes Wirken in seiner Welt, Band II, Zur Diskussion um die Zweireichelehre*, Lutherisches Verlagshaus, Hamburg, 1980.

- Niemöller, Martin (ed. Wilhelm Niemöller). *Briefe aus der Gefangenschaft. Konzentrationslager Sachsenhausen (Oranienburg)*, Ludwig Bechauf, Bielefeld, 1979.

- Pannenberg, Wolfhart. «Sobre la teología del derecho» en Pannenberg. *Ética y Eclesiología*, Sígueme, Salamanca, 1986.

- Pelikan, Herbert. *Die Frömmigkeit Bonhoeffers*, Herder, Freiburg, 1982.

- Plessner, Helmuth. *Grenzen der Gemeinschaft. Eine Kritik des sozialen Radikalismus*, Suhrkamp, Frankfurt, 2001 [*The Limits of Community. A Critique of Social Radicalism*, Humanity Books, 1999].

- Rasmussen, Larry. «A Question of Method», en William Peck (ed.) *New Studies in Bonhoeffer's Ethics*, The Edwin Mellen Press, Lewiston/Queenston, 1987.

- Ricoeur, Paul. *Freud: una interpretación de la cultura*, Siglo veintiuno editores, México, D.F, 2007.

- Rieger, Julius. *Dietrich Bonhoeffer in England*, Lettner Verlag, Berlín, 1966.

- Robinson, John A. T. *Honest to God*, SCM Press, Londres, 1967.

- Schleiermacher, Friedrich. *On Religion: Speeches to its Cultured Dispisers*, Cambridge University Press, Cambridge, 1996.

- Schmidt, Kurt (ed.) *Dokumente des Kirchenkampfes II: Die Zeit des Reichskirchenausschusses 1935-1937*, Vandenhoeck & Ruprecht, Gotinga, 1964.

- Schneider, Margarete (ed.) *Paul Schneider - Der Prediger von Buchenwald*, Hänssler, Stuttgart, 1985. [trad. ingl. *Paul Schneider: The Witness of Buchenwald*, Amer Eagle, 1993].

- Schönherr, Albrecht. «Die Einfalt des Provozierten», en Zimmermann, Wolf-Dieter *Begegnungen mit Bonhoeffer*, Kaiser, München, 1964. [Wolf-Dieter Zimmermann y Ronald Gregor Smith. *I Knew Dietrich Bonhoeffer: Reminiscences by His Friends*, Harper & Row, Nueva York, 1966].

- Siegele-Wenschkewitz, Leonore. *Nationalsozialismus und Kirchen. Religionspolitik und Staat bis 1935*, Droste, Düsseldorf, 1974.

- Strohm, Christoph. *Theologische Ethik im Kampf gegen den Nationalsozialismus. Der Weg Dietrich Bonhoeffers mit den Juristen Hans von Dohnanyi und Gerhard Leibholz in den Widerstand*, Kaiser, München, 1989.

- Svensson, Manfred. «Phillip Melanchthon ant the Reception of Aristotelian Natural Law Theory in the European Reformation», en Alejandro García, Mario Silar y José M. Torralba (eds.) *Natural Law: Historical, Systematic and Juridical Approaches*, Cambridge Scholars Publishing, Newcastle, 2008.

- Svensson, Manfred. «Philipp van Limborch y John Locke. La influencia arminiana sobre la teología y noción de tolerancia de Locke» en *Pensamiento* 244, 2009a.

- Svensson, Manfred. «Joseph Butler y el contexto de la conciencia. Una lectura de los *Fifteen Sermons Preached at the Rolls Chapel*», en *Praxis Filosófica*, 29, 2009b.

- Svensson, Manfred. «Augustine on Moral Conscience», en *The Heythrop Journal*, 2011.

- Tomás de Aquino. *Summa Theologica*, Editio Leonina *Opera Omnia* vols. 4-12. Ciudad del Vaticano, Vatican Polyglot Press, 1988-1906.

- VanDrunen, David. *Natural Law and the Two Kingdoms. A Study in the Development of Reformed Social Thought*, Eerdmans, Grand Rapids, 2010.

- Verkamp, Bernard. «The Limits Upon Adiaphoristic Freedom: Luther and Melanchthon» en *Theological Studies* 36, 1975. pp. 52-76.

- Villarroel, Tomás. «La Iglesia evangélica en Alemania Oriental y la caída del muro de Berlín» en www.estudiosevangelicos.org, marzo 2010.

- von Hildebrand, Dietrich. *Memoiren und Aufsätze gegen den Nationalsozialismus 1933-1938*, en Alice von Hildebrand, Rudolf Ebneth y Ernst Wenisch (eds.) Veröffentlichungen der Kommission für Zeitgeschichte, Matthias Gründewald Verlag, Mainz, 1994.

- Weber, Max. *Gesammelte Aufsätze zur Religionssoziologie I*, Mohr, Tübingen, 1947. [trad. cast. *Ensayos sobre sociología de la religión I*, Taurus, Madrid, 1987].

- Wedemeyer-Weller, Maria von. «The Other Letters from Prison», *Union Seminary Quarterly Review* 23, 1967.

- Wengert, Timothy. *Law and Gospel. Philip Melanchthon's Debate with John Agricola of Eisleben over Poenitentia*, Baker, Grand Rapids, 1997.

- Williams, Rowan. «The Suspicion of Suspicion: Wittgenstein and Bonhoeffer», en Richard Bell (ed.) *The Grammar of the Heart*, Harper & Row, San Francisco, 1988.

- Williams, Rowan. *Why Study the Past? The Quest for the Historical Church*, Darton, Longman and Todd, Londres, 2005.

3. Compendios doctrinales

- Meléndez, Andrés (ed.) *Libro de Concordia. Las confesiones de la Iglesia evangélica luterana*, Concordia Publishing House, St. Louis, 1989.

- Pontificio, Consejo. «Justicia y Paz». *Compendio de la doctrina social de la Iglesia*, San Pablo, Santiago de Chile, 2006.